公務員試験

はじめて学ぶ マクロ経済学

第2版

幸村千佳良 著

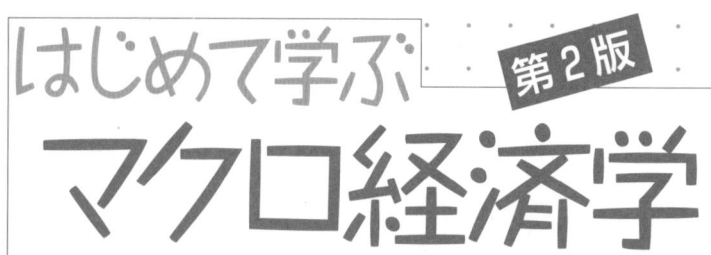

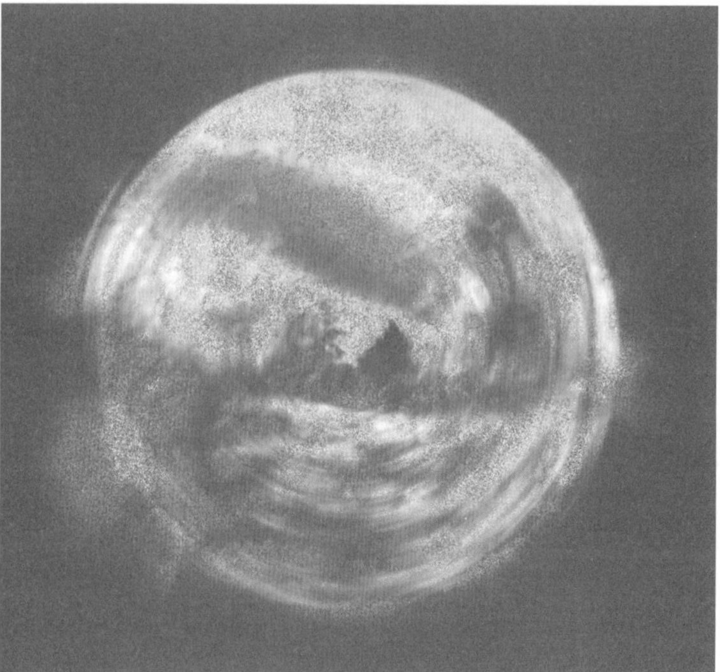

実務教育出版

はじめに

「宴（うたげ）のあと」という表現がありますが，経済現象でも好景気の後には不景気が続きます。諸行無常，万物流転，と達観すれば経済といえども例外ではないということになるかもしれませんが，経済にはそれなりのメカニズムがあって，景気の変動が生じます。とりわけ，不景気なときには，どうすれば景気をよくすることができるか，が問題になります。このような問題について解答を用意するためには，経済を動かすメカニズムが理解されていなければなりません。マクロ経済学はこのような問題に対する処方箋を与え，どのような政策が好ましいかを明らかにすることを目的としています。

ミクロ経済学は個々の経済主体，たとえば，家計，企業および政府などの合理的な行動を理論的に解明することに主眼があります。それに対して，マクロ経済学は一国の経済全体の動向を対象として，集計量としての経済変数間の関係を理論的，実証的に明らかにすることを目的としています。より具体的にいいますと，一国全体の経済の構成要因である消費，投資，政府支出，純輸出がどのような要因によって左右され変動するかを分析し，一国の所得水準がどのように決まり，どうして変動するかを分析します。その結果，景気の変動を均（なら）し，また，物価を安定させるためにはどのような経済政策を行えばよいかも，明らかになります。

本書はマクロ経済学をはじめて学び，かつ，公務員試験を受験する人々を対象としています。マクロ経済学の基本をできる限りやさしく，なおかつ，試験問題を解くことができるだけの十分な力がつくように配慮しながら

説明し,そのうえで,最近の試験問題をできるだけ丁寧に解説したものです。全体は基礎から積み上げる体系的な構成になっていますので,大学のマクロ経済学の教科書としても,あるいは理解を深めるための練習用問題集としても利用できるようになっています。

全体の構成は次のようになっています。

第 1 話〜第 6 話　国内総生産の決定に関する話
第 7 話〜第10話　消費と投資についての分析
第11話〜第16話　*IS-LM* 分析に関する話
第17話〜第18話　経済成長に関する話
第19話〜第20話　物価とインフレに関する話
第21話〜第22話　為替レートと国内総生産の決定について

第 1 話から第 6 話までは,国内総生産の概念とその水準がどのように決まるかを,主に単純な消費関数を中心として説明しています。マクロ経済学の核とでもいうべき部分で,この部分の理解がしっかりできることによって,その後の話も興味深く,かつ,パノラマを展開するように読み進めることができると思います。

第 7 話から第10話までは,消費と投資についての立ち入った分析になっています。第 7 話では,人々は現在の所得と消費だけでなく,将来の所得と消費も考慮に入れて,各期の消費を決めるはずで,このような消費決定の理論について検討します。第 8 話から第10話までは,投資がどのようにして決まるかを検討したうえで,投資が景気循環を引き起こす主要な動力であることを検討します。

第11話から第16話までは,利子率と国内総生産の同時決定理論である *IS-LM* 分析を検討したうえで,どのような場合に金融政策が好ましく,どのような場合に財政

政策が好ましくなるのかについて検討します。*IS-LM*分析は財市場の均衡と貨幣市場の均衡が同時に成立する場合を対象としていますので，そのための準備として，第12話と第13話では貨幣需要と銀行による信用創造が検討されています。

第17話と第18話では，均衡国内総生産の時間を追った動向を，成長論として検討しています。

第19話と第20話では，物価水準の変動を考慮した総需要と総供給の分析と，第1次石油危機以後特に顕著になったインフレの問題を取り扱っています。

最後に，第21話と第22話では，資本取引が海外との間で自由に行われる現在の開放経済の下で，為替レートがどのように決まるか，また，どうして変動相場制の下では財政政策は有効に機能せず，金融政策が有効に機能するかを検討します。

各話では，まず基本的な理論が説明され，そのうえで，[練習問題]により基本的な理解がチェックされ，また[実例演習]で，関連した実際の公務員試験の問題が検討されています。各話の最後には[キーワード]がまとめてあります。さらに，各話にちなんだ[最近の実際問題]がそれぞれの頻度に応じて掲載され，解説されています。関連問題がない場合には，最近の実際問題はスキップされています。ですから，[最近の実際問題]で出題傾向もわかるようになっています。カバーされている公務員試験は，主に，地方公務員上級，市役所上・中級，国税専門官，国家II種で，ときどき，立ち入った問題に関連して国家I種の問題が検討されています。1日3時間ずつ22日間で，マクロ経済学関連の公務員試験問題にほぼ完璧に解答できるだけの内容をカバーしています。

巻末には［数学付録］があり，問題に関連した数学が少し詳しく解説してあります。連立1次方程式を解く際に必要な逆行列の計算やクラメールの公式，通常は，ミクロ経済学の進んだ段階で利用されるラグランジュ乗数法，成長率を問題にする場合に便利な対数とその微分，および景気循環を定式化する場合に利用される階差方程式について，それぞれ，解説がまとめてあります。数学付録は関心のある人々のために用意されたもので，実際の問題を解くためにどうしても理解できなければならないという性格のものではありません。いわば，本格的登山をめざす人のための岩場コースにあたりますので，避けて通っても一向にかまいません。ただ，強いていえば，「クラメールの公式」は連立1次方程式を解く際の便利な解法を提供しますし，「対数とその微分」は，知っておけば，あまり手間をかけずに成長の問題を扱う場合に大変重宝な道具を手に入れることができます。本書の姉妹編である『はじめて学ぶミクロ経済学』の数学付録の微分についての解説と合わせて読めば，経済学に必要な数学の大部分が身につくはずです。

　本書を出版するきっかけとなったのは『受験ジャーナル』の平成2年11月号から平成4年8月号までに「合格対策SEMI」に連載した「経済学入門」のマクロ経済学関連の一連の記事です。本書をまとめるにあたって多少の加筆と，相当数の最近の実際問題とその解説，および数学付録を付け加えています。本書のような形で1冊にまとめることができたのも，熱心な読者の励ましと，本書の姉妹編の読者の熱心な要望によるものです。

　連載中に編集上の適切な指導をいただいた飯川昇氏とその他の編集部の人々，連載記事を事前に読んで，適切なご指摘をいただいた八木尚志氏，また単行本にまとめ

るにあたって，編集およびイラストの企画に種々の工夫をいただいた権左伸治氏，数学付録を事前に読み，適切なご指導をいただいた中西寛子先生，日頃種々の質問に答え，議論をしていただいている成蹊大学の同僚の先生方，とりわけ，渡辺健一，藤垣芳文，高木新太郎，および武藤恭彦先生，これらの人々に心からお礼を申し上げます。

　本書の出版以来すでに8年が経過しましたが，この間の熱心な読者の励ましと実務教育出版の津川純子氏の熱心な勧めにより，このたび問題と解説をより近時点のものに入れ替えることといたしました。テキストの部分についても，国民経済計算における国内総生産の重視や，景気循環の進展など，多少の改訂を行っています。もとより，本書も完璧なものではありません。疑問，質問，ご意見等ありましたら，遠慮なく著者までご連絡いただければ幸いです。

2000年9月

　　　　　　　　狭山丘陵東椿峰にて　　幸村　千佳良

『はじめて学ぶマクロ経済学〔第2版〕』目次

はじめに／i

第1話 産業連関表とは

1. 産業連関表とは ……………………………… 1
2. 行列による解法 ……………………………… 8
● キーワード／11
● 最近の実際問題／12

第2話 国内総生産（GDP）とは

1. 国内総生産と国民総生産 ……………………… 17
2. 国内総生産の分配と国内総支出 ……………… 22
● キーワード／26
● 最近の実際問題／27

第3話 消費関数と乗数効果

1. 単純な消費関数 ……………………………… 29
2. 乗数効果 ……………………………………… 35
● キーワード／40
● 最近の実際問題／41

第4話 単純な国民所得決定理論

1. 均衡国内総生産の決定 ………………………… 43

2. 財政・金融政策 ……………………………48
●キーワード／53
●最近の実際問題／54

第5話 輸入と租税が所得に依存するときの国民所得決定

1. 輸入関数と租税関数 ……………………… 62
2. 輸入と租税が国内総生産に
   依存するときの国民所得決定 …………… 66
●キーワード／70
●最近の実際問題／71

第6話 貯蓄と投資の均衡

1. 総貯蓄関数 ……………………………………76
2. 財市場の均衡条件 …………………………80
●キーワード／88
●最近の実際問題／89

第7話 恒常所得仮説と生涯所得仮説

1. 恒常所得仮説 ………………………………93
2. 生涯所得仮説 ………………………………99
●キーワード／102
●最近の実際問題／103

第8話 投資理論について（1）

1. 投資の限界効率と投資関数 …………………107
2. 加速度原理 …………………………………114
- ●キーワード／117
- ●最近の実際問題／118

第9話 投資理論について（2）

1. 資本財とその他の投入要素との相対価格 ……121
2. ストック調整原理 …………………………126
3. トービンの q 理論 …………………………128
- ●キーワード／131
- ●最近の実際問題／132

第10話 投資と景気循環

1. 3種類の景気循環 …………………………137
2. 景気循環のモデルによる説明 ………………141
3. 戦後日本の景気循環 ………………………146
- ●キーワード／149
- ●最近の実際問題／150

第11話 *IS* 曲線とは

1. 単純な投資関数と総独立支出関数 …………152
2. *IS* 曲線の導出 ……………………………156
3. *IS* 曲線のシフト …………………………160

●キーワード／162

第12話 貨幣はなぜ需要されるか

1. 貨幣とは？ …………………………………163
2. 貨幣需要の動機 ……………………………166
3. 貨幣数量説と資産選択理論 ………………169
●キーワード／174

第13話 貨幣乗数と信用創造

1. 貨幣乗数 ……………………………………175
2. 信用創造と信用乗数 ………………………179
●キーワード／185
●最近の実際問題／186

第14話 *LM*曲線とは

1. *LM*曲線 ……………………………………189
2. *LM*曲線のシフト …………………………194
●キーワード／199

第15話 *IS-LM*分析

1. *IS-LM*の同時均衡 …………………………200
2. *IS*曲線と*LM*曲線のシフト ………………204
●キーワード／210
●最近の実際問題／211

ix

第16話 財政政策と金融政策

1. 財政政策 …………………………………218
2. 金融政策 …………………………………220
3. 均衡への調整過程 …………………………223
- ●キーワード／227
- ●最近の実際問題／228

第17話 経済成長とは

1. ハロッド=ドーマー・モデル …………………235
2. 不安定性原理 ………………………………238
- ●キーワード／243
- ●最近の実際問題／244

第18話 新古典派成長論

1. 1次同次生産関数 …………………………247
2. 均衡資本労働比率 …………………………250
3. 均衡資本労働比率の安定性とシフト …………253
- ●キーワード／254
- ●最近の実際問題／255

第19話 総供給 - 総需要分析

1. 総供給関数（AS曲線）……………………261
2. 総需要関数（AD曲線）……………………264
3. マクロ均衡 …………………………………267

- ●キーワード／270
- ●最近の実際問題／271

第20話　フィリップス曲線とスタグフレーション

1. フィリップス曲線 …………………………279
2. 期待インフレ率（物価上昇率）で
   補強されたフィリップス曲線 …………282
- ●キーワード／289
- ●最近の実際問題／290

第21話　外国為替レートと国際収支

1. 外国為替の需要と供給 …………………294
2. 固定相場制と変動相場制 ………………301
- ●キーワード／305
- ●最近の実際問題／306

第22話　開放経済下の*IS-LM*モデル

1. 国際収支均衡線 …………………………308
2. 固定相場制の下での財政・金融政策 …312
3. 変動相場制の下での財政・金融政策 …314
- ●キーワード／317
- ●最近の実際問題／318

数学付録

Ⅰ. 逆行列とクラメールの公式 ……………325
1. 代入法による連立1次方程式の解法／325
2. 逆行列を利用した解法／326
3. クラメールの公式／330

Ⅱ. ラグランジュ乗数法 ……………………332
1. 最大化問題の代入法による解法／332
2. ラグランジュ乗数法による解法／334
3. ラグランジュ乗数の意味／339

Ⅲ. 対数とその微分 …………………………341
1. 対数とは？／341
2. 対数の微分／342

Ⅳ. 階差（定差）方程式と解の性質 …………345
1. 1階の階差方程式／345
2. 2階の階差方程式／348

索　引 ……………………………………………354

はじめて学ぶマクロ経済学
第1話
産業連関表とは

1. 産業連関表とは

　一国のある産業の生産物は他の産業の原料や材料として使われたり，家計の消費財として使われたり，あるいは輸出されたり，いろいろな使われ方をします。他方，この産業では他の種々の産業の生産物を原料や材料として利用して，生産物を生産しています。このような一国の種々の産業の相互の連関および最終需要部門との連関を表にまとめたものが**産業連関表**です。

　表1-1は最も単純な2産業部門の産業連関表(物量表)を示したものです。物量というのは価値額ではなく，物量の単位を基準として測った量を表します。たとえば，農業の生産物の単位はトンで，工業の生産物の単位は台数です。

　表を横に読む場合には，各産業の生産物がそれぞれの産業でどれだけ使用されているかを示しています。たとえば，1行目の農業について見ますと，**産出量**の合計は120単位ですが，これが農業部門の**中間需要**として20単位，工業部門の中間需要と

表1-1 産業連関表（物量表）

投入 \ 産出	中間需要 農業	中間需要 工業	最終需要	産出量
中間投入 農業	20	30	70	120
中間投入 工業	40	120	200	360
労働時間（人日）	1,000	3,000		
産出量	120	360		

して30単位，家計部門等の最終需要として70単位，使用されています。中間需要という意味は，原材料などの形で他の生産物を生産するために利用されるということです。それに対して，最終需要という意味は，家計部門等で最終的に需要され，他の生産物を生産するために中間的に需要されるのではないという意味です。最終需要項目には家計部門の消費のほかに，政府部門の支出，投資，および純輸出が含まれます。

表1-1を縦に見る場合には，各産業部門の生産にあたって各産業部門からそれぞれ何単位ずつの生産物を投入しているかを示しています。たとえば，第1列の農業部門を見ますと，120単位の生産物を生産するのに，20単位の農業生産物と40単位の工業生産物を原材料として利用し，1000人日の労働時間を投入しているということがわかります。

表1-1の横の関係を式の形に直しますと，次のようになります。すなわち，

(1-1)　$20+30+70=120$
(1-2)　$40+120+200=360$

です。これだけではあまり意味がありませんが，投入係数を使った式に書き直すことにより，連立方程式の形に直すことがで

表1-2 投入係数表

投入＼産出	中間需要	
	農業	工業
中間投入 農業	$\dfrac{1}{6}$	$\dfrac{1}{12}$
中間投入 工業	$\dfrac{1}{3}$	$\dfrac{1}{3}$

きます。投入係数とは各産業部門の生産物を1単位生産するのに中間投入として必要な，各産業部門の生産物の単位数です。たとえば，農業部門について見ますと，産出量は120単位ですが，その生産にあたって中間投入として必要であった農業生産物の量は20単位ですから，農業生産物1単位生産するのに必要な農業生産物の量は20/120＝1/6単位になります。同様に，中間投入として工業生産物は40単位必要ですから，農業生産物を1単位生産するのに必要な工業生産物の量は40/120＝1/3単位になります。工業生産物の産出量は360単位で，その生産にあたって農業生産物が30単位，工業生産物が120単位投入されていますから，工業生産物を1単位生産するには農業生産物が30/360＝1/12単位，工業生産物が120/360＝1/3単位必要です。なお，最終需要については生産の技術的な関係はありませんので，投入係数を考えることはしません。むしろ，各産業に外部から与えられる需要，つまり外生需要として考え，その各産業に及ぼす影響を検討します。さて，以上の関係を表にしたのが表1-2の**投入係数表**です。

投入係数を利用して(1-1)，(1-2)式を書き直しますと，次式のように書き直せます。すなわち，

(1-3)　　$\dfrac{1}{6} \cdot 120 + \dfrac{1}{12} \cdot 360 + 70 = 120$

(1-4)　$\dfrac{1}{3}\cdot 120+\dfrac{1}{3}\cdot 360+200=360$

です。(1-3)式の左辺の第2項は工業生産物360単位を生産するのに中間的に需要する農業生産物を示しています。同様に，(1-4)式の第1項は農業生産物120単位を生産するのに必要な工業生産物を示しています。いま，農業産出量をx_1，工業産出量をx_2，農業生産物に対する最終需要をy_1，工業生産物に対する最終需要をy_2として，(1-3)，(1-4)式を書き直しますと，

(1-5)　$\dfrac{1}{6}x_1+\dfrac{1}{12}x_2+y_1=x_1$

(1-6)　$\dfrac{1}{3}x_1+\dfrac{1}{3}x_2+y_2=x_2$

となります。最終需要y_1，y_2を外生変数(体系の外部からその値が与えられる変数)としますと，(1-5)，(1-6)式はx_1とx_2についての連立方程式になります。ですから，x_1とx_2について解くことができます。ただし，投入係数は固定させていますが，このことは技術や生産要素価格比率が一定であると仮定していることを意味します。まず，(1-5)，(1-6)式をそれぞれ整理しますと，

(1-7)　$\dfrac{5}{6}x_1-\dfrac{1}{12}x_2=y_1$

(1-8)　$-\dfrac{1}{3}x_1+\dfrac{2}{3}x_2=y_2$

となります。(1-7)×8＋(1-8)より，

$$\dfrac{19}{3}x_1=8y_1+y_2$$

したがって，

(1-9)　$x_1=\dfrac{24}{19}y_1+\dfrac{3}{19}y_2$

すべての産業は連関している

となります。また，$(1-7) \times 2 + (1-8) \times 5$ より，

$$\frac{19}{6} x_2 = 2 y_1 + 5 y_2$$

したがって，

$(1-10) \quad x_2 = \frac{12}{19} y_1 + \frac{30}{19} y_2$

となります。

　$(1-9)$式と$(1-10)$式は，それぞれ y_1 と y_2 に変化があった場合に，x_1 と x_2 がそれぞれどのように変化するかを示しています。たとえば，$(1-9)$式は農業生産物に対する最終需要が1単位増加した場合，農業生産物の産出量は24/19単位増加し，工業生産物に対する最終需要が1単位増加した場合には農業生産物は3/19単位増加することを示しています。同様に，$(1-10)$式は工業生産物に対する最終需要が1単位増加した場合，工業生産物は30/19単位増加し，農業生産物に対する最終需要が1単位増加した場合，工業生産物は12/19単位増加することを示しています。産業の相互の連関があるため，各産業部門の生産物に対する最終需要1単位の増加が同部門の生産物を

1単位以上増加させます。というのも，たとえば，農業部門の生産物の生産のためには工業部門の生産物の中間投入が必要で，工業生産物に対する需要も増加します。工業部門の生産物の増加は逆に，農業生産物に対する需要を増加させます。このような産業の連関があるために，農業生産物の最終需要の1単位の増加は1単位以上の農業生産物の生産の増加を引き起こします。工業生産物についても同じことがいえます。

―――― 練習問題1-1 ――――

次の文章中の下線部に適切な語句を記入しなさい。

1　産業相互間の生産物の連関および最終需要部門との連関を示す表は＿＿＿と呼ばれる。

2　ある産業の生産物に対する需要は　①　と　②　の2つに分けられる。前者は他の産業による原材料などとしての需要で，後者は家計の最終的な消費などである。

3　各産業の生産物を1単位生産するために必要な各産業の生産物の単位数は＿＿＿と呼ばれる。

4　産業連関を式で表し，連立方程式を解いて，各産業の産出量を各産業の生産物に対する　①　の関数として表現することができる。その係数は当該産業の生産物に対する　①　が1単位増加した場合に，各産業の生産物の生産が何単位　②　するかを示す。通常，当該産業の生産物は1単位　③　増加する。

―――― 実例演習1-1 ――――

表は，産業1，産業2からなるある国民経済の産業連関表の一部と投入係数を示したものである。これらの表に関する次の記述のうち，妥当なものはどれか。（**8年度市役所上・中級C日程［9/22］**）

練習問題1-1の正答…1．産業連関表　2．①中間需要②最終需要　3．投入係数　4．①最終需要②増加③以上

投入＼産出	産業1	産業2	最終需要	産出計
産業1				
産業2				150
付加価値				
投入計	100			

投入＼産出	産業1	産業2
産業1	0.1	0.2
産業2	0.5	0.4

1　この国民経済のGNPは250である。
2　付加価値合計は100である。
3　産業1と産業2の最終需要の額は等しい。
4　産業1から産業2への投入は50である。
5　産業2から産業1への投入は75である。

●**解説**　この産業連関表は価値額表示になっていますが，表の見方は物量表の場合と同じです。つまり，産業1の生産物の投入額の合計＝産出計が100で，産業2の産出計＝投入計が150です。投入係数表が与えられていますので，各産業の産出計＝（投入計）を生産するために，各産業からの投入がどれだけ必要かが，投入計×投入係数によって求められます。すなわち，産業1では産業1の生産物を100×0.1＝10必要で，産業2の生産物が100×0.5＝50必要です。さて，産出額と中間投入額，および付加価値の間には次式の関係があります（18頁参照）。すなわち，

産出額＝中間投入額＋付加価値額

です。そこで，付加価値額は産出額から中間投入額を差し引いて求められます。いま，産業1では，投入合計額は60［＝10＋50］で，産出額100との差40［＝100－60］が，産業1での付加価値になります。同様に，産業2の投入計150のうち，産業1の生産物の投入額は150×0.2＝30，産業2の投入額は150×0.4＝60と求められます。投入合計は90［＝30＋60］です。したがって，産業2の付加価値は産業2の生産額のうちの投入額以外の部分で60［＝150－90］と求められます。両産業の付加価値の合計額は40＋60＝100となります。**2が正答です**。**1．**この

第1話　産業連関表とは

付加価値合計額が国内総生産（GDP）になり，海外との要素所得のやりとりがない場合には，そのまま国民総生産（GNP）になります。**3．**産業1の最終需要額は産出計100から中間需要計40［＝10＋30］を引いて60です。他方，産業2の最終需要額は産業2の産出計150から中間需要計110［＝50＋60］を引いて40と求められます。明らかに両産業の最終需要額には差があります。**4．**産業1から産業2への投入は30です。**5．**産業2から産業1への投入は50です。

正答　2

2．行列による解法

前節で導出された(1-7)式と(1-8)式は，行列を使って解くことができます。実際，部門数が多くなった場合には行列を使い，電算機の助けを借りて解くのが便利です。(1-7)式と(1-8)式を行列を使って表現しますと，次式のようになります。すなわち，

$$(1\text{-}11) \quad \begin{bmatrix} 5/6 & -1/12 \\ -1/3 & 2/3 \end{bmatrix} \begin{bmatrix} x_1 \\ x_2 \end{bmatrix} = \begin{bmatrix} y_1 \\ y_2 \end{bmatrix}$$

です。この式は2通りのやり方で解くことができます。1つはクラメールの公式を使う方法で，いま1つは逆行列を使う方法です。まず，クラメールの公式によって，x_1 と x_2 の解を求めますと，次のようになります。すなわち，

$$(1\text{-}12) \quad x_1 = \frac{1}{D} \begin{vmatrix} y_1 & -1/12 \\ y_2 & 2/3 \end{vmatrix}$$

$$(1\text{-}13) \quad x_2 = \frac{1}{D} \begin{vmatrix} 5/6 & y_1 \\ -1/3 & y_2 \end{vmatrix}$$

ただし，D は(1-11)式の係数行列の行列式の値で，$D=(5/6)(2/3)-(-1/12)(-1/3)=19/36$ です。(1-12)式を行列式を使わずに書き直せば，

$$(1\text{-}14) \quad x_1 = \frac{36}{19}\left[\frac{2}{3}y_1 - \left(-\frac{1}{12}\right)y_2\right] = \frac{24}{19}y_1 + \frac{3}{19}y_2$$

となります。また(1-13)式を書き直せば,

$$(1\text{-}15) \quad x_2 = \frac{36}{19}\left[\frac{5}{6}y_2 - \left(-\frac{1}{3}\right)y_1\right] = \frac{30}{19}y_2 + \frac{12}{19}y_1$$

となります。(1-14)式と(1-15)式はそれぞれ(1-9)式,(1-10)式と同じものです。

逆行列を使う場合には,(1-11)式の係数行列を A とし,その逆行列 A^{-1} を辺々にかけます[逆行列の求め方については,数学付録Iの2(326頁)参照]。すると,

$$(1\text{-}16) \quad \begin{bmatrix} x_1 \\ x_2 \end{bmatrix} = A^{-1}\begin{bmatrix} y_1 \\ y_2 \end{bmatrix}$$

となります。ただし,

$$(1\text{-}17) \quad A^{-1} = \frac{1}{D}\begin{bmatrix} 2/3 & 1/12 \\ 1/3 & 5/6 \end{bmatrix}$$

です。ただし,D は A の行列式の値で,上に求めましたように,$D=19/36$ です。(1-17)式を(1-16)式に代入し,展開すれば,(1-9),(1-10)式と同じになります。

実例演習 1-2

表は,2つの産業部門からなる産業連関表を示したものであり,生産係数はすべて固定的であると想定されている。いま,第II部門の最終需要が50%増加したとすれば,第I部門の総生産量はいくら増加するか。(9年度国税専門官)

投入＼産出	中間需要		最終需要	総生産量
	第I部門	第II部門		
第I部門	40	30	30	100
第II部門	20	40	40	100

1 10　　**2** 20　　**3** 30
4 40　　**5** 50

第1話　産業連関表とは

●解説　この問題を解くためには、第Ⅰ部門と第Ⅱ部門の産出額を最終需要の関数として表現する必要があります。投入係数表は第Ⅰ部門の列については第Ⅰ部門の投入の40と20をそれぞれ第Ⅰ部門の産出100で割って、それぞれ0.4、0.2と求められ、第Ⅱ部門の列については第Ⅱ部門の投入30と40を第Ⅱ部門の産出100で割って、0.3、0.4と求められます。すなわち、投入係数表は次表のようになります。

投入係数表

投入＼産出		中間需要	
		第Ⅰ部門	第Ⅱ部門
中間投入	第Ⅰ部門	0.4	0.3
	第Ⅱ部門	0.2	0.4

で表現されます。第Ⅰ部門の産出と最終需要をそれぞれ x_1、y_1、第Ⅱ部門の産出と最終需要をそれぞれ x_2、y_2 としますと、各部門の総生産量は投入係数を使用して次式のように表せます。すなわち、

(1-18)　$x_1 = 0.4 x_1 + 0.3 x_2 + y_1$

(1-19)　$x_2 = 0.2 x_1 + 0.4 x_2 + y_2$

です。(1-18)、(1-19)式を行列表現すると次式のようになります。すなわち、

(1-20)　$\begin{bmatrix} x_1 \\ x_2 \end{bmatrix} = \begin{bmatrix} 0.4 & 0.3 \\ 0.2 & 0.4 \end{bmatrix} \begin{bmatrix} x_1 \\ x_2 \end{bmatrix} + \begin{bmatrix} y_1 \\ y_2 \end{bmatrix}$

です。(1-20)式の左辺の係数行列は次のような行列で示されます。すなわち、

$\begin{bmatrix} 1 & 0 \\ 0 & 1 \end{bmatrix}$

です。そこで、(1-20)式は x_1、x_2 について整理しますと、次式のように変形できます。すなわち、

(1-21)　$\begin{bmatrix} 0.6 & -0.3 \\ -0.2 & 0.6 \end{bmatrix} \begin{bmatrix} x_1 \\ x_2 \end{bmatrix} = \begin{bmatrix} y_1 \\ y_2 \end{bmatrix}$

です。(1-21)式の左辺の係数行列は，(1-18)，(1-19)式をそれぞれ x_1 と x_2 について整理したときに得られる x_1 と x_2 の係数の行列です。(1-21)式の左辺の係数行列の逆行列をとれば，x_1 と x_2 が y_1 と y_2 で次式のように表現されます。すなわち，

$$(1\text{-}22) \quad \begin{bmatrix} x_1 \\ x_2 \end{bmatrix} = \begin{bmatrix} 0.6 & -0.3 \\ -0.2 & 0.6 \end{bmatrix}^{-1} \begin{bmatrix} y_1 \\ y_2 \end{bmatrix}$$

です。右辺の逆行列は次式のように表現されます。すなわち，

$$\frac{1}{0.36 - 0.06} \begin{bmatrix} 0.6 & 0.3 \\ 0.2 & 0.6 \end{bmatrix} = \begin{bmatrix} 2 & 1 \\ 2/3 & 2 \end{bmatrix}$$

です。上の逆行列を使用した式を通常の式の形に直せば，次式のようになります。すなわち，

$$(1\text{-}23) \quad \begin{bmatrix} x_1 \\ x_2 \end{bmatrix} = \begin{bmatrix} 2y_1 + y_2 \\ \dfrac{2}{3}y_1 + 2y_2 \end{bmatrix}$$

です。(1-23)式より y_2 が50%，20〔$= 40 \times 0.5$〕増加したときの x_1 の総生産量の増加が20〔$= 20 \times 1$〕であることが直ちに読み取れます。ついでに，x_2 の総生産量の増加は $20 \times 2 = 40$ です。

正答　2

▶**産業連関表**　一国の種々の産業の相互の連関および家計などの最終需要部門との連関を表にまとめたもの。

▶**投入係数**　各産業の生産物1単位を生産するのに中間投入として必要な，各産業の生産物の単位数。

第1話　産業連関表とは

●●●最近の実際問題●●●

No.1 農業と工業の2部門からなる経済の産業連関表が次のように示されるとする。この国の国内総生産はいくらか。

(11年度地方上級関東型)

投入＼産出	農業	工業	最終需要		産出合計
			国内需要	純輸出	
農業	5	20	90	−15	100
工業	15	200	165	20	400
付加価値 賃金	40	120			
利潤	10	50			
地代	30	10			
投入合計	100	400	(単位：兆円)		

| **1** | 240兆円 | **2** | 255兆円 | **3** | 260兆円 |
| **4** | 275兆円 | **5** | 500兆円 | | |

●解説　産業連関表では国内総生産は付加価値合計額で示されます。また，付加価値合計額は国内総支出額に等しく，国内総支出額は最終需要合計額から輸入額を控除したものに等しくなります。また，最終需要額は国内最終需要と輸出額の和になります。すなわち，

　付加価値額 ＝ 国内総支出額
　　　　　　 ＝ 国内最終需要額 ＋ 輸出額 − 輸入額

です。表より農業の付加価値合計額は80［＝40＋10＋30］で，工業の付加価値合計額は180［＝120＋50＋10］ですので，経済全体では付加価値合計額は260［＝80＋180］になります。これが国内総生産に等しくなります。また，これは国内総支出に等しくなることが次のように確認できます。すなわち，国内需要の合計は255［＝90＋165］で純輸出（輸出−輸入）合計額は5［＝−15＋20］ですので，国内総支出は260［＝255＋5］となります。

正答　3

No.2 次のレオンチェフ逆行列を前提とし，第1産業の最終需要が1単位だけ増加した場合に関する次の記述のうち，妥当なものはどれか。（9年度市役所上・中級C日程［9/21］）

第1産業　$\begin{bmatrix} \dfrac{4}{3} & \dfrac{2}{3} \\ \dfrac{1}{2} & \dfrac{3}{2} \end{bmatrix}$
第2産業

1 第1産業の産出高は4/3増加するが，第2産業の産出高は変化しない。

2 第1産業の産出高は2増加するが，第2産業の産出高は変化しない。

3 第1産業の産出高は4/3，第2産業の産出高は2/3，それぞれ増加する。

4 第1産業の産出高は4/3，第2産業の産出高は1/2，それぞれ増加する。

5 第1産業の産出高は4/3，第2産業の産出高は3/2，それぞれ増加する。

●解説　レオンチェフ逆行列はテキストの9頁の(1-17)式で与えられる行列です。この逆行列と最終需要ベクトルとの積が各産業の産出高になります。つまり，最終需要と各産業の産出高との関係は次式のように表現されます。すなわち，

$$\begin{bmatrix} x_1 \\ x_2 \end{bmatrix} = \begin{bmatrix} 4/3 & 2/3 \\ 1/2 & 3/2 \end{bmatrix} \begin{bmatrix} y_1 \\ y_2 \end{bmatrix}$$

です。したがって，第1産業の最終需要が1単位だけ増加した場合，第1産業の産出高は4/3，第2産業の産出高は1/2だけ増加します。

正答　**4**

No. 3 表は産業Ⅰ，産業Ⅱの2つの産業部門からなる産業連関表である。この表に関する以下の文章の空欄A，Bに該当する数値の組合せとして，妥当なものはどれか。ただし，CO_2排出量は総産出量に比例するものとし，また，投入係数は不変とする。

第1話　産業連関表とは

投入＼産出	産業Ⅰ	産業Ⅱ	最終需要	総産出量
産業Ⅰ	20	20	10	50
産業Ⅱ	25	50	25	100
付加価値	5	30		
CO_2排出量	5	10		

産業Ⅰと産業Ⅱの最終需要がそれぞれ10増加した場合，産業Ⅰの総産出量は（　A　）となる。また，最終需要を減らして産業Ⅰ，産業ⅡのCO_2の産出量をそれぞれ2，5にするためには，産業Ⅱの最終需要は（　B　）としなければならない。(11年度国家Ⅰ種経済)

	A	B
1	60	12.5
2	60	15
3	75	12.5
4	85	12.5
5	85	15

●解説　問題の産業連関表から投入係数表は次表のようになります。すなわち，

	産業Ⅰ	産業Ⅱ
産業Ⅰ	20/50＝0.4	20/100＝0.2
産業Ⅱ	25/50＝0.5	50/100＝0.5

産業Ⅰの投入係数について見ますと，産業Ⅰの総産出量は50で，それを生産するために産業Ⅰの投入は20必要なので，20/50＝0.4と1行1列の投入係数が求められます。同様に，産業Ⅰの総産出量50を生産するのに産業Ⅱの生産物は25必要なので，2行1列の投入係数は25/50＝0.5と求められます。産業Ⅱの投入係数についても同様に，産業Ⅱの総産出量100を生産するために，産業Ⅰの投入は20，産業Ⅱの投入は50，必要なので，それぞれの投入係数が20/100＝0.2，50/100＝0.5と求められます。

いま，産業Ⅰと産業Ⅱの総産出量をそれぞれ x_1，x_2，それぞれの最終需要を y_1，y_2 としますと，産業連関表は次式のように表現されます。すなわち，

(1) $0.4x_1 + 0.2x_2 + y_1 = x_1$

(2) $0.5x_1 + 0.5x_2 + y_2 = x_2$

です。これを行列で表現しますと，

$$\begin{bmatrix} 0.4 & 0.2 \\ 0.5 & 0.5 \end{bmatrix} \begin{bmatrix} x_1 \\ x_2 \end{bmatrix} + \begin{bmatrix} y_1 \\ y_2 \end{bmatrix} = \begin{bmatrix} x_1 \\ x_2 \end{bmatrix}$$

これを x_1 と x_2 について整理しますと，次式のようになります。すなわち，

(3) $\begin{bmatrix} 0.6 & -0.2 \\ -0.5 & 0.5 \end{bmatrix} \begin{bmatrix} x_1 \\ x_2 \end{bmatrix} = \begin{bmatrix} y_1 \\ y_2 \end{bmatrix}$

です。左辺の係数行列の逆行列を前から掛けて，次式のように x_1 と x_2 が求められます。すなわち，

(4) $\begin{bmatrix} x_1 \\ x_2 \end{bmatrix} = \begin{bmatrix} 0.6 & -0.2 \\ -0.5 & 0.5 \end{bmatrix}^{-1} \begin{bmatrix} y_1 \\ y_2 \end{bmatrix}$

$= \dfrac{1}{0.3 - 0.1} \begin{bmatrix} 0.5 & 0.2 \\ 0.5 & 0.6 \end{bmatrix} \begin{bmatrix} y_1 \\ y_2 \end{bmatrix}$

です。行列表現を数式表現に戻しますと，

(5) $x_1 = 5 \cdot (0.5 y_1 + 0.2 y_2) = 2.5 y_1 + y_2$

(6) $x_2 = 5 \cdot (0.5 y_1 + 0.6 y_2) = 2.5 y_1 + 3 y_2$

となります。(4)式ないし(5)，(6)式は産業Ⅰと産業Ⅱの最終需要に対して，それぞれの総産出量がどのように決まるかを示しています。この関係は，最終需要の変化分に対してもそのまま当てはまります。いま，産業Ⅰと産業Ⅱの最終需要がそれぞれ10ずつ増加したときの x_1 と x_2 の増加分は(5)，(6)式の y_1 と y_2 に10を代入して次のように求められます。すなわち，

$x_1 = 2.5 \times 10 + 10 = 35$

$x_2 = 2.5 \times 10 + 3 \times 10 = 25 + 30 = 55$

です。また，クラメールの公式を使って(3)式を解く場合には，x_1 について，直ちに次式の結果が求められます。すなわち，

(7) $x_1 = \dfrac{1}{0.3 - 0.1} \begin{bmatrix} y_1 & -0.2 \\ y_2 & 0.5 \end{bmatrix}$

第Ⅰ話　産業連関表とは

です。ただし、(7)式の右辺の結果は、(3)式の係数行列の行列式を分母に取り、係数行列の第1列を(3)式の右辺の列行列に置き換えて得られる行列式です。(7)式を数式表現に戻せば、(5)式の結果になります。同様に、x_2についても、(3)式の係数行列の第2列を右辺の列行列と置き換えて得られる行列式を分子に入れて、次式のように求められます。すなわち、

(8) $x_2 = \dfrac{1}{0.3-0.1} \begin{bmatrix} 0.6 & y_1 \\ -0.5 & y_2 \end{bmatrix}$

です。

以上の計算より、産業Ⅰの総産出量は50+35=85と求められます。また、CO_2の排出量は総産出量に比例しますので、産業Ⅰと産業ⅡのCO_2の排出量をそれぞれ、2、5に減らすためには、産業Ⅰと産業Ⅱの総産出量を比例的に減らす必要があります。すなわち、産業Ⅰの総産出量が50のときにCO_2の排出量は5ですから、CO_2の排出量を2に減らすためには産業Ⅰの総産出量は20［=50×(2/5)］に減らす必要があります。また、産業Ⅱの総産出量が100のときにCO_2の排出量は10ですから、CO_2の排出量を5に減らすためには、産業Ⅱの総産出量を50［=100×(5/10)］に減らす必要があります。産業Ⅰと産業Ⅱの総産出量がそれぞれ20と50に減少したときのそれぞれの産業の最終需要は、(3)式のx_1とx_2にそれぞれ20と50を代入して求めることができます。すなわち、

$y_1 = 0.6 \times 20 - 0.2 \times 50 = 12 - 10 = 2$

$y_2 = -0.5 \times 20 + 0.5 \times 50 = -10 + 25 = 15$

です。

正答　5

はじめて学ぶマクロ経済学
第2話
国内総生産(GDP)とは

　新聞やテレビ・ニュース等で日本の経済動向について、好景気が続いているとか、金融引締めの結果、景気の雲行きが怪しくなってきた、などの報道がありますが、この場合の景気というのは、一国の経済活動の全体の動向をさしています。もちろん個々の業種ごとに好不況の差があり、自動車製造業は良いが海運業は悪いとか、あるいは地域別に、関東は良いが北海道は悪いとか、細かく見るとばらつきはありますが、それらをおしなべて、一国全体の経済活動が問題となるわけです。一国全体の経済活動の統計上の指標になるのが、国内総生産(GDP)または広義の国民所得という概念です。

1. 国内総生産と国民総生産

　国内総生産(Gross Domestic Product、略してGDP)とは、一国の国民が国内で一定期間内に新たに生産した粗(そ)付加価値総額のことです。ただし、「一国の国民」とは経済上の概念で、一国の領土内に1年以上居住している経済主体のことで、外国人や外国法人であっても、日本国内で生産・消費活動に従

事している限り,「一国の国民」に含まれます。最近は日本企業が海外で直接生産に従事することが盛んですが,たとえば米国で生産された日本車は,基本的には米国の国内総生産に貢献するわけです。日本の国内総生産に貢献するのは,海外の子会社へのエンジン輸出が増加したために日本国内でのエンジン生産が増加する場合などに限定されます。海外からの要素所得(利子,利潤,雇用者所得など)はあくまで海外で生産されたわけですから,国内総生産には含まれません。逆に,国内で生産され海外へ送金された要素所得分は国内で生産されたわけですから,国内総生産に含まれます。つまり,「国内」の場合には海外との要素所得のやり取りは考慮されません。

「一定期間」とは,国民所得統計の場合四半期ないし1年です。四半期とは1〜3月,4〜6月,7〜9月,10〜12月の各3か月のことで,四半期ごとに国内総生産の統計が発表されています。1年間は4四半期の合計になりますが,暦年,すなわち,1〜12月の期間をとる場合と,年度,すなわち,4〜3月の期間をとる場合との両方があります。日本の場合には,通常,年度計数が問題にされます。

「粗付加価値総額」とは,生産過程で新しく付加された価値総額のことで,製品等の生産物販売総額から,原材料等の中間財購入総額を差し引いた額です。すなわち,

(2-1) 粗付加価値総額=生産物販売総額-中間財購入総額

です。ただし,ここでいう「総額」は種々の産業について合計した額という意味です。また,生産工程では,機械等の資本財も実際には投入され,その減価償却分は生産物の価値額の中に含まれます。ただし,減価償却とは,資本財の価額のうち一定期間内に生産物の販売価額から回収される部分です。たとえば,1000万円の産業ロボットを5年間で均等に償却する場合,まず残存価額(scrap value)としての10%分を控除し,後の残りについて,1年間ではその5分の1,つまり,180万円だ

粗付加価値額を積み上げて GDP

けが生産物の販売価額の中から回収されることになります。「粗」とはこの資本財の減価償却分を含むという意味です。国内総生産の「総」は Gross の訳語で，粗付加価値総額の「粗」と同じ意味で，資本財の減価償却分を生産額の評価の中に入れて考えるということです。この減価償却分を含めない場合を「純」(Net) という言葉で表現します。したがって，減価償却額を含まない付加価値総額は純付加価値総額と呼ばれ，それに対応する生産額が国内純生産（Net Domestic Product, NDP）です。減価償却額は国民経済計算上は固定資本減耗と呼ばれています。ですから，

（2-2） 国内純生産＝国内総生産－固定資本減耗

となります。

さて，国内総生産とよく似た概念に国民総生産（Gross National Product, GNP）という概念があります。これは「国内」に限らず「国民」に着目している点だけが違います。「国民」という場合には，一国の居住者の受け取る所得を問題にしますので，海外から受け取る要素所得，つまり，海外子会社からの配当や，海外での証券投資から生じる利子所得などの財産所

得，海外からの雇用者所得（国内居住者が海外で行う労働に対して海外から支払われる報酬），同様な海外への要素所得の送金分を差し引きます。両者の差を海外からの要素所得の純受取りと呼びます。国民総生産は，海外からの要素所得の純受取り分だけ国内総生産とは異なります。すなわち，

> （2-3） **国民総生産＝国内総生産＋海外からの要素所得**
> **　　　　　　　　　　　　　　　　　　　－海外への要素所得**

となります。[注]「国内」の場合も「国民」の場合も政治的な意味で使われていますので，海外にある日本政府の公館や軍隊のサービス生産活動（そのうち大部分は館員への給与）は生産の中に含まれ，逆に，日本国内にある外国公館や軍隊のサービス生産活動は含まれません。

練習問題 2-1

次の文章中の下線部に適切な語句を記入しなさい。

一国の国民が国内で一定期間に新たに生産した粗付加価値総額は ① と呼ばれる。これから資本財の減価償却分を表す固定資本減耗を差し引いた額は ② と呼ばれる。

一国の国民が一定期間に新たに生産した粗付加価値総額は ③ と呼ばれる。海外から一国の国民が受け取った ④ は ① には含まれないが， ③ には含まれる。逆に，海外へ送金された ④ は ① には含まれるが， ③ には含まれない。

実例演習 2-1

国民所得の諸概念に関する次の記述のうち，妥当なものはどれか。（6年度市役所上・中級［9/18］）

1　国民総生産（GNP）は，ある国の経済における各産業の生産額を合計したもので，GNPから中間需要を控

（注）…2000年11月に公表された93SNAでは（2-3）式での定義は国民総所得（名目値のみ）と呼ばれ，国民総生産という概念はなくなりました。

練習問題 2-1 の正答…①国内総生産②国内純生産③国民総生産④要素所得

除したものが国民純生産（NNP）である。
2　国民総生産は市場価格で評価された生産価額であるが，国民純生産は要素費用で表示されているという点で国民総生産と異なる。
3　国内総生産（GDP）は，ある国の国内における財・サービスの付加価値額の総計で，経済の国際化に伴い国民総生産と乖離する傾向がある。
4　わが国において従来GDPが国民所得水準の指標として用いられてきたが，諸外国との均衡などを考慮して，最近ではGNPに重点が置かれている。
5　三面等価の原則とは，国際収支が均衡しているとき，国民総生産，国内総生産および国内純生産が均衡することをいう。

●解説　1．国民総生産は各産業の生産額の合計ではありません。生産額の合計には自らの産業と他の産業で使用される原材料の価額，すなわち，中間投入も入っています。国内総生産は生産額の中から，中間投入を引いた付加価値額の合計で，国民総生産は国内総生産に海外からの要素所得の純受取りが追加されたものです。国民純生産は国民総生産から固定資本減耗を引いたものです。2．国民総生産も国民純生産もいずれも市場価格で評価されています。3．正答です。ただし，国民総生産が国内総生産を上回る幅は，1988年度0.6％が，1998年度に1.4％に増加したにとどまります。4．従来，日本では国民総生産（GNP）が中心的な国民経済計算の指標として用いられてきましたが，国連統計委員会により1993年3月に採択された93SNAに基づいて，国内総生産（GDP）を中心的な国民経済計算の指標とするようになりました。海外への資本投下が増加して海外からの要素所得の受取りが増加し，海外への要素所得の支払いが不変であれば，国民総生産は国内総生産よりも大きく

なります。5．三面等価の原則とは，付加価値として生産されたものが所得として分配され，国内最終需要として支出されるため，

　国内総生産＝国内で生じた広義の国民所得＝国内総支出
という関係が成立することです。　　　　　　　　　　正答　3

2．国内総生産の分配と国内総支出

　国内総生産は生産に貢献した生産要素に対する支払いを通じて，要素所得に分配されます。つまり，労働力に対する支払いである雇用者所得，資本財ならびに経営活動に対する支払いである営業余剰，および資本財の減価償却分である固定資本減耗です。これらは要素価格表示ですので，市場価格表示に直すためには（間接税－補助金）を加える必要があります。それに統計上の不突合（ふとつごう）を加えた，つまり，誤差（後出の国内総支出によって国内総生産額が決められますので，上に求めた各要素所得の和との差額が誤差になります）を調整したものが，国内総生産と等しくなります。以上を式にまとめますと，

> （2-4）　国内総生産＝雇用者所得＋営業余剰＋固定資本
> 　　　　　　減耗＋（間接税－補助金）＋統計上の不突合

となります（図2-1の一番左の円柱参照）。

　各経済主体は，国内で生産され分配された所得を自らを再生産するために支出します。所得からなされる支出額はいわば最終的な支出額で，企業等が生産にあたって支出する中間財への支出は含まれません。所得からの支出額の合計は国内総支出と呼ばれます。国内総支出は次の4項目から成り立っています。

　第1は主に家計最終消費支出からなる民間最終消費支出で，これをより細かく見ますと，住宅家賃，保険料，教育費などのサービス消費，食料，飲料，水道，光熱，医療，医薬品，書籍などの非耐久財消費，衣料，はきもの，化粧品などの半耐久財

図2-1　国内総生産の分配と国内総支出（平成10年度）

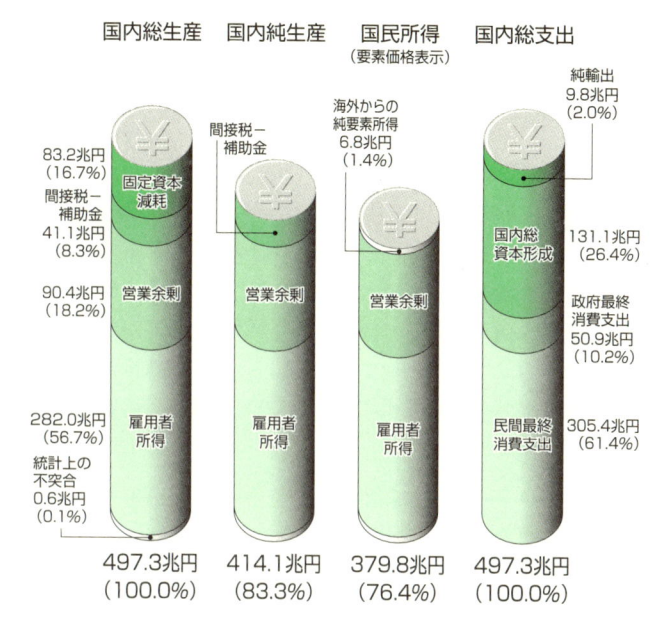

国内総生産
- 83.2兆円 (16.7%) 固定資本減耗
- 間接税－補助金 41.1兆円 (8.3%)
- 90.4兆円 (18.2%) 営業余剰
- 282.0兆円 (56.7%) 雇用者所得
- 統計上の不突合 0.6兆円 (0.1%)
- 合計 497.3兆円 (100.0%)

国内純生産
- 間接税－補助金
- 営業余剰
- 雇用者所得
- 合計 414.1兆円 (83.3%)

国民所得（要素価格表示）
- 海外からの純要素所得 6.8兆円 (1.4%)
- 営業余剰
- 雇用者所得
- 合計 379.8兆円 (76.4%)

国内総支出
- 純輸出 9.8兆円 (2.0%)
- 国内総資本形成 131.1兆円 (26.4%)
- 政府最終消費支出 50.9兆円 (10.2%)
- 民間最終消費支出 305.4兆円 (61.4%)
- 合計 497.3兆円 (100.0%)

消費，および，家電製品，家具，自動車などの耐久財消費から成り立っています。

　第2は政府最終消費支出で，一般政府（中央政府，地方政府および社会保障基金）の政府サービス生産額＝消費額を表します。その74％（平成10年度）は公務員への給与の支払いです。

　第3は国内総資本形成で，総固定資本形成と在庫品増加から成り立っています。総固定資本形成は民間と公的とに分かれています。民間部門の総固定資本形成は住宅と企業設備からなり，公的部門の総固定資本形成には住宅，企業設備のほか，一般政府による道路，港湾などへの投資が含まれます。一般政府の総資本形成と政府最終消費支出とを合計して，政府支出とすることもできます。

　第4は純輸出で，財貨・サービスの海外への輸出から財貨・

サービスの海外からの輸入を差し引いた純輸出に対応します。以上を式にまとめますと，

> （2-5） 国内総支出＝民間最終消費支出＋政府最終消費支出＋国内総資本形成＋純輸出

となります（図2-1の一番右の円柱参照）。あるいは，より簡略化された形式では次式のようになります。すなわち，

> （2-6） 国内総支出＝消費＋投資＋政府支出＋純輸出

です。ただし，投資は民間の投資，政府支出は政府最終消費支出と一般政府の総資本形成の和です。国内総生産から生じた所得が各生産要素に分配され，また，分配された所得が各支出にあてられますので，国内総生産と分配された所得と国内総支出とはいずれも等しくなります。このことを三面等価の原則と呼びます。

―――― 練習問題2-2 ――――

次の語群の中から，合計すると①国内総生産，②国内総支出になる項目をそれぞれ選びなさい。

〔語 群〕 雇用者所得，民間最終消費支出，政府最終消費支出，総固定資本形成，固定資本減耗，在庫品増加，営業余剰，純輸出，間接税－補助金，統計上の不突合

―――― 実例演習2-2 ――――

国民所得の概念について，正しく述べているものはどれか。（11年度大卒程度警察官）

1　生産総額から中間生産物を控除し，さらに補助金を控除したもの。
2　国内総生産から資本減耗引当を控除し，間接税を加え

――――
練習問題2-2の正答…①国内総生産：雇用者所得，固定資本減耗，営業余剰，間接税－補助金，統計上の不突合　②国内総支出：民間最終消費支出，政府最終消費支出，総固定資本形成，在庫品増加，純輸出

たもの。
3 国民純生産に資本減耗分を加え，間接税と補助金を控除したもの。
4 国内総生産から資本減耗引当と間接税を控除し，補助金を加えたもの。
5 生産総額から中間生産物を控除し，輸出入の差額を加減したもの。

●解説　狭義の国民所得は国内総生産から資本減耗引当を差し引き国内純生産を求め，さらに，（間接税－補助金）を差し引いたものです。ただし，海外からの要素所得の純受取りは無視されています。

正答　4

実例演習2-3

次の表から得られる国内総生産と国民総生産の組合せとして，妥当なものはどれか。（8年度市役所上・中級C日程［9/22］）

雇用者所得	240
営業余剰	120
固定資本減耗	70
間接税	40
補助金	6
海外からの要素所得	15
海外への要素所得	13

	国内総生産	国民総生産
1	469	471
2	466	469
3	464	466
4	430	435
5	390	395

第2話　国内総生産（GDP）とは

●解説　国内総生産は雇用者所得，営業余剰，固定資本減耗，間接税－補助金の合計ですから，

　240＋120＋70＋40－ 6 ＝464

と求められます。国民総生産は国内総生産に海外からの要素所得を加え，海外への要素所得を差し引いて求められますから，

　464＋15－13＝466

と求められます。

正答　3

🔑 キーワード

▶ **国内総生産（GDP）**　一国の国民が国内で一定期間に新たに生産した粗付加価値総額。

▶ **粗付加価値総額**　生産物販売総額－中間財購入総額。

▶ **国内純生産（NDP）**　国内総生産－固定資本減耗。

▶ **国民所得（NI）**　国内純生産＋海外からの要素所得の純受取り－（間接税－補助金）。

▶ **国民総生産（GNP）**　一国の国民が一定期間に新たに生産した粗付加価値総額。国内総生産＋（海外からの要素所得－海外への要素所得）。

▶ **国内総支出**　民間最終消費支出＋政府最終消費支出＋国内総資本形成（総固定資本形成＋在庫品増加）＋純輸出。

●●●最近の実際問題●●●

No. 1 次の表をもとに計算すると，要素費用表示の国民所得（A）と市場価格表示の国民所得（B）の組合せとして妥当なものは，次のうちどれか。（9年度市役所上・中級B日程 [8/3]）

　雇用者所得（P）　265　　　営業余剰（Q）　　125
　間接税（R）　　　30　　　補助金（S）　　　　6
　海外からの雇用者所得（T）　5
　海外への雇用者所得（U）　3
　海外からの財産所得・企業所得（V）　12
　海外への財産所得・企業所得（W）　13

	A	B
1	395	420
2	390	414
3	380	405
4	391	415
5	414	431

●解説　要素費用表示の国民所得は雇用者所得，営業余剰，および海外からの要素所得の純受取りの和です。国民所得は国民概念ですから，海外からの要素所得の純受取りを含みます。すなわち，

　要素費用表示の国民所得＝雇用者所得＋営業余剰＋海外からの要素所得－海外への要素所得

です。上のそれぞれの値を代入して，

　要素費用表示の国民所得＝265＋125＋5－3＋12－13＝391

と求められます。他方，市場価格表示の国民所得は要素費用表示の国民所得に間接税－補助金を加えたものです。すなわち，

　市場価格表示の国民所得＝要素費用表示の国民所得＋間接税
　　－補助金

上の値をそれぞれ代入して，

第2話　国内総生産（GDP）とは

市場価格表示の国民所得＝391＋30－6＝415
と求められます。

正答　4

No. 2　次の各項目がそれぞれの大きさであるとき，国民総支出の大きさとして妥当なものはどれか。ただし，海外からの要素所得および海外への要素所得はないものとする。(11年度地方上級東京都)

民間最終消費支出　　300　　　政府最終消費支出　　45
国内総固定資本形成　 90　　　在庫品増加　　　　　15
固定資本減耗　　　　 75　　　財貨・サービスの輸出　70
財貨・サービスの輸入　30

1　385　　**2**　415　　**3**　475
4　490　　**5**　565

●解説　海外からの要素所得および海外への要素所得がないので，国民総支出と国内総支出とは一致します。国内総支出は国内総生産と同額で，$C+I+G+(X-M)$で与えられます。国民経済計算の概念では，民間最終消費支出，政府最終消費支出，国内総固定資本形成，在庫品増加，および（財貨・サービスの輸出－財貨・サービスの輸入）の和になります。したがって，300＋45＋90＋15＋(70－30)＝490と求められます。

正答　4

はじめて学ぶマクロ経済学
第3話
消費関数と乗数効果

　消費関数の理論はマクロ経済学の最も基本的で，かつ，最も重要な理論であるといえます。マクロ経済学の中心的な課題である国民所得決定の理論も消費関数に基づいています。しかも，消費関数はごく常識的な家計の消費行動を定式化したものです。

1. 単純な消費関数

　家計の所得のうち，税金や社会保険料や消費者負債利子を控除した後に手元に残る，家計が実際に処分することができる所得のことを可処分所得と呼びます。家計は可処分所得の中から現在の消費のための支出を行いますが，この消費額と可処分所得の間には常識的に考えて，次のような3つの関係があるといえましょう。すなわち，第1に，可処分所得のすべてを消費にあてるような可処分所得の水準があるでしょう。第2に，消費額は可処分所得が増加すれば増加するでしょう。第3に，消費額の増加額は可処分所得の増加額ほど多くはないでしょう。いいかえますと，可処分所得の増加額の一部は貯蓄されるでしょ

図3-1 単純な消費関数

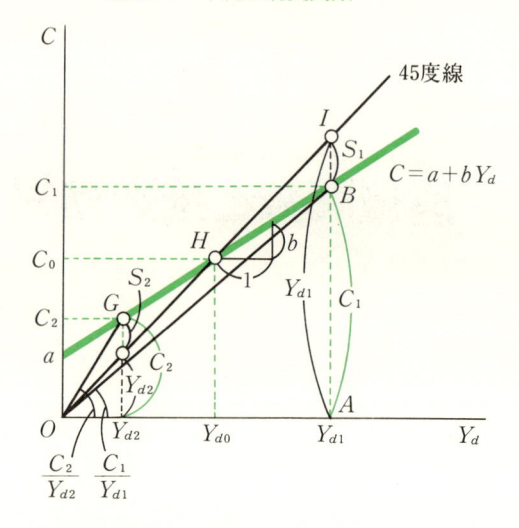

う。このような関係を定式化しますと、消費は可処分所得の次のような1次関数になります。すなわち、

(3-1) $C = a + b Y_d$

です。ただし、C は家計の消費額、Y_d は家計の可処分所得額、a は正の定数（$a > 0$）で、可処分所得がゼロでも家計は消費を行うことを示しています。b は正で1より小さい定数（$1 > b > 0$）です。b は家計の可処分所得が1単位増加したときに消費が何単位増加するかを示す比率で、限界消費性向と呼ばれます。いいかえれば、限界消費性向は消費の増分の可処分所得の増分に対する比率です。（3-1）式がいわゆるケインズ（John Maynard Keynes, 1883〜1946）型の単純な消費関数です。

（3-1）式をグラフに描きますと、図3-1のようになります。縦軸に消費 C をとり、横軸に可処分所得 Y_d をとります。（3-1）式は太い緑色の実線のように描けます。縦軸の切片は a、直線の傾きは b です。つまり、図に示しますように、可処

分所得 Y_d が1単位増加したとき、消費 C は b 単位だけ増加します。より一般的にいいますと、可処分所得の増分が ΔY_d、それに対応する消費の増分を ΔC としますと、両者の比率 $\Delta C / \Delta Y_d$ が直線の傾き b になっています。一般的には $\Delta C < \Delta Y_d$ ですから、$\Delta C / \Delta Y_d = b < 1$ になります。つまり、限界消費性向 b はゼロより大きく1より小さい正の値をとります。

横軸の任意の点、たとえば、A 点をとりますと、原点から A 点までの距離が可処分所得の大きさを表しています。この場合には Y_{d1} です。A 点から消費関数までの高さが Y_{d1} に対応する消費の大きさ C_1 を示しています。つまり、線分 $AB = C_1$ です。45度線は補助線で横軸の値を縦軸の値に変換する役割を果たします。たとえば、三角形 OAI について見ますと、この三角形は A を頂点とする直角二等辺三角形になっています。したがって、線分 $AO =$ 線分 AI です。つまり、横軸の OA の長さ Y_{d1} が縦軸の AI の長さと等しくなっています。45度線と消費関数上の B 点との間の距離 BI は $Y_{d1} - C_1 = S_1$ で、可処分所得のうち消費されない部分、つまり、貯蓄になります。可処分所得の増分に対する貯蓄の増分の比率は限界貯蓄性向と呼ばれます。可処分所得の増分は消費の増分か貯蓄の増分にあてられますので、限界貯蓄性向は(1－限界消費性向)に等しくなります。

また、消費関数上の点と原点を結ぶ直線の傾きは、可処分所得に対する消費の割合を示し、平均消費性向と呼ばれます。B 点の平均消費性向は C_1 / Y_{d1} で、B 点より左方の G 点での平均消費性向 C_2 / Y_{d2} より小さくなっています。つまり平均消費性向は消費関数上を右方に移動するにつれ低下します。消費関数 (3-1) 式の45度線との交点、H では、Y_{d0} の可処分所得の全額が消費 C_0 にあてられており、貯蓄はゼロです。つまり、平均消費性向は1になります。可処分所得が Y_{d0} より少ない場合、たとえば、図の Y_{d2} の場合には、消費関数上の G 点のほう

第3話　消費関数と乗数効果

が45度線上の点より上に位置しています。つまり，消費C_2は可処分所得Y_{d2}を上回ります。不足分はこれまでの貯蓄からの引下ろしによって賄われていることになります。すなわち，貯蓄$S_2 = Y_{d2} - C_2 < 0$です。この場合の平均消費性向は1より大きくなっています。

さて，国内総生産に海外からの純要素所得と海外からのその他の純経常移転を加えたものが，国民総可処分所得に等しく，(注)これは家計の可処分所得，政府純租税，および企業総貯蓄の和になります。つまり，

(3-2) $\quad Y + R_f = Y_d + T_g + S_c$

です。ただし，Yは国内総生産，R_fは海外からの純要素所得（海外からの要素所得－海外への要素所得）プラス海外からのその他の純経常移転（海外からのその他の経常移転－海外へのその他の経常移転で，国際収支表の経常移転収支）です。海外からの要素所得は海外への投資の果実としての収益（直接投資収益，利子，配当金などの証券投資収益，およびその他の投資収益）や海外で短期間働く雇用者の雇用者報酬からなります。海外からのその他の経常移転は対価を伴わずに一方的に移転される経常的な所得の移転で，たとえば，政府による途上国への無償資金協力や国際機関分担金，労働者送金，個人間の贈与，家計から海外慈善団体への寄付などです。つまり，

　海外からの純要素所得およびその他の純経常移転＝（海外からの要素所得－海外への要素所得）＋（海外からのその他の経常移転－海外へのその他の経常移転）

です。国内での可処分所得に追加されるのは海外からの純要素所得およびその他の純経常移転（以下では海外からの純要素所得等と呼びます）になります。

T_gは政府純租税，S_cは企業総貯蓄です。国内総生産（3-

(注)…国民経済計算では，国民総可処分所得－固定資本減耗が国民可処分所得として計上されています。

2）式を書き直しますと，

$$(3\text{-}3) \quad Y_d = Y + R_f - T_g - S_c$$
$$= Y - T$$

となります。ただし，$T = T_g + S_c - R_f$ です。T は政府純租税 T_g と企業総貯蓄 S_c との和から海外からの純要素所得等を引いたもので，政府純租税等と呼ぶことにします。つまり，家計の可処分所得は国内総生産から政府純租税等を引いたものです。（3-3）式の1行目で家計の可処分所得を求めるときに海外からの純要素所得等 R_f が付け加えられるのは，国内で生産された雇用者所得や営業余剰のほかに海外からの要素所得等も家計の可処分所得として追加される一方，逆に，海外への要素所得等は国内で生産された雇用者所得や営業余剰のうち海外へ支払われる部分で国内の家計可処分所得には利用できないためです。その他の純経常移転についても同様です。（3-3）式を（3-1）式に代入しますと，

$$(3\text{-}4) \quad C = a + b(Y - T)$$
$$= a - bT + bY$$
$$= C_0 + bY$$

となります。ただし，$C_0 = a - bT$ です。政府純租税，企業総貯蓄，および海外からの純要素所得等が不変である限り，C_0 は一定です。つまり，家計の消費は国内総生産の1次関数として定式化でき，その直線の傾きは図3-1の場合と同じく b です。（3-4）式の消費関数は図3-2に示されています。図3-1とよく似ていますが，横軸座標は国内総生産 Y，縦軸切片は C_0 で図3-1の a より小さな値になっています。限界消費性向は b で一定，平均消費性向も国内総生産が増加するにつれ低下することも変わりません。重要な違いは図3-2の45度線と消費関数との間の距離は国内総生産の中の家計の消費に使われない部分で，国内総生産のうちから貯蓄される部分に対応しています。つまり，図3-2の S_1^T は政府純租税と企業総貯

図3-2 単純な消費関数
── 国内総生産の1次関数として ──

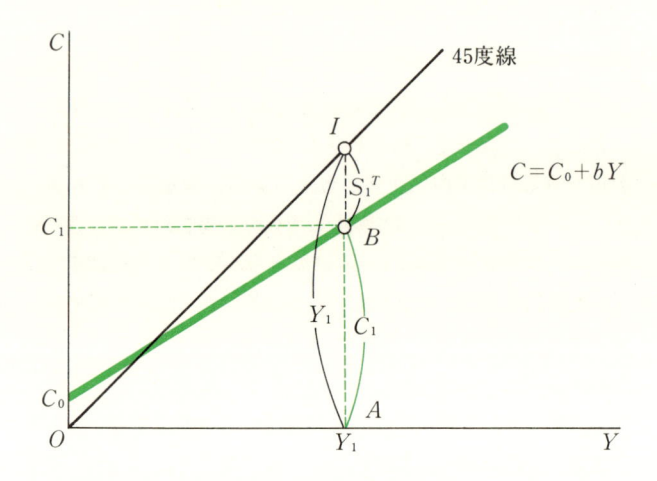

蓄と家計貯蓄（$Y_d - C$）との和マイナス海外からの純要素所得等になっています。すなわち，

$S_1^T = Y - C$
$\qquad = Y_d - C + T_g + S_c - R_f$

です。

───── 練習問題 3-1 ─────

次の文章中の下線部に適切な語句を記入しなさい。

1　可処分所得の増分に対する消費の増分の比率は　①　性向と呼ばれる。この値は　②　より大きく，　③　より小さい。

2　可処分所得のうち消費されない部分は　①　と呼ばれる。この増分の可処分所得の増分に対する比率は　②　性向と呼ばれる。

3　消費の可処分所得に対する比率は　①　性向と呼ばれる。この値は可処分所得が大きくなるにつれて　②　する。

実例演習 3-1

ケインズの消費関数が, $C=0.75Y+10$ で表されるとき, 正しい記述は次のうちどれか。(**元年度国家Ⅱ種**)

1 平均消費性向は一定だが, 限界消費性向は所得の増加に伴って, 逓増していく。
2 平均消費性向は一定だが, 限界消費性向は所得の増加に伴って, 逓減していく。
3 限界消費性向は一定だが, 平均消費性向は所得の増加に伴って, 逓増していく。
4 限界消費性向は一定だが, 平均消費性向は所得の増加に伴って, 逓減していく。
5 限界消費性向は所得の増加に伴って逓増し, 平均消費性向は逓減していく。

●**解説** 問題で与えられた消費関数は(3-4)式に対応する式で, 限界消費性向は0.75, 縦軸切片は10です。限界消費性向は消費関数の傾きで, 0.75で一定, 平均消費性向は C/Y の比率で所得の増加に対応して, 逓減します。

正答 **4**

2．乗数効果

さて, 第2話で検討しましたように, 国内総支出は消費のほか, 投資, 政府支出, および純輸出から成り立っています。いま, 消費以外の任意の独立支出, たとえば, 投資が ΔI だけ増加した場合, 家計の消費の変化を通じて, 国内総支出, したがって, 国内総生産がどのように変化するかを以下では検討しま

練習問題3-1の正答… 1．①限界消費②0③1　2．①貯蓄②限界貯蓄
3．①平均消費②低下

乗数効果は波及する

す。ただし，第3話では租税と輸入は国内総生産の大きさに応じて変化しないものと仮定します。

結論を先に述べますと，国内総支出は $\mathit{\Delta}I$ の乗数 $1/(1-b)$ 倍増加します。$b=0.6$ の場合ですと，この乗数は2.5 $[=1/(1-0.6)=1/0.4]$ になります。なぜ，わずかな独立支出の変化が大きな国内総支出の変化を引き起こすのでしょうか。

いま，投資は国内総生産からは独立で，国内総生産の水準には左右されず，企業などの計画によって決まるものとします。当初の投資の水準は I で，それが計画の変更などにより100億円だけ増加したとします。たとえば，自動車メーカーが増産のために九州に工場を建設するとします。ロボットなどの機械を機械メーカーから60億円購入し，建物については建設会社に40億円で建築を依頼します。機械メーカーは機械の製造のため原材料を10億円購入し，50億円は賃金，地代，および利潤にあてるとします。50億円分は結局家計の所得になります。他方，機械原材料の代金10億円は鉄鋼などの素材メーカーの売上になりますが，この10億円分も賃金，地代，および利潤に帰着し，結局，家計の所得になります。ただし，ここでは原材料等はすべて国内で調達されるものとします。他方，建設会社に支払われ

表3-1 投資増加の波及効果

	投資・消費の増加	貯蓄の増加
自動車メーカー	100	―
1)消費財メーカー	$60=100\times 0.6$	40
2)消費財メーカー	$36=100\times 0.6^2$	$24=40\times 0.6$
3)消費財メーカー	$21.6=100\times 0.6^3$	$14.4=40\times 0.6^2$
⋮	⋮	⋮
合　計	$\Delta E=\dfrac{100}{1-0.6}=250$	$\Delta S=\dfrac{40}{1-0.6}=100$

た40億円も建築労働者の賃金や建設会社の利潤，建築資材メーカーでの賃金，地代，および利潤に帰着し，結局，家計の所得に帰着します。要するに，100億円の投資の追加額は家計の所得を同額だけ増加させます。家計はそのうち限界消費性向分，100×0.6＝60億円を消費の増加にあて，残りの40億円を貯蓄します。そうしますと，100億円の投資増加の最終需要に対する第1段階の波及効果として，消費が60億円増加することになります。それに応じて消費財メーカーの生産も60億円だけ増加します。

さて，この60億円の消費の増加は衣料品や食料品などの消費財メーカーの賃金，地代，および利潤にあてられ，結局，家計の所得60億円に帰着します。この新たな家計所得の増加分60億円のうち，その限界消費性向分，60×0.6＝36億円が再び消費にあてられ，それに対応して消費財の生産が追加されます。残りの24億円は貯蓄されます。これが第2段階の波及効果になります。

このような波及効果はいわば永久に続き，表3-1のように整理されます。初めの投資の増加と波及効果全体を通じた消費の増加からなる国内総支出の増分は，次のようにして求められます。すなわち，

（3-5）　$\Delta E=100+100\times 0.6+100\times 0.6^2+100\times 0.6^3+\cdots$

です。（3-5）式の辺々に0.6を掛けますと，

（3-6） $0.6 \Delta E = 100 \times 0.6 + 100 \times 0.6^2 + 100 \times 0.6^3$
$+ 100 \times 0.6^4 + \cdots$

となります。（3-5）式の辺々から（3-6）式の辺々を引きますと，次式のようになります。(注) すなわち，

（3-7） $(1 - 0.6) \Delta E = 100$

です。（3-7）式より，国内総支出の増加 ΔE は次式のようになります。すなわち，

（3-8） $\Delta E = \dfrac{100}{1 - 0.6} = 250$

です。つまり，100億円の投資の増加がその乗数倍，すなわち，1/(1-0.6)＝2.5倍の250億円の国内総支出の増加をもたらしたわけです。乗数は（1－限界消費性向）の逆数になっています。限界消費性向が大きく1に近ければ近いほど乗数は大きくなります。ところで，貯蓄の増加 ΔS は次式によって求められます。すなわち，

（3-9） $\Delta S = 40 + 40 \times 0.6 + 40 \times 0.6^2 + 40 \times 0.6^3 + \cdots$

$= \dfrac{40}{1 - 0.6} = 100$

です。貯蓄の増加分は当初の投資の増分に等しくなっています。いいかえますと，当初の投資の増分に等しい貯蓄が形成されるまで，国内総生産が増加するということです。

=== 実例演習3-2 ===

次の記述のうち，正しいものはどれか。（元年度地方上級

（注）…（3-5）式の右辺を第 n 項まで書いたとき，第 n 項は $100 \times 0.6^{n-1}$ になります。そのとき（3-6）式の右辺の第 n 項は 100×0.6^n になります。（3-5）式から（3-6）式の辺々を引いたとき，右辺は $100 - 100 \times 0.6^n$ となります。n を無限大まで増加させるとき，0.6^n は0に限りなく近づき，無視できます。そこで，（3-7）式の結果が得られます。

東京特別区）

1　投資が2兆円増大するとき国民所得が10兆円増えるとすると，限界消費性向は0.2である。
2　限界貯蓄性向が0.25の場合，投資乗数は3.0である。
3　限界貯蓄性向が0.6の場合，新たに投資が4兆円行われると，国民所得は10兆円増大する。
4　限界消費性向がゼロに近づくほど，投資の国民所得に及ぼす効果は大きくなる。
5　限界貯蓄性向が1に近づくほど，投資の国民所得に及ぼす効果は小さくなる。

●解説　1．問題文の国民所得は広義の国民所得で，国内総生産＝国内総支出と同じです。乗数の式

$$\Delta Y = \frac{1}{1-b} \Delta I$$

から乗数は

$$\frac{1}{1-b} = \frac{\Delta Y}{\Delta I} = \frac{10}{2} = 5$$

となりますので，$b=0.8$ が求められます。2．乗数（投資乗数）は $\frac{1}{1-限界消費性向} = \frac{1}{限界貯蓄性向}$ なので，限界貯蓄性向が0.25の場合，乗数は1/0.25＝4になり，3.0ではありません。3．4×(1/0.6)＝6.67で10にはなりません。4．限界消費性向がゼロに近くなるとき，所得の増加のほとんどが貯蓄に回されるため，投資の波及効果は小さくなります。5．限界貯蓄性向が1に近づくとき，限界消費性向はゼロに近づいており，乗数は1に近くなります。つまり，投資の国内総支出に及ぼす波及効果は小さくなります。

正答　5

キーワード

- ▶ **単純な消費関数** 家計の消費を家計の可処分所得または国内総生産の1次関数として示す関数。
- ▶ **限界消費性向** 家計の可処分所得または国内総生産が1単位増加したとき消費が何単位増加するかを示す比率。$\dfrac{\Delta C}{\Delta Y_d}=\dfrac{\Delta C}{\Delta Y}$ 単純な消費関数の傾きに等しい。
- ▶ **限界貯蓄性向** 家計の可処分所得が1単位増加したとき貯蓄が何単位増加するかを示す比率。$\dfrac{\Delta S}{\Delta Y_d}=\dfrac{\Delta S}{\Delta Y}$ 限界貯蓄性向=1-限界消費性向。
- ▶ **平均消費性向** 家計の消費の可処分所得または国内総生産に対する比率。$\dfrac{C}{Y_d}$ または $\dfrac{C}{Y}$
- ▶ **乗数** 投資などの独立支出が1単位増加したとき国内総支出(国内総生産)が何単位増加するかを示す比率。$\dfrac{1}{1-限界消費性向}$

●●●最近の実際問題●●●

No. 1 国民所得,消費,貯蓄の関係が次の表に示されている。表中の空欄(ア)〜(エ)に入る数値を計算したうえで,表中の空欄(a)〜(d)に入る数値の組合せとして妥当なものは,次のうちどれか。(9年度市役所上・中級B日程 [8/3])

	国民所得	消費	貯蓄	平均消費性向	平均貯蓄性向	限界消費性向	限界貯蓄性向
t期	100	80	(ア)	(イ)	(ウ)	(c)	(d)
$t+1$期	(エ)	(a)	30	(b)	0.25		

	(a)	(b)	(c)	(d)
1	85	0.66	0.5	0.5
2	85	0.71	0.5	0.5
3	90	0.75	0.5	0.5
4	90	0.75	0.4	0.6
5	100	0.79	0.6	0.4

●解説 表中では国民所得が消費と貯蓄にのみ使用される関係が示されています。いいかえれば,政府支出と企業の投資,および租税と企業貯蓄などはゼロと置かれています。ここでは国民所得は同時に家計可処分所得になっています。表のt期の(ア),(イ),(ウ)については次のように求められます。すなわち,貯蓄は国民所得のうち消費されない部分ですので,

  $100-80=20$

です。平均消費性向は消費/国民所得ですので,

  $80/100=0.8$

です。同様に平均貯蓄性向は貯蓄/国民所得ですので,

  $20/100=0.2$

です。$t+1$期については,貯蓄が30で平均貯蓄性向が0.25というデータが唯一の手がかりです。国民所得は貯蓄/平均貯蓄性向で,

  $30/0.25=120$

第3話 消費関数と乗数効果

と求められます。そこで、消費は国民所得－貯蓄で、

　$120-30=90$

と求められます。t 期と $t+1$ 期の消費の変化分と国民所得の変化分の比率から限界消費性向は

　$(90-80)/(120-100)=10/20=0.5$

と求められます。限界貯蓄性向は t 期と $t+1$ 期の貯蓄の変化分と国民所得の変化分の比率ですので、

　$(30-20)/(120-100)=10/20=0.5$

と求められます。または、

　限界貯蓄性向＝ 1 －限界消費性向
　　　　　　　＝ 1 －0.5＝0.5

と求められます。

正答　3

はじめて学ぶマクロ経済学

第4話 単純な国民所得決定理論

　第3話では単純な消費関数と乗数効果について検討しました。消費関数の傾きを示す限界消費性向が，乗数効果をもたらす基でした。つまり，所得増加のうちすべては貯蓄されずに大部分を消費にあてるという消費者行動が，投資の増加の乗数倍の国内総支出（国内総生産）の増加を生み出すという乗数効果をもたらすわけです。しかし，消費関数がマクロ経済学で重要であるのは，国内総支出の増加にとどまらず，国内総支出（国内総生産）の水準そのものが限界消費性向に基づいて決まる点にあります。第4話では，消費関数を基にして国内総生産の水準がどのように決まるか，またいわゆる総需要管理政策はどのように行われるべきか，について検討します。

1. 均衡国内総生産の決定

　第3話で検討しましたように，単純なケインズ型の消費関数は次式のように定式化されます。すなわち，

（4-1）　$C = C_0 + bY$

です。ただし，C は家計消費，$C_0 = a - bT$ で消費のうち国

内総生産からは独立的な部分，aは正の定数，bは$0 < b < 1$の定数で限界消費性向，Tは政府純租税等で，政府純租税T_gプラス企業総貯蓄S_cマイナス海外からの純要素所得等R_fです[$T = T_g + S_c - R_f$]。Yは国内総生産です。物価水準は一定と仮定し，実質国内総生産の大きさを問題とします。

第2話で検討しましたように，国内総支出は家計等の消費のほかに，企業の投資，政府支出，および純輸出から成り立っています。しかし，実現された国内総支出は必ずしも各経済主体が計画した水準に決まっているとは限りません。特に，在庫投資は計画された投資額と実現された投資額の間にしばしば食い違いが生じ，それが景気循環を引き起こす誘因の役割を果たしてきました。そこで一国の計画された総需要E_p (planned Expenditure) を家計等の消費C，計画された投資I_p (planned Investment)，政府支出G，および純輸出（$X - M$）の和として定義します。すなわち，

(4-2) $E_{ip} = C + I_p + G + (X - M)$

です。ここでは(4-2)式の右辺の家計の消費C以外の部分は国内総生産Yからは独立で一定水準に与えられているものと考え，計画された総独立支出E_{ip} (planned independent Expenditure) と名づけます。つまり，$E_{ip} = I_p + G + (X - M)$です。この定義式と(4-1)式を(4-2)式に代入しますと，(4-2)式は次式のように書き直すことができます。すなわち，

(4-3) $E_p = C + E_{ip} = C_0 + bY + E_{ip}$

です。

さて，一国の経済が均衡するということは計画された総需要E_pが，総供給すなわち国内総生産Yと等しくなるということです。つまり，

(4-4) $Y = E_p$

が一国の経済の財市場の均衡条件になります。(4-4)式の条件を満たす国内総生産Yが**均衡国内総生産**Y^*になります。

均衡点はどこ？

（4-3）式を（4-4）式の均衡条件に代入しますと，次式が得られます。すなわち，

（4-5） $Y = C_0 + bY + E_{ip}$

です。（4-5）式を Y について解けば，均衡国内総生産 Y^* が次式のように求められます。すなわち，

（4-6） $Y^* = \dfrac{1}{1-b}(C_0 + E_{ip})$

です。（4-6）式の右辺の（ ）の中の値はすべて国内総生産とは独立に決まる値です。C_0 は消費関数の縦軸切片の値，E_{ip} は計画された総独立支出で，いずれも国内総生産とは独立にモデルの外部で設定される値です。さて，（ ）の前の係数 $1/(1-b)$ は第3話で検討した乗数と同じものです。つまり，乗数は計画された投資の増加が国内総支出（国内総生産）の増加に波及する際の倍率であるだけでなく，国内総支出のうち独立的な部分全体が国内総生産全体の水準に波及する際の倍率にもなるわけです。

以上の関係は図4-1に示されています。消費関数は C_0 を縦軸切片とし，傾きが b の右上がりの直線になります。それに対

第4話 単純な国民所得決定論　　45

図4-1 均衡国内総生産の決定

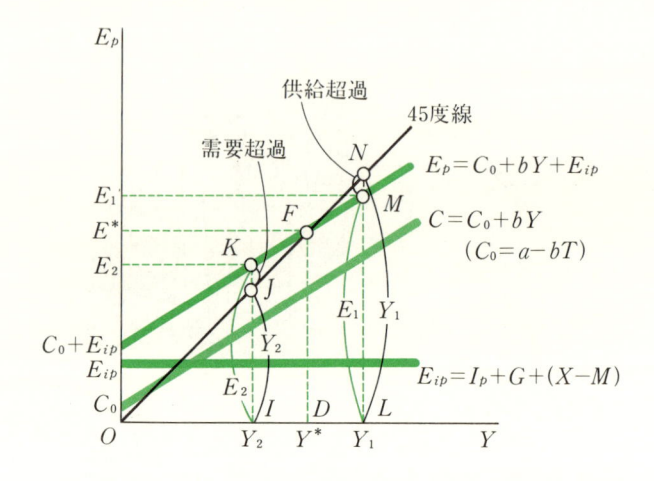

供給超過
需要超過
45度線
$E_p = C_0 + bY + E_{ip}$
$C = C_0 + bY$
$(C_0 = a - bT)$
$E_{ip} = I_p + G + (X - M)$

して、計画された総独立支出関数 E_{ip} は横軸に平行な直線になります。というのも、国内総生産が変化しても計画された総独立支出 E_{ip} の水準には変化がないからです。計画された総需要 E_p は消費と計画された総独立支出の和ですから、計画された総需要関数 E_p は消費関数に平行で消費関数との距離が計画された総独立支出 E_{ip} に等しい直線になります。ある国内総生産 Y_1 での計画された総需要 E_1 は横軸目盛り Y_1 での計画された総需要関数 E_p までの縦の距離 ML で表現されています。横軸の原点から Y_1 までの距離は Y_1 での45度線までの縦の距離 NL でも表現されています。この場合には $E_1 < Y_1$ ですから、(4-4) 式の財市場の均衡条件が満たされていません。したがって、Y_1 は均衡国内総生産ではありません。$Y_1 - E_1 = NM$ だけ国内総生産が計画された総需要を上回っており、供給超過になっています。生産者の立場から見ますと、生産したほどには製品が売れず、意図せざる在庫が増加します。そこで、生産者は意図したとおりの在庫を実現するため、生産を縮小すること

になります。その結果，国内総生産はY_1より小さい値へ縮小します。

（4-4）式が成り立つのは計画された総需要関数E_pが45度線と交わるF点です。F点ではF点から横軸に下ろした垂線の長さFDで示される総需要E^*が原点からD点までの距離Y^*と等しくなっています。つまり，$E^* = Y^*$です。というのも，計画された総需要関数上のF点は同時に45度線上にもあるからです。三角形DOFは直角二等辺三角形で，$DF = DO$です。生産者の立場から見ますと，意図したとおりの在庫が実現され，現在の生産を縮小する必要も，拡大する必要もありません。ですから，Y^*は均衡国内総生産になります。

逆に，計画された総需要関数E_p上のF点より左の点Kでは，それに対応する国内総生産Y_2はK点の縦軸座標E_2より小さくなっており，つまり，$E_2 > Y_2$で$E_2 - Y_2 = KJ$だけの需要超過が発生しています。生産者にとっては，意図した在庫よりは過小の在庫しか実現できず，生産を拡大することになります。その結果，国内総生産はY_2よりも大きい値へ増加します。

練習問題 4-1

次の文章中の下線部に適切な語句を記入しなさい。

均衡国内総生産は計画された総需要が国内総生産と等しくなるような ① である。それより国内総生産が大きいとき，計画された総需要は ② を下回るため， ③ が発生する。また均衡国内総生産より小さい国内総生産の水準では，計画された総需要は国内総生産の水準を ④ ，そのため ⑤ が発生する。

実例演習 4-1

次の図で，政府支出を1兆円増加させたとき国民所得に及ぼす影響として妥当なものはどれか。**(11年度市役所上・**

練習問題4-1の正答…①国内総生産②国内総生産③供給超過④上回り⑤需要超過

第4話　単純な国民所得決定論

中級B日程[8/1])

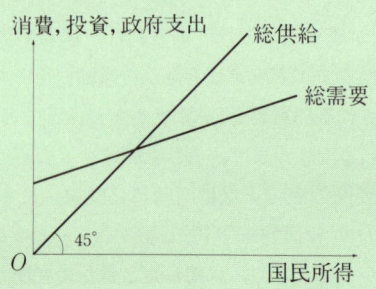

消費，投資，政府支出のグラフ。総供給線（45°線）と総需要線が描かれている。横軸：国民所得。

1 総需要曲線が上方にシフトし，(限界消費性向の逆数)×(1兆円)だけ均衡国民所得は増える。
2 総需要曲線が上方にシフトし，(限界貯蓄性向の逆数)×(1兆円)だけ均衡国民所得は増える。
3 総需要曲線が上方にシフトし，1兆円だけ均衡国民所得は増える。
4 総需要曲線は変化せず，(平均消費性向の逆数)×(1兆円)だけ均衡国民所得は増える。
5 総需要曲線は変化せず，(平均貯蓄性向の逆数)×(1兆円)だけ均衡国民所得は増える。

●解説　政府支出が1兆円増加したとき，総需要曲線は上方に1兆円だけシフトします。その結果，均衡国民所得は総需要曲線のシフト幅，1兆円の限界貯蓄性向の逆数倍だけ増加します。

正答　2

2. 財政・金融政策

財政・金融政策は完全雇用国内総生産がたえず実現されるように，計画された総需要の水準を管理することを目標としま

図4-2 デフレ・ギャップとインフレ・ギャップ

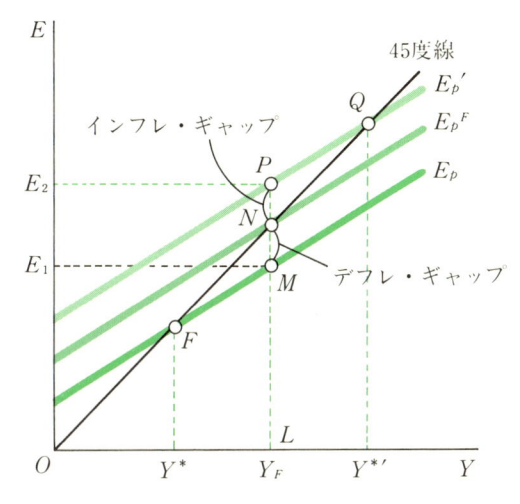

す。ただし,完全雇用とは労働力のすべてが有効に利用されているような状態ですが,失業率がゼロであるわけではありません。労働力の移動に必要ないわゆる摩擦失業や老齢者の失業のような構造的失業は完全雇用での失業率として残ります。他方,資本についても遊休がなくすべて有効に利用されています。このような状態での国内総生産が完全雇用国内総生産です。

図4-2では現在の計画された総需要はE_pの水準で,均衡国内総生産はE_pと45度線との交点Fの横軸座標Y^*で与えられています。しかし,Y^*は完全雇用を実現する国内総生産ではありません。というのも,完全雇用国内総生産Y_Fは図4-2の横軸のL点で与えられており,現在の計画された総需要E_pは完全雇用国内総生産を実現するには足りません。総需要の不足分はNM分で,その場合には物価に対しては下落圧力が加わりますので,NMを**デフレーション**(あるいは**デフレ**)**・ギャップ**と呼びます。デフレ・ギャップは完全雇用国内総生産が完

第4話 単純な国民所得決定論

全雇用国内総生産での計画された総需要を上回る場合の両者の差と定義されます。現在の計画された総需要関数E_pが与えられている場合には，完全雇用国内総生産Y_Fでの計画された総需要は$ML=E_1$で完全雇用を達成するにはNMだけ足りません。

デフレ・ギャップがある場合には完全雇用国内総生産を実現するために経済政策は拡張的である必要があります。完全雇用国内総生産水準での計画された総需要がNLになるように，計画された総需要関数を$E_p{}^F$に上方にシフトさせる必要があります。財政政策では政府支出を$\Delta G=NM$だけ増加させるか，減税を行って，消費関数の縦軸切片を$\Delta C_0=NM$だけ増加させる必要があります。減税の場合には$C_0=a-bT$ですから，$\Delta C_0=-b\Delta T$になるように，減税額$-\Delta T=\Delta C_0/b$を定めます。金融政策に頼る場合には，金融緩和を行って市中金利を低下させ，民間投資をNMだけ増加させる必要があります。企業は以前より低い金利で資金を借り入れることができるようになりますので，以前より多くの投資をすることが可能になります。この点に関する詳しい検討は第8話で行います。

他方，計画された総需要関数がE_p'の位置にある場合には均衡国内総生産は$Y^{*\prime}$で完全雇用国内総生産Y_Fを上回っています。実質国内総生産は完全雇用国内総生産を上回るわけにはいきませんが，図のPNの総需要の超過があり，物価上昇圧力が加わり続けることになります。そこで，完全雇用国内総生産での計画された総需要E_2と完全雇用国内総生産Y_Fとの差PNを**インフレーション**（あるいは**インフレ・ギャップ**）と呼びます。このような場合には総需要を抑制するような緊縮的な経済政策がとられる必要があります。財政政策では政府支出のPNだけの削減か，PN/b分の増税政策が必要です。また，金融政策による場合にはPN分の民間投資が減少するように，金融引締め政策を行い，市中金利を引き上げる必要があります。このよ

うに，経済政策は計画された総需要E_pを管理することにより，計画された総需要が$E_p{}^F$の水準に維持されるように努め，均衡国内総生産が完全雇用国内総生産と一致するように誘導することを目標としています。

実例演習 4-2

民間経済活動のみからなる封鎖経済において消費関数が，
$C = 0.6Y + 40$ 〔C：消費，Y：国民所得水準〕
で与えられ，投資は独立投資のみからなり，
$I = 200$ 〔I：投資〕
とする。完全雇用国民所得水準が800であったとするとき，この国の経済は完全雇用の状態と比較して何％インフレ・ギャップあるいはデフレ・ギャップにあるといえるか。（8年度地方上級京都府，大阪府，京都市）

1　10％のインフレ・ギャップ
2　20％のインフレ・ギャップ
3　10％のデフレ・ギャップ
4　20％のデフレ・ギャップ
5　40％のデフレ・ギャップ

●**解説**　計画された総需要E_pは$C + I$で与えられます。均衡国民所得は財市場の均衡条件$Y = E_p$を満たすようなYの水準です。総需要E_pの式に問題で与えられる消費関数と投資を代入して，次式のように求められます。すなわち，

（1）　$E_p = 0.6Y + 40 + 200$
　　　　$= 0.6Y + 240$

図に示しますように，総需要関数E_pは消費関数との幅が$I = 200$の平行な直線になります。この式を財市場の均衡条件式$Y = E_p$に代入して，

$Y = 0.6Y + 240$

となります。上式をYについて解きますと，

第4話　単純な国民所得決定論

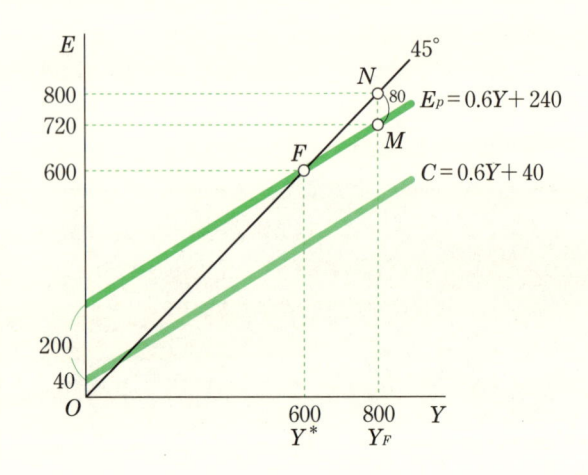

$Y^* = 240/(1-0.6) = 2.5 \times 240 = 600$

と均衡国民所得 Y^* が求められます。完全雇用国民所得 Y_F は800で，そのときの総需要は（1）式の右辺の Y に800を代入して，

$E_p = 0.6 \times 800 + 240 = 720$

と求められます（図の M 点の縦座標）。完全雇用国民所得での総需要720は完全雇用国民所得800より80［$= 800-720$，図の線分 NM］足りませんので，デフレ・ギャップが生じていて，その完全雇用国民所得に対する比率は80/800＝10％です。

正答　3

キーワード

- ▶**均衡国内総生産** 計画された総需要と等しい国内総生産。
- ▶**完全雇用国内総生産** 労働力がすべて有効に利用されており,資本についても遊休がないような国内総生産。
- ▶**デフレ・ギャップ** 完全雇用国内総生産がそのときの計画された総需要を上回る場合の両者の差。
- ▶**インフレ・ギャップ** 完全雇用国内総生産がそのときの計画された総需要を下回る場合の両者の差。

●●●最近の実際問題●●●

No.1 貯蓄に関する次の記述のうち,一般的に「貯蓄のパラドックス」と呼ばれているものはどれか。(3年度国税専門官)

1 各家計が貯蓄の増加を意図しても,貯蓄性向の上昇は国民全体の消費需要を減少させ,均衡国民所得水準を低下させるので,国民全体の貯蓄は増加しない。
2 貯蓄を増加させるための金利引上げは,需要の減少を通じて均衡国民所得水準の低下を引き起こし,貯蓄を減少させてしまう。
3 各家計が生活の安定のために貯蓄を意図しても,その時期や貯蓄率に一定の規則性がないので,国民所得水準は不規則に変動し,かえって経済は不安定となってしまう。
4 均衡国民所得水準は,貯蓄と投資が一致した点で決定されるので,均衡水準以上の貯蓄の増加は過剰投資によるインフレを引き起こし,かえって貯蓄意欲を減退させ,貯蓄率は低下する。
5 貯蓄の増加を意図する国民と消費を意図する国民とでは,両国民の有効需要の格差から,後者のほうが前者より貯蓄が増加する。

●解説 各家計にとっては貯蓄は資産を積み上げる基になるもので,健全な家庭を築くうえでの美徳でしょう。しかし,マクロ的に見た場合には,各家計が貯蓄を増やすために限界貯蓄性向を引き上げますと,マクロ的には,乗数効果が低下するため,均衡国内総生産が減少し,失業が増加することになり,マクロ的には決して望ましい結果はもたらされません。部分について真であることが全体についても真であると仮定することを,「合成の誤謬」といいます。各家計が限界貯蓄性向を引き上げてもマクロ的な貯蓄は必ずしも増加しません。総独立支出が不変であれば,貯蓄額

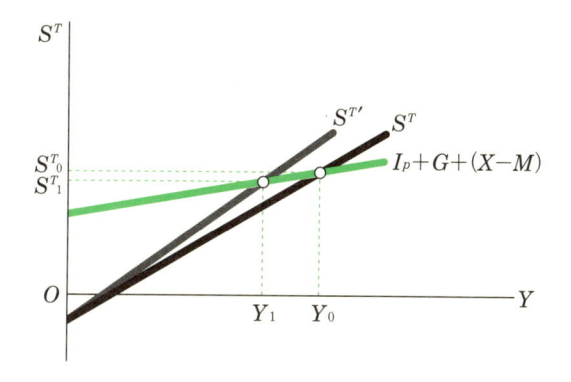

も不変にとどまります。投資＋政府支出＋純輸出が国内総生産の増加関数である場合には，貯蓄性向の上昇などによる貯蓄関数の上方シフトは，むしろマクロ的な貯蓄額を減少させます。図に示しますように，マクロの総貯蓄関数の S^T から $S^{T\prime}$ への上方シフトにより，国内総生産は Y_0 から Y_1 へ減少し，総貯蓄は S^T_0 から S^T_1 へ減少します（第6話参照）。このことを「貯蓄のパラドックス」といいます。5も貯蓄のパラドックスと必ずしも矛盾しませんが，貯蓄額は各国の国民所得の水準と限界貯蓄性向および独立消費支出によって決まります。さらに，均衡国民所得での貯蓄額は総独立支出に依存しますので，限界貯蓄性向だけで貯蓄額が決まるわけではありません。

正答　1

No. 2　国民所得を Y，投資を $I=I_0$，貯蓄を S，消費関数を $C(Y)=C_0+cY$ とする単純なケインズの均衡国民所得決定式が，

$Y=\alpha(C_0+I_0)$　〔α：投資乗数〕

で与えられるとき，投資が $\varDelta I$ だけ増加した場合に関する記述として，妥当なものは次のうちどれか。ただし，I_0，C_0 はそれぞれ定数，$c=1-s$ は限界消費性向を表す。(11年度市役所上・中級C日程〔9/19〕)

1　国民所得は $\varDelta I$，消費は $\varDelta I/s$，貯蓄は $c\varDelta I/s$ 増加

する。

2 国民所得は $\Delta I/s$, 消費は ΔI, 貯蓄は $c\Delta I/s$ 増加する。

3 国民所得は ΔI, 消費は $c\Delta I/s$, 貯蓄は $s\Delta I$ 増加する。

4 国民所得は $\Delta I/(1-c)$, 消費は $s\Delta I$, 貯蓄は $c\Delta I$ 増加する。

5 国民所得は $\Delta I/(1-c)$, 消費は $c\Delta I/s$, 貯蓄は ΔI 増加する。

●解説　消費関数は $C(Y)$ と表現されていますが，これは Y の関数ということの一般的な表現で，その関数形を特定したものが，C_0+cY という1次式です。総需要の構成項目として消費と投資だけがあるモデルでは財市場の均衡条件は $Y=C+I$ と表現できます。政府支出も対外貿易もない経済になります。この均衡条件に消費関数と投資を代入しますと，次式のようになります。すなわち，

$Y = C_0 + cY + I_0$。

です。これを Y について解きますと，

$Y = \{1/(1-c)\}(C_0 + I_0)$

と求められます。したがって，乗数 α は $1/(1-c)$ です。投資が ΔI だけ増加したとき，国民所得の増加分 ΔY は $\Delta I/(1-c) = \Delta I/s$ になります。このとき消費の増加分 ΔC は消費関数の右辺の Y に $\Delta I/(1-c)$ を代入して，$c\Delta I/(1-c) = c\Delta I/s$ になります。貯蓄の増加分 ΔS は投資の増加分と等しくなります。というのも，

$\Delta S = \Delta Y - \Delta C$
$= \Delta I/(1-c) - c\Delta I/(1-c) = \Delta I$

となるからです。

正答　5

No.3　総需要関数 $D = cY + C_0 + I + G$ が想定されたマクロ経済体系において，限界消費性向0.6，基礎消費支出60兆円，投資支出60兆円，政府支出40兆円がそれぞれ与えられて

いるものとする。完全雇用国民所得水準が440兆円であるとき，どれだけの大きさのギャップが発生しているか。(11年度市役所上・中級B日程〔8/1〕)

〔D：総需要，c：限界消費性向，C_0：基礎消費支出，Y：国民所得，I：投資支出，G：政府支出〕

1　16兆円のデフレ・ギャップ
2　16兆円のインフレ・ギャップ
3　20兆円のデフレ・ギャップ
4　20兆円のインフレ・ギャップ
5　24兆円のデフレ・ギャップ

●解説　この問題では完全雇用国民所得での総需要を求め，その総需要と完全雇用国民所得との差を求めれば済みます。総需要関数にそれぞれの値を代入しますと，

$D = 0.6 \cdot 440 + 60 + 60 + 40$
$\quad = 264 + 160 = 424$

と完全雇用国民所得での総需要の大きさが求められます。完全雇用国民所得440との差は424－440＝－16で，完全雇用国民所得での総需要水準が完全雇用国民所得を下回っていますので，デフレ・ギャップが生じています。

正答　1

No. 4　国際収支を考えない以下の閉鎖経済を想定する。

$Y = C + I$
$C = cY + 40$
$c = 0.7$
$I = 20$
$Y_F = 200$

〔Y：GDP, C：消費，c：限界消費性向，I：投資（民間＋政府），Y_F：完全雇用GDP〕

当該経済において，なんらかの要因により完全雇用GDPが50増大し，限界消費性向は0.8となった。このとき，完全雇用を維持しつつ，インフレの発生を抑制するために，政府

のとるべき政策として、妥当なものはどれか。(11年度国家Ⅰ種法律,経済)

1　インフレ・ギャップ50を解消するために、政府投資を50減少させる。
2　インフレ・ギャップ10を解消するために、政府投資を10減少させる。
3　デフレ・ギャップ50を解消するために、政府投資を50増加させる。
4　デフレ・ギャップ10を解消するために、政府投資を10増加させる。
5　完全雇用が達成されているので、政府投資を変化させない。

●解説　まず、当初の均衡国内総生産 (GDP) を求めるために、問題文の第1式の左辺にそれぞれの式と値を代入して、次式を求めます。すなわち、

（1）　$Y=0.7Y+40+20$

です。Yについて解きますと、

$Y=60/0.3=200$

と求められます。完全雇用GDPが200ですから、均衡国内総生産は完全雇用国内総生産と一致しています。いま、完全雇用GDPが50増加し、限界消費性向が0.8に増加した場合、均衡GDPは問題文の $c=0.8$ と置いて、次式より求められます。すなわち、

（2）　$Y=0.8Y+40+20$
　　　　$=60/0.2=300$

です。完全雇用GDPは250ですから、均衡GDP300はこれを50超過し、インフレ・ギャップが発生している状態です。インフレ・ギャップの大きさは完全雇用GDPでの総需要と完全雇用GDPとの差です。完全雇用GDPでの総需要は（2）式の右辺に $Y=250$ を代入して、

$0.8\times250+40+20=260$

と求められます。そこで、インフレ・ギャップは $260-250=10$ となります。したがって、求められる政府の政策はこのインフレ・ギ

ャップの10を解消するために，政府支出を10削減することです。

正答　2

No. 5　政府が定額税を課しているとする。民間消費は可処分所得に依存し，限界消費性向 β は一定と仮定する。民間投資や政府による財・サービス購入額は所与であり，外国貿易はないものとする。このとき，租税乗数として正しいものは次のどれか。(10年度市役所上・中級 C 日程大阪府型 [9 /20])

1　$\dfrac{1}{1-\beta}$　　2　$\dfrac{-1}{\beta}$　　3　$\dfrac{-\beta}{1-\beta}$

4　$\dfrac{\beta-1}{\beta}$　　5　$\dfrac{\beta}{1-\beta}$

●解説　この経済は閉鎖経済で，民間投資 I，政府支出 G は一定で租税は定額 T で，民間消費 C は可処分所得 $Y-T$ に依存しますので，モデルは次式のように書くことができます。すなわち，

（1）　$E = C + I + G$

（2）　$C = a + \beta(Y - T)$

です。ただし，E＝国内総支出，Y＝国内総生産，a は定数です。（2）式を（1）式に代入したうえで，財市場の均衡条件 $E = Y$ に（1）式を代入しますと，次式のようになります。すなわち，

$Y = a + \beta(Y - T) + I + G$

です。上式を Y について解きますと，

（3）　$Y = [1/(1-\beta)](a + I + G - \beta T)$

となります。いま，問題は租税乗数の大きさです。T が $T + \Delta T$ になったときには（3）式は次式のように変化します。すなわち，

（4）　$Y + \Delta Y = [1/(1-\beta)][a + I + G - \beta(T + \Delta T)]$

です。ただし，（4）式の右辺の ΔY は T が T から $T + \Delta T$ に変化したことによる Y の変化分を表しています。いま，（4）式から（3）式の辺々を引きますと，次式のようになります。すなわち，

（5）　$\Delta Y = [1/(1-\beta)](-\beta \Delta T)$

です。租税を ΔT だけ増加させた場合の乗数は $-\beta/(1-\beta)$ になります。これは ΔT の増税があっても消費は同額減少するわけで

はなく、その限界消費性向倍だけ減少するので、消費の減少額$-\beta \Delta T$の消費乗数$1/(1-\beta)$倍だけ総需要が減少するためです。

問題からははずれますが、政府支出が増税額ΔTと同額だけ増加した場合、どのように総需要は変化するでしょうか。政府支出の増加分をΔGとしますと、$\Delta T = \Delta G$です。増税と同時に政府支出がGから$G+\Delta G$に変化した場合、(4)式は次式のようになります。すなわち、

(6) $Y + \Delta Y = [1/(1-\beta)] [I + G + \Delta G - \beta (T + \Delta T)]$

です。ただし、ΔYは今度はΔTとΔGの同時的な変化に対応したYの変化分を表現しています。(6)式から(3)式の辺々を引きますと、次式のようになります。すなわち、

(7) $\Delta Y = [1/(1-\beta)] (\Delta G - \beta \Delta T)$
$= \Delta G$

です。ただし、(7)式の2行目は1行目の右辺に$\Delta T = \Delta G$を代入して求められます。つまり、政府支出の増額の財源を増税によって求める場合には、国内総生産Yは政府支出の増額と同額だけ増加するにとどまります。それは(7)式の右辺が示していますように、ΔGの結果、Yは$[1/(1-\beta)] \Delta G$だけ増加しますが、ΔTの増税の結果、Yは$[-\beta/(1-\beta)] \Delta T$だけ減少するため、ネットの効果は$\Delta G (=\Delta T)$に限定されるためです。この場合の乗数は1で、均衡財政乗数と呼ばれます。

正答　3

はじめて学ぶマクロ経済学

第5話
輸入と租税が所得に依存するときの国民所得決定

第4話では,計画された総独立支出(E_{jp})と消費のうち国内総生産(国民所得)からは独立的な部分(C_0)がどのように国内総支出,つまり,国内総生産の水準そのものを決定するかを検討しました。国内総生産は両者の和($E_{jp}+C_0$)の乗数倍の水準に決まります。その際の乗数は $\dfrac{1}{1-b}$ で,1から限界消費性向を引いた値の逆数,いいかえれば,限界貯蓄性向の逆数に等しくなります。計画された総独立支出は計画された投資 I_p と政府支出 G と純輸出($X-M$)の和と定義され,どの支出も国内総生産 Y からは独立です。また,家計の消費を可処分所得の関数として考える場合,政府の徴収する租税は国内総生産からは独立で,全家計に対して一定額課されました。そういう意味で,非常に単純化されたモデルになっていました。しかし,現実には,輸入は国内総生産が増加すれば増加しますし,租税は国内総生産が増加すれば増加します。そこで,第4話の単純な国民所得決定モデルを改良して,この2つの点でより現実化することにします。

1. 輸入関数と租税関数

輸入 M が国内総生産 Y に依存して変動するということを最も単純な形で定式化しますと，次のような1次式になります。すなわち，

(5-1)　$M = M_0 + mY$

です。ただし，M_0 は国内総生産からは独立的な輸入部分で，国内総生産の水準にかかわらず，一定の輸入は行われることを示しています。m は**限界輸入性向**で，輸入の増加分 ΔM の国内総生産の増加分 ΔY に対する割合，すなわち，$\Delta M/\Delta Y$ です。いいかえれば，国内総生産が1単位増加した場合に輸入が何単位増加するかを示しています。(5-1)式によりますと，国内総生産がゼロの場合には輸入額は M_0，国内総生産が1単位のときには $M_0 + m$，国内総生産が10単位のときには $M_0 + 10m$ などのように決まります。

このように考えた場合，これまで国内総生産とは独立であるとしてきた純輸出 $(X-M)$ はもはや国内総生産からは独立ではなくなります。輸出は外国の国内総生産に依存するものと考えられますが，外国の国内総生産の水準を与えられたものとすれば，輸出は一定になり，自国の国内総生産からは独立になります。ですから，純輸出は次式のように，定式化されます。すなわち，

(5-2)　$X - M_0 - mY$

です。純輸出は，国内総生産が増加すれば輸入が増加するため，減少します。つまり，所得増加の国内総支出に対する効果の一部が海外に漏出することになります。つまり，所得の増加は，第3話で検討しましたように，消費の増加を通して経済全体に波及していきますが，消費の一部が輸入にあてられる場合には，この国内経済への波及の効果は減少することになりま

図5-1　輸入と租税が国内総生産に依存するときの計画
された総需要

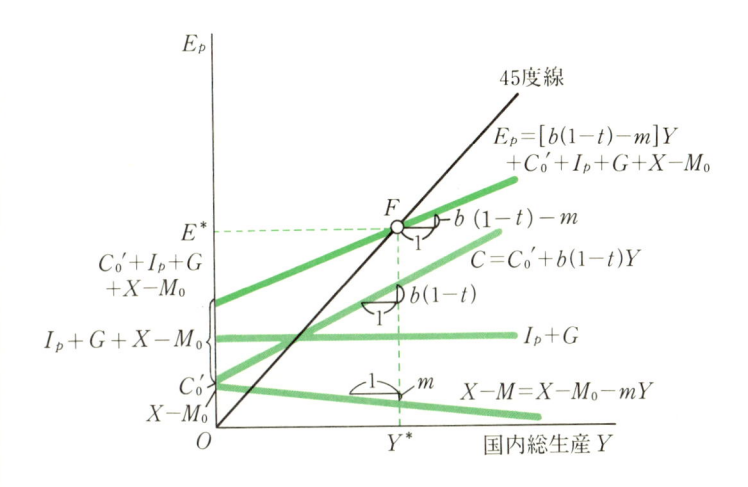

E_p

45度線

$E_p = [b(1-t)-m]Y + C_0' + I_p + G + X - M_0$

E^* ..... F ..... $b(1-t)-m$

$C_0' + I_p + G + X - M_0$

$C = C_0' + b(1-t)Y$

$b(1-t)$

$I_p + G + X - M_0$ ..... $I_p + G$

C_0'

$X - M_0$ ..... m ..... $X - M = X - M_0 - mY$

O ..... Y^* ..... 国内総生産 Y

す。純輸出関数は国内総生産の減少関数で，いいかえれば，国内総生産が増加するとき減少し，図5-1に示しますように，右下がりの直線になります。

さて，租税が国内総生産ないし国民所得に依存するということを最も簡単な形で定式化しますと，次式のような1次式になります。すなわち，

（5-3）　$T_g = T_{g0} + tY$

です。ただし，T_{g0}は国内総生産に依存しない一定の租税額で，国内総生産がゼロでも，政府は一定の租税額を家計から徴収します。tは**限界税率**で，租税額の増加分ΔT_gの国内総生産の増加分ΔYに対する割合，すなわち，$\Delta T_g / \Delta Y$です。いいかえれば，国内総生産が1単位増加したときの税額の増加額を示します。租税額は国内総生産がゼロのときには，T_{g0}，国内総生産が1単位のときには$T_{g0} + t$，国内総生産が100単位のときには$T_{g0} + 100t$になります。生産が増加し，所得が増加す

経済大国でも可処分所得は増えない！

るにつれ税額も増加します。そのため家計の可処分所得の増加幅は税額の増加分だけ縮小します。

ところで、家計の可処分所得 Y_d は国内総生産に海外からの純要素所得等を加えて、そこから租税額と企業総貯蓄を引いて、求められました。つまり、次式のようになります。すなわち、

$$
\begin{aligned}
(5\text{-}4) \quad Y_d &= Y + R_f - T_g - S_c \\
&= Y + R_f - T_{g0} - tY - S_c \\
&= (1-t)Y + R_f - T_{g0} - S_c \\
&= (1-t)Y - T_0
\end{aligned}
$$

です。ただし、$T_0 = T_{g0} + S_c - R_f$ で、S_c は企業総貯蓄、R_f は海外からの純要素所得等で、通常は単純化のためそれぞれゼロと置いて省略します。国内総生産 Y が増加すると、家計の可処分所得は増加しますが、増加額は国内総生産の増加額 ΔY の $(1-t)$ 倍に限定されます。税額が固定している場合には $t = 0$ ですから、国内総生産の増加はそのまま家計の可処分所得の増加分になったわけですが、上のような1次の租税関数を

仮定する場合には，国内総生産の増加分 ΔY のうち，$t\Delta Y$ は租税として政府に徴収されますので，家計の手元に残るのは $(1-t)\Delta Y$ になります。

家計の消費関数は次式のように書きました。すなわち，

(5-5)　$C = a + bY_d$

です。この式に(5-4)式で定義された家計の可処分所得を代入しますと，次式のように書き直すことができます。すなわち，

(5-6)　$C = a + b[(1-t)Y - T_0]$
　　　　$= a - bT_0 + b(1-t)Y$
　　　　$= C_0' + b(1-t)Y$

です。ただし，$C_0' = a - bT_0 = a - bT_{g0} - bS_c + bR_f$ です。通常は企業総貯蓄 S_c と海外からの純要素所得等 R_f はゼロと仮定されますので，$T_0 = T_{g0}$ で，T_0 は租税のうちの国内総生産 Y に依存しない部分になります。租税が一定の場合の $C_0 = a - bT$ と比較しますと，T が T_0 で置き代わっています。所得が増加した場合の限界消費性向は以前の b の代わりに $b(1-t)$ に低下します。これはもちろん可処分所得の増加が国内総生産の増加の $(1-t)$ 倍に限定されるためです。図5-1に示しますように，消費関数の縦軸切片は C_0'，消費関数の傾きは $b(1-t)$ で以前より緩やかになります。

―――――― 練習問題 5-1 ――――――

次の文章中の下線部に適切な語句を記入しなさい。

1　輸入は国内総生産が増加したときに__①__する。輸入の増加分の国内総生産の増加分に対する割合は__②__と呼ばれる。そのため純輸出は国内総生産の__③__関数になる。

2　租税は国内総生産が増加したとき__①__する。租税の増加分の国内総生産の増加分に対する割合 t は__②__と呼ばれる。そのため家計の可処分所得の増加分 ΔY_d は国内総生産の増加分 ΔY の__③__倍になる。消費関数の傾きは，限界

消費性向を b とするとき，__④__ となる。

2. 輸入と租税が国内総生産に依存するときの国民所得決定

輸入と租税が国内総生産の1次関数として定式化される場合，計画された総需要 E_p は次式のように表現されます。すなわち，

$$
\begin{aligned}
(5\text{-}7)\quad E_p &= C + I_p + G + X - M \\
&= C_0' + b(1-t)Y + I_p + G + X - M_0 - mY \\
&= [b(1-t) - m]Y + C_0' + I_p + G + X - M_0
\end{aligned}
$$

です。ただし，I_p は計画された投資，G は政府支出です。図5-1に示されますように，計画された総需要関数 E_p は消費関数に計画された投資 I_p と政府支出 G と純輸出関数を縦に足し合わせることで求められます。計画された総需要関数 E_p の直線の傾きは $b(1-t)-m$ で，単純な国民所得決定の場合の計画された総需要関数 E_p の傾き b より緩やかになります。また，縦軸の切片は以前の $C_0 + I_p + G + X - M$ と比較して，C_0 が C_0' で，M が M_0 で置き代わっています。

均衡国内総生産は計画された総需要 E_p が国内総生産と等しくなるような国内総生産ですから，均衡国内総生産を求めるためには，均衡条件，

$$(5\text{-}8)\quad Y = E_p$$

に (5-7) 式を代入します。すると，次式が求められます。すなわち，

$$
\begin{aligned}
(5\text{-}9)\quad Y &= [b(1-t) - m]Y + C_0' + I_p + G \\
&\quad + X - M_0
\end{aligned}
$$

練習問題5-1の正答… 1．①増加②限界輸入性向③減少
2．①増加②限界税率③ $(1-t)$ ④ $b(1-t)$

です。（5-9）式の右辺の第1項を左辺に移行して、Yについてまとめて、Yについて解きますと、均衡国内総生産Y^*が次式のように求められます。すなわち、

(5-10) $\quad Y^* = \dfrac{1}{1-b(1-t)+m}(C_0' + I_p + G + X - M_0)$

です。右辺の乗数は$\dfrac{1}{1-b(1-t)+m}$で、単純な国民所得決定の場合の$\dfrac{1}{1-b}$より小さくなっています。というのも、1から引かれる値は$b(1-t)$でbより小さいので、$1-b(1-t) > 1-b$ですし、さらに、mが追加されているので、分母の値が大きくなり、その逆数の値は以前より小さくなります。独立支出の増加が経済全体に波及していくときの効果は、租税の増加による家計可処分所得の増加分の縮小と、輸入の増加による支出の海外への漏出により、縮小するわけです。

図5-1では計画された総需要関数E_pと45度線との交点Fの横軸座標で均衡国内総生産Y^*が、縦軸座標で均衡国内総支出$E^* [= Y^*]$が与えられています。

実例演習5-1

次のマクロ経済モデルにおいて、現在、国民所得が400兆円であると仮定する。所得税（比例税）の現行税率が25％であるとすれば、この税率を2％引き下げた場合、国民所得はいくら増加するか。ただし、限界消費性向を0.8とし、I, G, aは一定とする。（**8年度市役所上・中級C日程[9/22]**）

$Y = C + I + G$
$C = a + b(Y - T)$
$T = t Y$

〔Y：国民所得, C：消費, I：投資, G：財政支出, T：租税, t：税率, a：基礎消費, b：限界消費性向〕

| 1 | 4兆円 | 2 | 17兆円 | 3 | 20兆円 |
| 4 | 32兆円 | 5 | 40兆円 | | | |

● 解説　問題文のモデル式の第1式に第2式と第3式を代入しますと，次式が求められます。すなわち，

$Y = a + b(Y - tY) + I + G$

です。これを Y について解きますと，

(1)　$Y = [1/\{1 - b(1-t)\}](a + I + G)$

です。いま，$b = 0.8$，$t = 0.25$ ですので，(1)式の右辺の乗数の値は

$1/\{1 - 0.8(1 - 0.25)\} = 1/0.4 = 2.5$

になります。現在の国民所得が400兆円ですので，(1)式の左辺の Y に代入しますと，次式が成り立ちます。すなわち，

$400 = 2.5 \times (a + I + G)$

です。これより，独立支出は

$(a + I + G) = 160$

と求められます。

いま，税率を2％引き下げて，0.23としたときの乗数は

$1/[1 - 0.8(1 - 0.23)] = 1/0.384 = 2.604$

に増加します。この新しい乗数と独立支出160を(1)式に代入すれば，新しい均衡国民所得が次式のように求められます。すなわち，

$Y = (1/0.384) \times 160 = 416.66$

です。国民所得の増加分は

$416.66 - 400 = 16.66 \doteqdot 17$

となります。

正答　2

―――― 実例演習 5-2 ――――

次のようなマクロ経済体系がある。10兆円の定額税の増税により，国民所得が400兆円に低下した。(A) (B) の問題に合致するものはどれか。(8年度市役所上・中級C日

程 [9/22])

(A) 当初の国民所得はいくらか。

(B) 財政支出により当初の国民所得の状態にしようとする場合，いくらの財政支出が妥当か。

なお，限界消費性向は0.6とする。

$Y = C + I + G$

$C = a + b(Y - T)$

$I = 0.2Y$

〔Y：国民所得，a：基礎的消費，C：消費，b：限界消費性向，I：投資，T：租税，G：政府支出〕

	(A)	(B)
1	425兆円	6兆円
2	425兆円	8兆円
3	430兆円	6兆円
4	430兆円	8兆円
5	450兆円	12兆円

●解説　まず，10兆円の定額増税がその何倍の国民所得を変化させるかを求める必要があります。問題文のモデルの第1式の供給と需要の均衡式に第2式と第3式および$b=0.6$を代入しますと，次式が求められます。すなわち，

(1)　$Y = a + 0.6(Y - T) + 0.2Y + G$

　　　$= 1/(1 - 0.6 - 0.2)(a - 0.6T + G)$

　　　$= (1/0.2)(a - 0.6T + G)$

　　　$= 5 \cdot (a - 0.6T + G)$

です。ただし，2行目の右辺は1行目の式をYについて整理した結果です。(1)式の4行目の式から，定額税の変化分と国民所得の変化分の関係は次式によって表現されます。すなわち，

(2)　$\Delta Y = 5 \cdot (-0.6) \Delta T$

第5話　輸入と租税が所得に依存するときの国民所得決定

です。いま，10兆円の定額増税を（2）式の右辺に代入しますと，国民所得の変化分は

$\Delta Y = -3 \cdot 10 = -30$（兆円）

と求められます。変化後の国民所得が400兆円ですから，元の国民所得は430兆円［＝400＋30］です。

（1）式の4行目より，財政支出の変化分と国民所得の変化分の関係は次式のように示されます。すなわち，

（3）　$\Delta Y = 5 \cdot \Delta G$

です。いま，30兆円の国民所得の増加をもたらすために必要な政府支出の増加分は（3）式に $\Delta Y = 30$ を代入して，

$\Delta G = 30/5 = 6$（兆円）

と求められます。　　　　　　　　　　　　　　　　　　正答　**3**

🔑 キーワード

▶ **限界輸入性向**　輸入の増加分 ΔM の国内総生産（国民所得）の増加分 ΔY に対する割合。$\dfrac{\Delta M}{\Delta Y}$

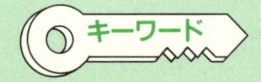

▶ **限界税率**　租税額の増加分 ΔT_g の国内総生産（国民所得）の増加分 ΔY に対する割合。$\dfrac{\Delta T_g}{\Delta Y}$

▶ **輸入と租税が国内総生産の1次関数である場合の乗数**　$\dfrac{1}{1-b(1-t)+m}$ で，輸入と租税が一定の場合の乗数 $\dfrac{1}{1-b}$ より小さくなる。ただし，b は限界消費性向。t は限界税率，m は限界輸入性向。

●●●最近の実際問題●●●

No.1 完全雇用国民所得が500億円であり，現在の均衡国民所得が380億円，限界消費性向が0.8である場合，減税によって完全雇用を達成するには，政府はいかほどの減税を行う必要があるか。(10年度国家Ⅱ種)

1　10億円　　　2　24億円　　　3　30億円
4　45億円　　　5　50億円

●解説　減税の効果を見る必要がありますので，消費が国民所得から定額租税を引いた可処分所得に依存する一番簡単な閉鎖経済モデルを考えます。すなわち，

(1)　$Y = C + I$
(2)　$C = C_0 + 0.8(Y - T)$

です。(2)式の消費関数を(1)式に代入して，

(3)　$Y = C_0 + 0.8(Y - T) + I$

となります。(3)式をYについて解けば，

(4)　$Y = (1/0.2)(C_0 - 0.8T + I)$

と求められます。減税($-\Delta T$)を行った場合の国民所得の変化分(ΔY)は次式によって求められます。すなわち，

(5)　$\Delta Y = 5 \cdot [-0.8(-\Delta T)] = 4\Delta T$

です。完全雇用国民所得500億円と現在の均衡国民所得380億円の差120億円［＝500－380］だけ国民所得を増加させるための減税額は，$\Delta Y = 120$億円を(5)式に代入して得られる次式から求められます。すなわち，

　$120 = 4\Delta T$

より，$\Delta T = 30$（億円）
です。

正答　3

No.2 マクロ経済モデルが以下のように示されている。

$Y = C + I + G$
$C = A + cY_d$
$Y_d = Y - T$

第5話　輸入と租税が所得に依存するときの国民所得決定

$T = T_0 + tY$

〔Y：国民所得，C：消費，I：投資，G：政府支出，A：基礎消費，c：消費係数，Y_d：可処分所得，T：租税収入，T_0：基礎税収，t：税率〕

このとき政府支出のみを4兆円増やしたときの国民所得の増加分を，基礎税収の定額減税のみにより得ようとした場合の減税額として妥当なものはどれか。ただし，$c=0.8$，$t=0.25$であるものとし，政府支出または減税によりI，Aおよびcは変化しないものとする。**(11年度国税専門官)**

1 3兆円　　**2** 4兆円　　**3** 5兆円
4 6兆円　　**5** 7兆円

●解説　まず，政府支出を4兆円増やしたときに国民所得がどれだけ増加するかを求める必要があります。問題のモデルの第1式にC, Y_d，およびTを順次代入しますと，Yについての次式が求められます。すなわち，

（1）　$Y = A + 0.8(Y - T_0 - 0.25Y) + I + G$

です。（1）式をYについて解きますと，

$Y(1 - 0.8 + 0.2) = A - 0.8T_0 + I + G$

となります。これより，Yは次式のように求められます。すなわち，

（2）　$Y = (1/0.4)(A - 0.8T_0 + I + G)$
　　　$= 2.5 \cdot (A - 0.8T_0 + I + G)$

です。政府支出Gが4兆円増加したとき，Yの増加分は

$\Delta Y = 2.5 \cdot 4 = 10$（兆円）

と求められます。同額を定額減税によって実現するためには，T_0をどれだけ減らせばよいか，を求めます。定額減税分をΔT_0と置けば，次式が成立します。すなわち，

（3）　$10 = 2.5 \cdot [-0.8(-\Delta T_0)]$

です。これをΔT_0について解きますと，

$\Delta T_0 = 10/2 = 5$（兆円）

と求められます。

あるいは，より単純に次のように求めることもできます。上の

（2）式の政府支出 G の乗数は2.5ですが，定額減税の乗数は$2.5 \times (-0.8)$です。つまり，定額減税額の0.8（限界消費性向）倍が政府支出の増加分になるようにすればよいことがわかります。そこで，

$4 = -0.8 \cdot \Delta T$

と置いて，

$\Delta T = -4/0.8 = -5$

と必要な定額減税額を求めることができます。つまり，定額減税の場合には，限界税率のいかんにかかわらず，定額減税額の限界消費性向倍（5×0.8）が政府支出の変化分と等しくなるように置けば，政府支出の変化分と同等の効果を持つ定額減税額を求めることができるわけです。

正答　3

> **No. 3** ある経済において所得税率が0.2，限界消費性向が0.75で与えられたときに，投資の4兆円の減少は国民所得をどれだけ減少させるか。(11年度国家Ⅱ種)
> **1** 10兆円　　**2** 12兆円　　**3** 14兆円
> **4** 16兆円　　**5** 18兆円

●解説　この問題は投資乗数を求めれば，答えが求められます。そのために必要な範囲内で，この経済の部門構成を考えますと，総需要が消費と投資のみからなる封鎖経済を考えればすみます。モデルは次のように定式化されます。

（1）　$E_p = C + I$

（2）　$C = C_0 + 0.75(Y - T)$

（3）　$T = 0.2Y$

（1）式は総需要が消費と投資から構成されていることを示しています。（2）式は消費関数を示しています。（3）式は租税が比例税で，比例税率が0.2であることを示しています。（3）式を（2）式の T に代入し，その結果を（1）式の右辺に代入しますと，次式が求められます。すなわち，

（4）　$E_p = C_0 + 0.75(Y - 0.2Y) + I$

です。（4）式を財市場の均衡条件 $Y = E_p$ に代入しますと，次式

のようになります。すなわち，

$Y = C_0 + 0.75(Y - 0.2Y) + I$

です。この式を Y について整理しますと，

$Y = (C_0 + I)/[1 - 0.75(1 - 0.2)]$
$= (C_0 + I)/0.4$
$= 2.5 \cdot (C_0 + I)$

となります。つまり，独立支出の乗数は2.5になります。投資が4兆円減少したとき，国民所得は10兆円［$= 2.5 \times 4$］減少します。

正答　1

No. 4　ある国の経済が次のモデルで示されている。いま，外国の国民所得が200増加し，それと同時に政府支出が10増加した。そのとき，この国の経常収支はどうなるか。(12年度国税専門官)

$Y = C + I + G + E - M$
$C = 0.75(Y - T)$
$T = 0.2Y$
$E = E_0 + 0.01Y'$
$M = M_0 + 0.1Y$

〔Y：国民所得，C：消費，I：投資，G：政府支出，T：租税，E：輸出，M：輸入，Y'：外国の国民所得，外生変数〕

| 1 | 0.4の赤字 | 2 | 1.4の赤字 | 3 | 2.4の赤字 |
| 4 | 2の黒字 | 5 | 2.8の黒字 |

●解説　外国の国民所得が200増加したとき，この国の輸出の増加分 ΔE は第4式の輸出関数の右辺の Y' に200を代入して，次のように求められます。すなわち，

$\Delta E = 0.01 \cdot 200 = 2$

です。

他方，同時に国内で政府支出が10増加しますので，輸出の増加と政府支出の増加により国民所得がどれだけ増加し，その結果輸

入がどれだけ増加するかを調べる必要があります。第1式の財市場の均衡式に第2式の消費関数，第3式の租税関数，第4式の輸出関数，および第5式の輸入関数をそれぞれ代入すると，次式のようになります。すなわち，

$$Y = 0.75(Y - 0.2Y) + I + G + E_0 + 0.01Y' - M_0 - 0.1Y$$

です。上式を Y について整理しますと，次式が求められます。すなわち，

(1) $Y = (1/0.5)(I + G + E_0 + 0.01Y' - M_0)$

です。いま，政府支出の増加 ΔG と外国の国民所得の増加 $\Delta Y'$ による国民所得の増加分 ΔY は(1)式より次式のようになります。すなわち，

(2) $\Delta Y = (1/0.5)(\Delta G + 0.01 \Delta Y')$

です。いま，$\Delta G = 10$，$\Delta Y' = 200$ を(2)式に代入して，国民所得の増加分は

$$\Delta Y = 2 \cdot (10 + 0.01 \cdot 200) = 24$$

と求められます。そこで，輸入の増加分 ΔM は第5式より

$$\Delta M = 0.1 \cdot 24 = 2.4$$

と求められます。したがって，経常収支の変化分は

$$\Delta E - \Delta M = 2 - 2.4 = -0.4$$

となります。

正答　1

はじめて学ぶマクロ経済学

第6話
貯蓄と投資の均衡

　第4話と第5話とにわたって，国民所得決定の理論を検討してきました。単純な国民所得決定の場合にも，租税と輸入が国内総生産に依存するより複雑な場合にも，均衡国内総生産を求めるための財市場の均衡条件は計画された総需要E_pが総供給と等しいということでした。計画された総需要E_pが総供給と等しくなるという財市場での均衡条件は，別の見方をしますと，計画された独立支出，つまり計画された投資，政府支出，および純輸出の総和は総貯蓄と等しいという条件に置き換えることができます。以下ではこの点について詳しく検討します。

1. 総貯蓄関数

　家計は所得のうち一部を税金として政府に支払い，その残りの可処分所得を消費と貯蓄とに分けます。消費とは現在の欲望を満たすための財やサービスの購入のための支出で，貯蓄は将来の消費のために所得の一部を現在は消費しないで，他の経済主体に貸すことによって，留保することです。消費しない所得の一部はいわゆるタンス預金という形で，家計の自宅にしまわ

タンス預金ですワン

れている部分もありますが、大部分は利子のつく銀行預金や郵便貯金や証券投資の形で保有されます。これらの貯蓄は他の経済主体によって借り出されて支出されます。

家計の貯蓄は家計の可処分所得のうち消費されない部分と定義されますので、次式のように書き表すことができます。すなわち、

(6-1) $S_h = Y_d - C$

です。ただし、S_h は家計の貯蓄、Y_d は家計可処分所得、C は家計の消費です。

ところで、国内総生産と海外からの純要素所得等の合計は、企業の総貯蓄と政府の純租税と家計の可処分所得とに分けられます。すなわち、

(6-2) $Y + R_f = Y_d + T_g + S_c$

です。ただし、Y は国内総生産、R_f は海外からの純要素所得等 ［＝海外からの要素所得－海外への要素所得＋海外からのその他の経常移転－海外へのその他の経常移転］、T_g は政府純租税、S_c は企業総貯蓄です。政府「純」租税という意味は政府が徴収する税金から移転支出、すなわち、サービスの対価なし

に民間の経済主体へ支払う補助金や年金などを差し引いた残りの租税という意味です。また、企業の「総」貯蓄の意味は既存の設備の減価償却分を含む企業の積立て分という意味です。したがって、家計の可処分所得 Y_d は次式のように書き表すことができます。すなわち、

(6-3) $Y_d = Y + R_f - T_g - S_c$

です。(6-3)式を(6-1)式に代入しますと、家計の貯蓄は次式のように書き直せます。すなわち、

(6-4) $S_h = Y + R_f - T_g - S_c - C$

です。(6-4)式の右辺の R_f、T_g、および S_c を左辺に移項しますと、次式が求められます。すなわち、

(6-5) $S^T = S_h + T_g + S_c - R_f = Y - C$

です。ただし、S^T は国内総生産から形成される一国の総貯蓄で、家計の貯蓄 S_h と政府純租税 T_g と企業総貯蓄 S_c との総和から海外からの純要素所得等 R_f を引いたものと定義します。(6-5)式の右辺が示しますように、一国の総貯蓄 S^T は国内総生産のうち家計で消費されない部分に等しくなります。

家計の消費は消費関数によって、次式のように定義されました。すなわち、

(6-6) $C = a + b Y_d = a + b(Y + R_f - T_g - S_c)$
$= a - bT + bY$
$= C_0 + bY$

です。ただし、$C_0 = a - bT$ で縦軸の切片、b は限界消費性向です。$T = T_g + S_c - R_f$ です。単純なモデルでは、政府純租税等 T は国内総生産の水準にかかわらず一定と仮定します。(6-6)式を(6-5)式の右辺に代入しますと、一国の総貯蓄 S^T は次式のように書き表せます。すなわち、

(6-7) $S^T = Y - C_0 - bY = -C_0 + (1 - b)Y$

です。ただし、$-C_0 = -a + bT = -a + bT_g + bS_c - bR_f$ です。$(1-b)$ は国民経済全体の限界貯蓄性向で、総貯蓄

図6-1 総貯蓄関数と財市場均衡

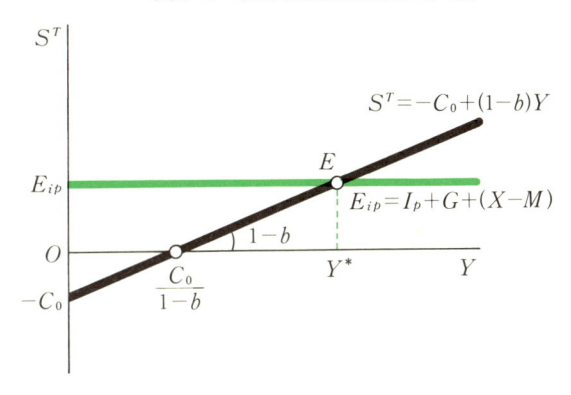

$S^T = -C_0 + (1-b)Y$

$E_{ip} = I_p + G + (X - M)$

傾き $1-b$

横軸切片 $\dfrac{C_0}{1-b}$, 縦軸切片 $-C_0$, 均衡点 E, 均衡国民所得 Y^*

の増加分の国内総生産の増加分に対する割合です。国民経済全体の限界貯蓄性向が $1-b$ になるのは、国内総生産の増加のうち家計の消費にあてられない部分、が総貯蓄になるからです。単純なケインジアン・モデルでは、政府純租税等 T は一定ですので、総貯蓄の増加分 ΔS^T は家計貯蓄の増加分 ΔS_h に等しく、また家計可処分所得の増加分 ΔY_d は国内総生産の増加分 ΔY に等しくなります。ですから国民経済全体の限界貯蓄性向 $\Delta S^T/\Delta Y$ は家計の限界貯蓄性向 $\Delta S_h/\Delta Y_d$ と等しくなります。(6-7)式が一国の総貯蓄関数で、図6-1に示しますように、横軸に実質国内総生産、縦軸に総貯蓄をとった場合、傾きが限界貯蓄性向 $1-b$ の緩やかな右上がりの直線になります。縦軸との切片は $-C_0$ で、国内総生産がゼロの場合には家計は過去の貯蓄を取り崩して消費にあてることを示しています。横軸の切片の値は $\dfrac{C_0}{1-b}$ で(6-7)式の値をゼロと置いて、Y について解くことによって求められます。

練習問題 6-1

次の文章中の下線部に適切な語句を記入しなさい。

1　一国の総貯蓄は家計の __①__ と政府の __②__ と企業の

___③___ の総和から海外からの純要素所得等を引いたものであり，国内総生産のうち家計が ___④___ しない部分である。

2　総貯蓄は実質国内総生産が増加すれば ___①___ する。総貯蓄の増加分の国内総生産の増加分に対する割合は ___②___ と呼ばれ，$1-b$ に等しい。ただし，b は ___③___ である。

2．財市場の均衡条件

財市場での均衡条件は計画された総需要 E_p が総供給と等しいということでした。すなわち，

(6-8)　$E_p = Y$

です。計画された総需要 E_p は家計の消費 C，計画された投資 I_p，政府支出 G，および純輸出 $(X-M)$ の和と定義されました。すなわち，

(6-9)　$E_p = C + I_p + G + (X-M)$

です。他方，総供給は国内総生産に等しく，(6-4)式から求められますように，家計の消費と総貯蓄とに分けられます。すなわち，

(6-10)　$Y = C + S^T$

です。(6-9)式と(6-10)式とをそれぞれ(6-8)式に代入しますと，

(6-11)　$C + I_p + G + (X-M) = C + S^T$

となります。(6-11)式の両辺の C を相殺しますと，財市場の均衡条件は次式のように書き直すことができます。すなわち，

(6-12)　$I_p + G + (X-M) = S^T$

です。単純なモデルでは(6-12)式の左辺の輸入は国内総生産から独立で国内総生産の値には依存しないものと仮定しますの

練習問題6-1の正答…1．①貯蓄②純租税③総貯蓄④消費　2．①増加②国民経済全体の限界貯蓄性向③限界消費性向

で，左辺の全体が国内総生産からは独立な計画された総独立支出E_{ip}になります。すなわち，計画された総独立支出E_{ip}は実質国内総生産の水準のいかんにかかわらず一定で，図6-1に示しますように，横軸に平行な直線になります。他方，右辺は総貯蓄で，上に検討しましたように，実質国内総生産の増加関数です。したがって，(6-12)式を成立させるような実質国内総生産の値は1つだけ，計画された総独立支出関数と総貯蓄関数の交点Eの横軸座標Y^*で与えられます。Y^*は財市場の均衡条件を満たす均衡実質国内総生産になります。これは単純な国民所得決定理論で検討したときに求められたY^*とまったく同じです。というのも，(6-12)式の両辺は(6-8)式の両辺よりそれぞれ家計の消費Cだけ少ない値になっているだけで，数学的にはまったく同じ条件になっているからです。つまり，均衡国内総生産を求めるための財市場の均衡条件は，(6-8)式のように，計画された総需要E_pと総供給Yが等しいという式でも，あるいは，(6-12)式のように，計画された総独立支出E_{ip}が総貯蓄S^Tと等しいという式でも与えられるということです。

計画された総独立支出E_{ip}のうち政府支出と純輸出がゼロで，総貯蓄S^Tのうち政府純租税と企業総貯蓄とがゼロの場合には，つまり，経済モデルの中に政府，対外貿易，および企業総貯蓄が組み込まれていない場合には，上の財市場の均衡条件は最も単純化されて，計画された投資I_p＝家計の貯蓄S_hという関係に圧縮されます。貯蓄と投資の均衡という単純化された表現はこのような極端に単純化されたモデルに由来しています。

租税と輸入がそれぞれ国内総生産の増加関数になっている場合にも，財市場の均衡条件は(6-12)式の形で表現できます。ただし，その場合には，租税T_gには$T_{g0}+tY$，輸入MにはM_0+mYを代入する必要があります。すなわち，(6-12)式の左辺は，

(6-13) $I_p+G+X-M_0-mY$

図6-2 租税と輸入が国内総生産に依存する場合の財市場均衡

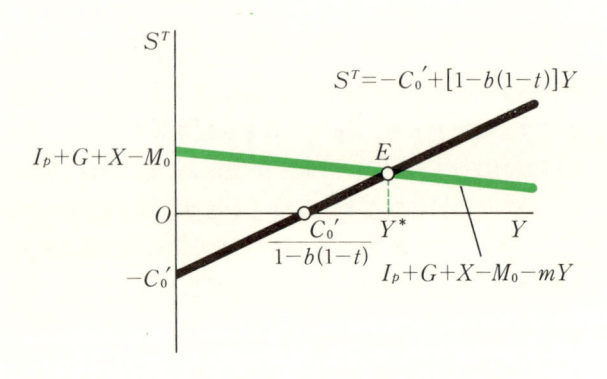

(図: 縦軸 S^T、横軸 Y。直線 $S^T=-C_0'+[1-b(1-t)]Y$ と直線 $I_p+G+X-M_0-mY$ が点 E で交わる。縦軸切片 $I_p+G+X-M_0$ および $-C_0'$、横軸上に $\frac{C_0'}{1-b(1-t)}$ と均衡点 Y^* が示されている。)

となります。他方,(6-12)式の右辺の総貯蓄関数 S^T は,(6-6)式の C_0 に含まれる T_g に上の租税関数を代入して,次式のようになります。すなわち,

$$
\begin{aligned}
(6\text{-}14)\quad S^T &= -C_0+(1-b)Y \\
&= -[a-b(T_{g0}+tY)-bS_c+bR_f] \\
&\quad +(1-b)Y \\
&= -a+bT_0+[1-b(1-t)]Y \\
&= -C_0'+[1-b(1-t)]Y
\end{aligned}
$$

です。ただし,$T_0=T_{g0}+S_c-R_f$ で,$C_0'=a-bT_0=a-bT_{g0}-bS_c+bR_f$ です。総貯蓄の限界貯蓄性向は以前の $1-b$ より $1-b(1-t)$ に, bt だけ増加していますが,これは政府純租税として徴収された分の b 倍分だけ家計で消費される部分がなくなるためです。

(6-13)式と(6-14)式の均衡条件は計画された総需要 E_p と総供給 Y との均衡条件と同じものです。第5話で検討しましたように,計画された投資 I_p と政府支出 G と純輸出 $(X-M)$ の和は国内総生産の減少関数になり,図6-2に示しますように,右下がりの直線になります。また,総貯蓄関数の傾きは以

前の $1-b$ から $1-b(1-t)$ に増加しますので，右上がりの直線の傾斜が以前より急になります。図6-1の場合と同様に，財市場での均衡条件を満たす実質国内総生産は両曲線の交点 E の横軸座標 Y^* で与えられます。

実例演習6-1

$Y = C + S + T$, $Y = C + I + G + (X - M)$
〔Y：国民所得，C：消費，S：貯蓄，T：租税，I：投資，G：政府支出，X：輸出，M：輸入〕
国民所得計算の一部を示した上式に関する次の記述のうち，正しいものはどれか。（2年度地方上級京都市）

1 投資は事後的に貯蓄と等しくなるから，財政赤字と経常収支の黒字は事後的に0になる。
2 アメリカの「双子の赤字」は，財政赤字と経常収支赤字が等しいために発生する。
3 均衡財政のもとでは，貯蓄が投資より大きいときには，輸出ドライブが起こる。
4 日本が貯蓄を低くすれば租税が増え，また財政黒字が増えるため，経常収支の黒字は減少する。
5 アメリカの「双子の赤字」を解決するためには，アメリカがよりいっそう投資を拡大させる必要がある。

●**解説** 最初の式 $Y = C + S + T$ は国内総生産＝国民所得が消費と貯蓄と租税とに分解されることを示しています。また，2番目の式 $Y = C + I + G + (X - M)$ は国内総支出が消費，投資，政府支出，および純輸出からなり，国内総生産と等しくなるという財市場の均衡条件を示しています。三面等価の原則により，計画された投資が実現されたか否かにかかわらず，事後的には必ず国内総生産＝国内総支出ですから，次式が成立します。すなわち，

（1） $C + S + T = C + I + G + (X - M)$

です。(1)式の両辺の C は相殺され，上式を整理しますと，次式のようになります。すなわち，

(2)　$(S-I)+(T-G)=(X-M)$

です。(2)式の左辺の第1項は民間の貯蓄が投資を上回る分で，貯蓄超過分です。左辺の第2項は政府の歳入が歳出を上回る分で，財政黒字分です。(2)式の右辺は輸出の輸入超過分で純輸出です。輸出は財貨とサービスの輸出です。同様に輸入は財貨とサービスの輸入です。通常，(2)式の右辺を国際収支の経常収支とみなして，(2)式を貯蓄投資バランス式としています。しかし，国際収支表の経常収支には，移転収支が含まれます。本話の本文で示しましたように，海外からの純要素所得やその他の純経常移転は国民全体の可処分所得の源泉になります。また，制度部門別の資本調達を考える場合には，海外からの資本移転も考慮に入れる必要があります。そこで，これらの調整をした後の貯蓄投資バランス式を考えますと，次式のようになります。すなわち，

(3)　$(S'-I)+(T'-G)=(X-M)'$

です。ただし，S' は民間部門の総貯蓄 S に民間部門の海外からの純移転収支分および海外からの純資本移転を加えたもの，T' は政府の純租税に政府部門の海外からの純移転収支を加えたもの，$(X-M)'$ は国際収支表上の経常収支に純資本移転を加えた収支で，国民経済計算上は「海外に対する債権の純増」と呼ばれます。(3)式はマクロの貯蓄・投資のバランス式，ないしISバランス式と呼ばれます。海外からの純移転収支および海外からの純資本移転収支を考慮外におく場合には，(2)式がISバランス式になります。

1．政府支出や対外関係を含めて考える場合には民間の貯蓄と投資が等しくなる必要はありません。民間貯蓄と租税の和である総貯蓄が民間投資 I，政府支出 G，および純輸出の和からなる総独立支出と等しければよいわけです。2．アメリカの

「双子の赤字」は民間の貯蓄超過分が財政赤字を埋め切らないために海外からの資本流入に依存せざるをえないために生じています。それが対外的な経常収支の赤字で表現されています。財政赤字と経常収支の赤字が「双子の赤字」です。両方の赤字が等しい必要はありません。**3**．均衡財政の下では$T=G$ですから，民間の貯蓄超過と経常収支の黒字とが等しくなります。正答。**4**．日本の貯蓄が低下する場合，限界消費性向が上昇するために均衡国内総生産が増加し，そのため税収が増加し，財政黒字が増加する可能性はあります。その場合，経常収支の黒字が減少するかどうかは民間の貯蓄超過の減少分と財政黒字の増加分との相対的な大小に依存します。経常収支の黒字が減少するのは民間の貯蓄超過分の減少幅が財政黒字の増加幅を上回る場合に限定されます。逆の場合には，経常収支の黒字はかえって増加します。**5**．アメリカの「双子の赤字」を解決するためには，民間貯蓄超過分を増やすこと，財政赤字を削減することが必要です。投資を増やす場合には少なくとも短期的には民間の貯蓄超過分が減少しますから，経常収支の赤字は拡大します。ただし，長期的には，投資がアメリカの国際競争力を向上させ，アメリカの輸出が拡大する場合には，経常収支が改善され，また，同時に民間の所得が増加するため貯蓄も，税収も増加することが期待されます。

正答　3

実例演習6-2

マクロ経済モデルにおいて，
$Y = C + I + G + X - M$
$C = C_0 + 0.8(Y - T)$
$M = M_0 + 0.2Y$
〔Y：国民所得，C：消費，I：投資（一定），G：政府支出，X：輸出（一定），M：輸入，T：税収，C_0，M_0：定数〕

> という関係が成立している。政府支出 G を増加させ，同時に税収 T を同額増加させるときの均衡予算乗数の値はいくらか。（2年度国家Ⅰ種行政，法律，経済）
>
> 1　0.2　　　　2　0.5　　　　3　1.0
> 4　2.0　　　　5　2.5

●**解説**　この問題では輸入が国民所得の増加関数になっています。**均衡予算乗数**というのは租税を政府支出と同額だけ変化させる場合に政府支出の増加分 ΔG の何倍の均衡国民所得の増加 ΔY があるかを示す倍率，すなわち，$\Delta Y / \Delta G$ のことです。第1番目の式の右辺が計画された総需要 E_p を示し，左辺は総供給になっていますので，この式が財市場の均衡条件になっています。右辺に消費関数と輸入関数を代入したうえで，Y について解き，Y を G と T の関数として表現し，さらに，G と T を同額増加させたときに Y の増加分が G の増加分の何倍になるかを求めればよいわけです。ここでは，財市場の均衡条件を総貯蓄と総需要のうち家計の消費以外の部分［投資＋政府支出＋純輸出］との均衡から求めることにします。

総貯蓄は国民所得のうち家計の消費にあてられない部分ですから，

(6-15)　$S^T = Y - C = Y - C_0 - 0.8(Y - T)$
　　　　　　$= -C_0 + 0.8T + 0.2Y$

となります。他方，総需要のうち家計の消費以外の部分は $I + G + X - M_0 - 0.2Y$ です。総貯蓄と総需要のうち消費以外の部分とを等しくするような国民所得は，

(6-16)　$-C_0 + 0.8T + 0.2Y = I + G + X - M_0 - 0.2Y$

より，

(6-17)　$Y = \dfrac{1}{0.4}[C_0 - 0.8T + I + G + X - M_0]$

と求められます。G と T を同額増加させた場合の，それぞれの

増加分を ΔG, ΔT, Y の増加分を ΔY としますと, 上式は次式のようになります。すなわち,

(6-18)　$Y + \Delta Y = \dfrac{1}{0.4}[C_0 - 0.8(T + \Delta T) + I + (G + \Delta G) + X - M_0]$

です。(6-18)式から(6-17)式の辺々を引けば,

$\Delta Y = (1/0.4)[-0.8\Delta T + \Delta G]$

が求められます。ここで, 税収の増加と政府支出の増加が等しいので, $\Delta T = \Delta G$ と置けば, $\Delta Y = (1/0.4)[0.2\Delta G] = 0.5\Delta G$ となります。したがって, 均衡予算乗数は $\Delta Y/\Delta G = 0.5$ になります。

正答　2

○━━ キーワード

▶総貯蓄 家計の貯蓄，政府純租税，および企業総貯蓄の和から海外からの純要素所得等を引いたもの。国内総生産（国民所得）のうち家計の消費にあてられない部分。

▶国民経済全体の限界貯蓄性向 総貯蓄の増加分の国内総生産（国民所得）の増加分に対する割合。$\dfrac{\Delta S^T}{\Delta Y}$ 純租税 T と企業総貯蓄 S_c が一定の場合には家計の限界貯蓄性向 $\dfrac{\Delta S_h}{\Delta Y}$ と等しい。

▶均衡予算乗数 租税を政府支出と同額だけ変化させた場合の，均衡国内総生産の増加分の政府支出の増加分に対する割合。$\dfrac{\Delta Y}{\Delta G}$, ただし，$\Delta G = \Delta T$

●●●最近の実際問題●●●

No. 1 変動為替相場制をとる小国のマクロ経済が

$Y = C + I + G + B$
$C = C_0 + c(Y - T)$
$I = I_0 - ar$
$B = B_0 - be$
$S = Y - C - G$
$Y = Y_f$
$r = r^*$

〔Y：国民所得，C：消費，I：投資，G：政府支出，B：純輸出，T：税収，r：国内利子率，e：為替レート，S：国民貯蓄，Y_f：完全雇用産出量（一定），r^*：外国利子率，C_0，I_0，B_0，a，b，c：パラメータ，$a > 0$，$b > 0$，$1 > c > 0$〕

で示されるとする。

この国の投資・貯蓄バランス（$I - S$）と為替レート e に関する次の記述のうち，妥当なものはどれか。（**9年度地方上級全国型，関東型，中部・北陸型ほか**）

1 政府支出 G が増加すると，$I - S$ は減少し，e は上昇する。
2 外国利子率 r^* が上昇すると，$I - S$ は減少し，e は下落する。
3 投資需要が増えて I_0 が上昇すると，$I - S$ は増加し，e は下落する。
4 税収 T が増加すると，$I - S$ は増加し，e は下落する。
5 貿易政策によって B_0 が上昇すると，$I - S$ は減少し，e は上昇する。

●**解説** 問題を解く前に，為替レートの表記が通常と異なっている点に注意する必要があります。というのも，純輸出が為替レー

トの減少関数になっているからです。つまり、為替レート e が上昇すると、純輸出は減少します。これは通常表示される円レート、たとえば100円/ドルという表現とは逆に、円の価値をドルで表記したものになっていることを示しています。つまり、0.01ドル/円という表記です。円高のとき、円レートはたとえば、80円/ドルになりますが、これは0.0125ドル/円と円のドルで測った価値は上昇します。円高のとき、日本からの輸出は、輸出品のドル表示での海外価格が上昇するため減少し、他方、輸入は国内での海外製品の価格が低下するため増加します。その結果、純輸出（輸出－輸入）は減少します。逆に、円安のとき、たとえば125円/ドルになりますが、これは0.008ドル/円と表記されます。このとき、日本からの輸出は日本品の海外での価格が低下するため、輸出が増加し、他方、輸入品の国内での価格は上昇するため、輸入は減少します。その結果、純輸出は増加します。問題文のモデルでは、純輸出が為替レートが上昇したとき減少するように定式化されていますので、ドル/円のように、小国の通貨の価値がドルで表記されているものと解釈されます。

問題のモデルの第1式を変形しますと
$Y - C - G = I + B$
となります。上式の左辺に第5式の S の定義式を代入して整理しますと、次式が求められます。すなわち、

（1） $S - I = B$

ないし、

（2） $I - S + B = 0$

です。（1）式は国内貯蓄の投資超過分は純輸出に等しいことを示しています。または、（2）式は国内投資の貯蓄超過分と純輸出の和はゼロであることを示しています。問題の解答は $I - S$ の符号条件に関係していますので、$I - S$ の I に問題のモデルの第3式、S に第2、5、6式を代入しますと、次式が求められます。すなわち、

（3） $I - S = I_0 - a\,r^* - [Y_f - C_0 - c(Y_f - T) - G]$
$= I_0 - a\,r^* - (1-c)Y_f + C_0 - cT + G$

です。

以上で，解答の選択枝の正否を判断する道具立てができました。1．政府支出 G が増加すると，$I-S$ は増加し，したがって，B は減少し，e は上昇します。2．外国利子率 r^* が上昇すると，$I-S$ は減少し，B は増加するので，e は下落します。正答。3．投資需要が増えて I_0 が上昇すると，$I-S$ は増加し，B は減少しますので，e は上昇します。4．税収 T が増加すると，$I-S$ は減少し，B は増加するので，e は下落します。5．貿易政策によって B_0 が上昇すると，為替レートが不変であれば B は増加しますが，(3)式より $I-S$ は不変ですので，B も不変で，そのためには e は上昇します。

正答　2

No. 2 マクロ経済が，

$Z = C + I + G$
$G = T$
$C = 20 + 0.8(1 - t_1)Y$
$T = (t_1 + t_2)Y$
$Z = (1 + t_2)Y$
$I = 60$

Z：総需要
C：消費
I：投資
G：政府支出
T：税収
t_1：直接税率
t_2：間接税率

で表される。いま，政府が間接税率を引き上げたとすると，所得と税収はどのように変化するか。(10年度地方上級関東型，経済専門タイプ)

1　所得，税収ともに一定。
2　所得は上がるが，税収は下がる。
3　所得は下がるが，税収は上がる。
4　所得は一定だが，税収は下がる。
5　所得は一定だが，税収は上がる。

●解説　第1式の財市場の均衡条件式の左辺と右辺にそれぞれの式を代入して，Y を t_1，t_2 の関数として表現すれば，間接税率 t_2 が引き上げられたとき，所得 Y と税収 T がどのように変化するかがわかります。ここでは，同じことを総貯蓄＝総独立支出と

いう財市場の均衡条件を利用して解きます。総貯蓄 S^T は次式のように表現されます。すなわち，

$S^T = Z - C$
$= (1 + t_2)Y - \{20 + 0.8(1 - t_1)Y\}$

です。ここでは，総供給は間接税を含んだ形で定義されています。間接税収は政府租税として，政府の財源になりますので，総貯蓄がその分膨らみます。また，総独立支出は $I + G$ ですので，次式のように表現されます。すなわち，

$I + G = I + T = 60 + (t_1 + t_2)Y$

です。財市場の均衡条件 $S^T = I + G$ より，

$(1 + t_2)Y - \{20 + 0.8(1 - t_1)Y\} = 60 + (t_1 + t_2)Y$

です。上式を Y について整理しますと，次式のようになります。すなわち，

$Y(1 - 0.8 + 0.8t_1 - t_1) = 20 + 60$

そこで，

$Y = 80 / [0.2(1 - t_1)]$

です。したがって，所得は間接税率 t_2 とは無関係です。間接税率を引き上げても所得は変化しません。他方，税収は間接税率の引上げにより増加します。上式は直接税率 t_1 が引き上げられたとき，所得 Y は増加することを示しています。したがって，その場合には，税収は直接税率の上昇と所得の増加の二重の理由により増加します。

正答　5

はじめて学ぶマクロ経済学

第7話
恒常所得仮説と生涯所得仮説

　ケインズの消費関数は国内総生産の水準を決定するケインジアンのモデルで中心的な役割を果たしますが，ケインズの消費関数は短期的な所得と消費との関係で，長期間にわたる所得と消費との関係は比例的な関係です。この事実は米国の経済学者S. クズネッツ（Simon Kuznets, 1901～85）によって示されました。そこで，所得と消費の短期的な1次関数の関係と長期的な比例的関係とをどのように整合的に説明するかが経済学上の大問題となり，第二次大戦後に種々の消費関数が提案されました。恒常所得仮説と生涯所得仮説（ライフサイクル仮説）はそのうちの主要な2つの仮説です。

1. 恒常所得仮説

　ケインズは家計の消費は，家計の今期の可処分所得の1次関数（$C = a + bY_d$）であると考えましたが，家計が消費についての決定をするとき，今期の所得だけでなく，最近の過去の所得水準と将来に見込まれる所得を考慮に入れるだろうと考えることは自然な発想でしょう。というのも，今期の所得はたまた

生涯所得で消費できるものは？

ま残業などが重なったために普段よりは多くなったかもしれません。そのようなとき家計は一時的に多くなった所得に合わせて消費を拡大するとはいえないかもしれません。むしろ、将来景気が悪くなったときに残業がなくなったり、あるいは、運悪くすれば、失業するかもしれません。とすれば、家計は今期だけでなくある程度将来を見越したうえで得られると考える、いわば**恒常的な所得**に基づいて消費を決定するといえるでしょう。このような考え方に基づいているのが、M.フリードマン（Milton Friedman, 1912～ ）の**恒常所得仮説**です。フリードマンは過去3年間の所得の平均で恒常所得を近似できると考えました。いま、恒常所得（Permanent Income）をY_pとし、消費をCとしますと、恒常所得仮説に基づく消費関数は次式のように書き表せます。すなわち、

(7-1)　$C = k Y_p$

です。ただし、kは比例定数で、恒常所得とは独立な定数です。(7-1)式によりますと、消費は恒常所得に比例し、ケインズの消費関数の場合のような定数項がありません。したがって、消費と恒常所得との比率をとれば、$C/Y_p = k$となり、常

に一定になります。つまり、恒常所得の水準が向上しても、平均消費性向は一定で、ケインズの場合のように逓減 $\left(\dfrac{C}{Y_d} = \dfrac{a}{Y_d} + b は Y_d が増加するにつれて減少\right)$ するわけではありません。このような関係はクズネッツが観測した長期的な関係に対応しています。

それでは短期的な消費関数の関係はどうして観測されるのでしょうか。フリードマンの仮説がきわめて魅力的であったのは長期的な関係と同時に短期的な関係をも説明できるからです。そのための道具立てとして次の3つの仮定を置きます。

まず、実際に観測される消費は恒常的な消費 C_p (Permanent Consumption) と一時的な消費 C_t (Transitory Consumption) とから成り立っています。すなわち、

(7-2)　$C = C_p + C_t$

です。ただし、一時的消費の期待値はゼロです。つまり、一時的消費はプラスのときもあり、マイナスのときもあり、平均してみればゼロであるということです。また、一時点での社会全体の一時的消費の合計はゼロです。いいかえれば、社会全体の実際に観測される消費は恒常消費に等しくなります。すなわち、$C = C_p$ です。

第2に、実際に観測される所得 Y は恒常所得 Y_p のほかに一時的な所得 Y_t を含んでいます。つまり、

(7-3)　$Y = Y_p + Y_t$

です。

いま、クロスセクション（横断面、つまり、一時点での各階層）の所得分布を考えますと、所得水準の高い人々の中にはたまたま一時的な所得が高いために高所得層に含まれる人々がより多く含まれるでしょうから、高所得層の一時的所得は相対的に多くなるでしょう。しかも、高所得層には恒常所得そのもの

が社会の平均水準を上回る人々がより多く含まれているでしょう。逆に,低所得層には一時的所得がマイナスの人々が多く含まれているため低所得層のマイナスの一時的所得は相対的に多くなります。また,低所得層にはもともと恒常所得の低い人々が多く含まれていますから,低所得層の恒常所得は社会の平均と比較して相対的に低いでしょう。

　第3の仮定は一時的所得と一時的消費とは独立で,相互に関連がないという仮定です。したがって,高所得層の一時的所得は高いとはいえその一時的消費は特に高いとはいえません。高所得層の平均的な消費は高所得層の恒常消費を表しています。したがって,以下に詳しく検討しますように,高所得層の観測された所得に対応する消費は観測される所得のうちの恒常所得に対応する消費になります。

　以上のような3つの仮定を設けますと,実際に観測される所得と消費との関係はケインズの消費関数の形をしていながら,その背後にある本来の消費関数は恒常所得仮説に基づく消費関数であることが示されます。この状況は図7-1に示されています。社会の実際に観測される平均所得はY_0で,これは社会の恒常所得の平均Y_{p0}と等しくなっています。この所得に対応する消費は,原点から放射線状に出ている恒常所得仮説による消費関数,$C = kY_p$〔(7-1)式を図示したもの〕上のE点の縦軸座標C_0で示されています。実際に観測される所得がY_0より高いY_1の場合には,そのうちの恒常所得はY_{p1}で,横軸上ではY_1の左側に位置しています。Y_{p1}に対応する消費は$C = kY_p$上の点Aの縦軸座標C_1で示されています。Y_1とY_{p1}との差はこの所得階層の一時的所得の平均でY_{t1}になります。すなわち,$Y_1 - Y_{p1} = Y_{t1}$です。観測される所得Y_1と観測される消費C_1との組合せを示す点はB点で示されます。他方,観測される所得がY_0より少ないY_2の場合にはそのうちの恒常所得はY_{p2}でY_2より多く横軸上ではY_2より右側に位置しています。

図7-1 恒常所得仮説

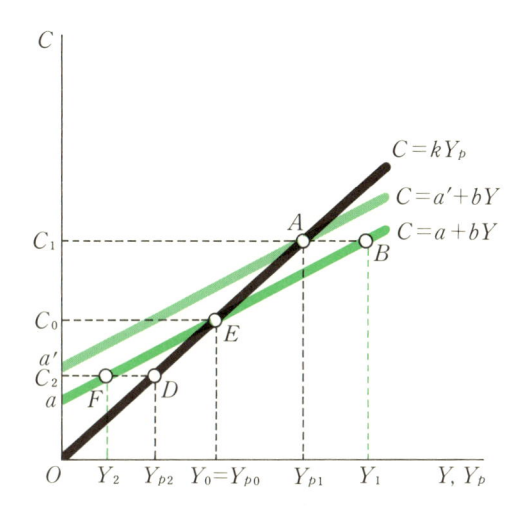

観測される所得 Y_2 に対応する消費は Y_2 のうちの恒常所得 Y_{p2} に対応して決まります。すなわち，$C = kY_p$ 上の点 D の縦軸座標 C_2 で示されます。実際に観測される所得 Y_2 と実際に観測される消費 C_2 との組合せを示す点は F 点になります。実際に観測される所得と消費との組合せを示す点 B, E, および F を結びますと，縦軸上に正の切片 a を持ち，傾きの値が恒常所得仮説に基づく消費関数の傾きより小さいケインズ型の消費関数 $C = a + bY$ が求められます。

長期的には社会全体の平均所得は上昇しますので，Y_0 の値は横軸上で右に移動しますし(たとえば，Y_{p1} まで)，消費関数上の点 E もそれに対応して $C = kY_p$ 上を右斜め上方向に A 点まで移動します。その結果，ケインズ型の消費関数も上方に，A 点を通る直線 $C = a' + bY$ へ，シフトしていきます。

各時点のデータを列記した時系列データについても，好景気時には一時的所得が拡大し，それに伴って必ずしも消費が比例的に増加しないとしますと，観測される所得と消費との組合せ

はケインズ型の消費関数上を移動し，長期的な恒常的な所得と消費との関係から下方にそれることになります。逆に，景気後退期には，人々はマイナスの一時的所得は長続きしないと判断し，観測される所得の減少に比例しては消費を減らさないために，観測される所得と消費との関係は長期的な関係より上方にそれることになります。そのため観測される短期的な限界消費性向は長期的な限界消費性向を下回ることになります。この関係を式で表現しますと次式のようになります。すなわち，

$$(7\text{-}4) \quad \frac{\Delta C}{\Delta Y} = \frac{\Delta C}{\Delta Y_p + \Delta Y_t} = b < \frac{\Delta C}{\Delta Y_p} = k$$

です。好景気時には ΔY_t はプラスですから $\Delta Y > \Delta Y_p$ になり，(7-4)式の不等号が成立します。逆に，不景気時には，上の変化分 $\Delta C, \Delta Y_p, \Delta Y_t$ はいずれもマイナスで，ΔY の絶対値は ΔY_p の絶対値より大きくなり，上の不等号が成立します。

練習問題7-1

次の文章中の下線部に適切な語句を記入しなさい。

1 恒常所得仮説を提起したのは＿＿＿＿である。

2 観測される所得は ①＿＿＿ 所得と ②＿＿＿ 所得とから成り立つ。

3 クロスセクションの所得分布を考えると，高所得層の一時的所得は ①＿＿＿ で，低所得層の一時的所得は ②＿＿＿ である。恒常所得仮説によれば，一時的所得が増加しても消費は ③＿＿＿ しない。

4 長期的に観測される限界消費性向は短期的に観測される限界消費性向より＿＿＿＿い。

練習問題7-1の正答…1．フリードマン　2．①恒常②一時的（順不同）
　　　　　　　　　 3．①プラス②マイナス③増加　4．大き

2. 生涯所得仮説

　モジリアーニ (Franco Modigliani, 1918〜) はR.ブランバーグ (Richard E. Brumberg) や安藤 (Albert Ando) とともに生涯所得仮説（ライフサイクル仮説）を提起しました。ある人の生涯を考えますと，若い間は働くことができ，労働所得を稼ぐことができますが，退職後は自分が若いときに貯めた預金や公的年金によって生計を立てます。とすれば，個人が若いときに消費を決定する際にも，生涯の所得と消費とを念頭に置いて決めるはずだ，というアイディアに基づいています。

　個人が生涯の消費から得られる効用を最大化するように，個人の保有する純資産(net worth)および人的資産を消費にあてるものとします。そうしますと，特定の効用関数を仮定する場合(たとえば，2期間を考える場合, $\log U = \log C_t + \log C_{t+1}$)，個人は各期の消費の現在価値［各期の消費をその期までの複利利子率で割り引いたもの，たとえば，利子率が一定の値 r をとる場合には，$C_{t+1}/(1+r)$］が互いに等しくなるように各期の消費水準を決めます。この場合，各期の消費の現在価値は純資産および人的資産の一定倍（上の例では1/2倍）になります。これを今期の消費水準について見ますと次式のようになります。すなわち，

(7-5)　　$C_t = \delta h_t$

です。ただし，h_t は純資産（たとえば，現在保有している不動産）と労働所得をもたらす人的資産の合計です。δ（デルタ）は比例定数です。社会の年齢分布と所得分布が一定という仮定の下では社会全体についても同様な関係が成り立ちます。社会全体について見ますと，純資産と労働所得との間には長期的には安定した関係があります。いま，将来の労働所得は単純化して現在の労働所得に等しいとすれば，現在と将来の労働所得の

図7-2 生涯所得仮説（ライフサイクル仮説）

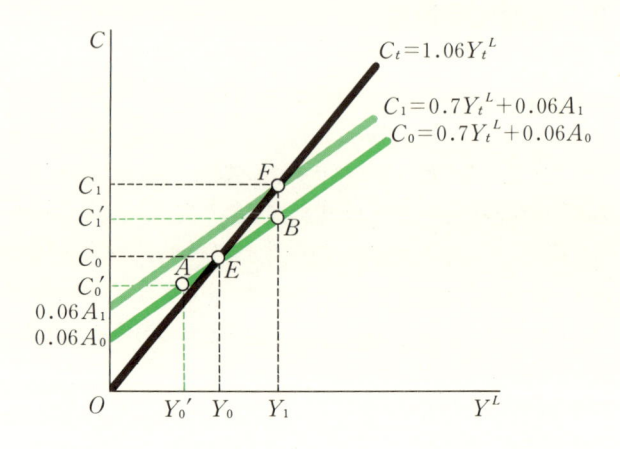

現在価値としての人的資産は現在の労働所得の一定倍になります。したがって，長期的には純資産と人的資産の合計も現在の労働所得の一定倍となり，(7-5)式は次式のように書き直すことができます。すなわち，

(7-6)　$C_t = 1.06 Y_t^L$

です。ただし，Y_t^Lはt期の労働所得で，係数の1.06は米国において想定される労働所得と純資産との比率，所得の成長率，および実質利子率から決まる定数です。

他方，短期的には，純資産と労働所得とを区別して(7-6)式は次式のように書けます。すなわち，

(7-7)　$C_t = 0.7 Y_t^L + 0.06 A_t$

です。ただし，A_tはt期の純資産です。短期的には純資産A_tは与えられていて一定ですので，(7-7)の消費関数は図7-2に示しますように，ケインズ型の消費関数になります。景気後退期に労働所得がY_0からY_0'に減少するとき，短期的には純資産額はA_0で変化しませんので，消費額は短期的な消費関数上のY_0'に対応する点Aの縦軸座標C_0'になります。逆に，景

気回復期に一時的に急速に所得が Y_1 に増大する場合には，消費の増加は短期的な増加率にとどまり，消費は $C_0=0.7Y_t^L+0.06A_0$ 上の点 B の縦軸座標 C_1' に移動します。その間に行われる貯蓄が純資産を A_1 に増加させるため，短期的な消費関数は上方へ，すなわち，$C_1=0.7Y_t^L+0.06A_1$ へシフトし，長期的には消費も長期消費関数 $C_t=1.06Y_t^L$ 上の点 F の縦軸座標 C_1 へ増加します。その結果，長期的な関係が修復される，つまり，短期的な消費関数の上方へ（関数 C_0 から関数 C_1 へ）のシフトが実現するわけです。

―――――― 練習問題 7-2 ――――――

次の文章中の下線部に適切な語句を記入しなさい。

1　生涯所得仮説を提起した中心的な経済学者は＿＿＿＿である。

2　生涯所得仮説によれば，個人は現在保有する純資産と生涯の労働所得をもたらす　①　資産の制約の下で消費から得られる　②　を最大化しようとする。

3　生涯所得仮説によれば，ケインズ型の消費関数の縦軸切片を決めるのは＿＿＿＿の大きさである。

4　生涯所得仮説によれば，消費の労働所得に対する比率は長期的には＿＿＿＿である。

練習問題 7-2 の正答… 1．モジリアーニ　2．①人的②効用　3．純資産
　　　　　　　　　　 4．一定

キーワード

- ▶**恒常所得** 実際に観測される所得のうち一時的な所得以外の恒常的に得られる所得。
- ▶**恒常所得仮説** 消費は恒常所得に比例するというフリードマンが提起した仮説。$C = k\,Y_p$
- ▶**生涯所得仮説** 個人は生涯の消費を生涯の効用を最大化するように決めるというモジリアーニ等により提起された仮説。消費は短期的には労働所得と純資産の関数になり、長期的には労働所得に比例する。

●●●最近の実際問題●●●

No.1 消費関数仮説に関する次の記述のうち，妥当なものはどれか。(10年度市役所上・中級B日程 [8/2])

1 ケインズ型消費関数仮説によれば，平均消費性向は所得の増加につれて上昇し，限界消費性向に等しくなる。

2 デューゼンベリーの消費関数仮説によれば，消費支出はもっぱら所得の絶対水準に依存し，平均消費性向は一定である。

3 クズネッツ型消費関数仮説によれば，消費と所得の変化の関係は一定で，平均消費性向は限界消費性向に等しい。

4 ライフ・サイクル消費関数仮説によれば，消費支出は過去の所得水準に依存し，平均消費性向は所得の増加につれて上昇する。

5 フリードマンの消費関数仮説によれば，平均消費性向は所得の増加につれて低下し，いわゆるラチェット効果が生じる。

●解説 1．ケインズ型消費関数では限界消費性向が一定で，平均消費性向は所得の増加につれて低下します。2．デューゼンベリーの消費関数仮説によれば，消費は現在の所得の過去の所得との比率に依存します。所得が一定比率で伸びている場合には消費は所得の一定比率で，クズネッツが観測した長期の趨勢的な関係になりますが，所得が過去の最高値を下回る場合には，いわゆるラチェット効果（過去の消費慣習によって消費の削減に対して歯止めが生じる効果）が働くために，限界消費性向は長期的な傾向よりは低下し，その結果，平均消費性向は上昇します（拙著『マクロ経済学事始』多賀出版，37～40頁参照）。3．クズネッツ（Simon Kuznets, 1901～1985）は，ケインズ型の消費関数に対して，1869～1943年の長期的の米国のデータによると，平均消費性向は名目値で80％前後，実質値で78％前後で一定であることを示し，長期的には限界消費性向と

平均消費性向とが一致することを指摘しました。長期的な消費と所得との関係が短期的に観測されるケインズ型消費関数や一時点での社会で横断的に観測されるケインズ型消費関数とは不整合性であることを指摘し，学界に大きな問題提起を行いました。正答。**4．**ライフ・サイクル仮説によれば，消費は生涯に使用しうる所得総額と資産額に依存します。就業期間に退職後の消費の原資を貯蓄するため，短期のケインズ的な消費関数は資産の蓄積によって上方にシフトしていき，長期的な消費と所得の関係は一定になります。**5．**フリードマンによれば，真の消費と恒常所得との関係は比例的な関係ですが，消費と観測される所得との関係はケインズ的な消費関数の関係を示します。

正答　3

No.2 現在30歳の人がいて，60歳で定年を迎え，80歳まで寿命があると予測している。この人の将来の定年までの年収は現在の年収と同額であるという予想の下で，生涯にわたって毎年同額の消費を行い，また，現在200の年収があり，400の資産を保有している場合，年々の消費額，現在の限界消費性向および平均消費性向はいくらになるか。ただし，遺産は残さず，利子所得はないものとし，また，限界消費性向とは，想定年収の限界的変化に対する消費額の限界的な変化とし，平均消費性向とは，想定年収に対する消費額とする。（11年度国家Ⅰ種経済）

	消費額	限界消費性向	平均消費性向
1	120	0.5	0.7
2	128	0.6	0.64
3	128	0.6	0.7
4	132	0.67	0.75
5	132	0.67	0.8

●**解説**　この人の生涯の収入額は年収掛ける勤労年数として
$200 \times (60-30) = 6000$

と求められます。現在の資産400との合計額は6400になります。問題文の仮定により，この全額を80歳までの50年間に消費しますので，年間の消費額は

6400/50＝128

と求められます。平均消費性向は

128/200＝0.64

と求められます。限界消費性向については次のようにして求められます。すなわち，たとえば，現在の年収が30だけ増加し，その後もその水準が維持されると仮定しますと，そのうち，3/5［＝30年間/50年間］を勤労年間に消費し，2/5［＝20/50］を退職後に消費します。したがって，限界消費性向は

3/5＝0.6

と求められます。あるいは，年収30が30年間続くと仮定しますと，得られる総収入は30×30＝900です。これを50年間で均等に分けて消費しますと，年間の消費は900/50＝18です。したがって，限界消費性向は18/30＝3/5＝0.6です。

正答　2

No.3　恒常所得仮説が妥当するマクロ経済が，

$Y = C + I + B$

$C = 0.8 Y_p$

$Y_p = 0.5 Y + 0.5 Y_{-1}$

$B = 50 - 0.2 Y$

〔Y：国民所得，C：消費，I：投資，B：純輸出，Y_p：恒常所得，Y_{-1}：前期の国民所得〕

で示されるとする。今期において国民所得を1兆円増加させるためには，投資をいくら増加させればよいか。（8年度地方上級全国型，関東型，法律専門タイプ，経済専門タイプほか）

1　8,500億円　　2　8,000億円　　3　7,500億円
4　7,000億円　　5　6,500億円

●解説　このモデルでは恒常所得は今期の所得と前期の所得のそれぞれ半分ずつの和になります。消費はそのように形成され

第7話　恒常所得仮説と生涯所得仮説

る恒常所得に比例します。問題は今期の均衡所得についての投資乗数を求めれば答えられますので,上のモデルを投資Iの関数として求めればよいことになります。問題文の第1式に消費関数と純輸出関数をそれぞれ代入しますと,次式のようになります。すなわち,

$Y = 0.8(0.5Y + 0.5Y_{-1}) + I + 50 - 0.2Y$

上式をYについて解きますと,

$Y = (0.4Y_{-1} + I + 50)/0.8$

$= 1.25 \times (0.4Y_{-1} + I + 50)$

となります。投資乗数は1.25です。したがって,1兆円の今期の所得Yの増加を実現する投資の増加は8000億円 [$= 1/1.25$] になります。

正答 2

はじめて学ぶマクロ経済学

第8話
投資理論について(1)

　これまで国内総生産の決定を考える際，投資は国内総生産とは独立に企業や家計によって決定されるものと仮定してきました。しかし，投資は生産手段である資本ストックの追加を意味しますので，実際には，将来の生産物に対する需要の見通しや将来の不確実性の程度，投資にあたっての費用，投資財と労働力との相対価格，および企業の生産活動が市場でどのように評価されているかなど，種々の要因によって左右されます。ケインズ自身，投資は企業家の血気（アニマル・スピリット）に左右され，景気循環をもたらす主要な要因であると見なしていました。今話では投資が市場利子率と販売量の変化分に左右されることを検討します。

1．投資の限界効率と投資関数

　企業家がどの程度の資本をすでにある資本ストックに追加するかを判断する際，判断の基準になる一方の情報が**資本の収益率**です。つまり，資本を追加した場合，どの程度の収益が将来にわたって見込まれるかです。もう一方の必要な情報が**資本財**

の供給価格（更新費用）です。企業家は両者を比較して，割の合う，つまり，利潤を拡大する限りでの投資を実行することになるでしょう。ケインズが資本の収益率の指標として利用したのが資本の限界効率です。**資本の限界効率**とは資本投下によってもたらされる将来の期待収益の割引現在価値を資本財の供給価格に等しくするような割引率と定義されます。以下ではこの定義の内容を詳しく検討することにします。

いま，ある資本財1単位の供給価格を C 円とすると，これは資本財の生産者をして新規に資本財を1単位生産させるようにする価格で，更新費用とも呼ばれます。この資本財を生産手段として n 年間活用することによって得られる将来の期待収益の流列 $\{R\}$ が次のように与えられるものとします。すなわち，

$R_1, R_2, R_3, \cdots\cdots, R_n$

です。これらの将来の収益は現在時点で得られるわけではありません。現在の100万円と将来の100万円では意味が違います。というのも，現在の100万円を1年間債券投資などの形で年利率6％で運用しておけば1年後には $100(1+0.06)=106$ 万円になります。さらに，1年後の106万円が同じように運用されるとしますと，2年後には $106(1+0.06)=100(1+0.06)^2=112.36$ 万円になります。このように考えますと，2年後の100万円は現在の100万円以下の価値しかありません。現在の価値に換算した場合にいくらになるか，は次の比例式で求められます。すなわち，

（8-1）　$100:112.36=x:100$

です。（8-1）式から x を求めますと，次式のように求められます。すなわち，

（8-2）　$x=(100/112.36)\cdot 100$
　　　　　　$=100/1.06^2=89.0$

です。

（8-2）式の分母の1.06の中の0.06は上の例では市場利子率

社長，そこに投資するのはいかがなもので？

で，もし企業家が資本財に投資していなければ，市場で獲得できたであろう収益の比率です。そういう意味で，市場利子率は資本の機会費用になっています。以上の例からわかりますように，**現在価値に割り引く**ということの意味は，将来の一定の価値額，たとえば100万円は現在時点で保有されるいくらの額に相当するかを求めることにほかなりません。したがって，ある資本財への投資がもたらす将来の期待収益の流列の現在価値 PV は，次式によって求められます。すなわち，

$$(8-3) \quad PV = \frac{R_1}{1+r} + \frac{R_2}{(1+r)^2} + \frac{R_3}{(1+r)^3} + \cdots + \frac{R_n}{(1+r)^n}$$

です。ただし，r は市場利子率で，将来の各期にわたって一定であるものと仮定されています。資本財を購入して生産手段として利用したときに最初に得られる収益は，第1期目の終わりに得られる R_1 ですので，それを第1期の初めの現在価値に直すためには R_1 を $1+r$ で割る必要があります。同一の資本財から得られる第2期の終わりの収益 R_2 の現在価値を求めるた

めには$(1+r)^2$で割る必要があります。同様に第n期の終わりに得られる収益R_nの現在価値はR_nを$(1+r)^n$で割って求められます。こうして、同一の資本財から得られる将来収益の現在価値は、これら各期の収益の現在価値の和PVとして求められます。

資本財の供給価格をCであるとしますと、期待される将来収益の割引現在価値PVが資本財の供給価格Cを上回る限り、すなわち、$PV>C$である限り、資本財の追加は企業家にとって利潤を追加するものになります。逆に、期待される将来収益の割引現在価値PVが資本財の供給価格Cを下回る限り、すなわち、$PV<C$である限り、資本財を追加しても損失が生じるだけで、企業家にとっては意味がありません。ですから、そのような投資は行われません。いいかえますと、企業家は$PV=C$となるところまで、資本財を追加し続けることになります。

ところで、資本の限界効率は資本財から得られる将来の期待収益の割引現在価値を資本財の供給価格に等しくするような割引率と定義されました。このときの割引率をδとしますと、δは次式によって求められます。すなわち、

$$(8-4) \quad C=\frac{R_1}{1+\delta}+\frac{R_2}{(1+\delta)^2}+\cdots+\frac{R_n}{(1+\delta)^n}$$

です。いま、資本財の供給価格Cを一定としますと、将来収益が大きければ大きいほど、その現在価値を一定の値Cに等しくするためには、より大きな割引率で割り引く必要がありますので、δの値も大きくなります。逆に、将来の期待収益が小さければ、その現在価値をCに等しくするためには、より小さな割引率で割り引く必要がありますので、δの値は小さくなります。

ケインズによれば、資本財が追加されていくにつれて、資本の限界効率は2つの理由で逓減していきます。まず、資本財が追加され資本存在量が多くなるにつれ、製品の生産量が増え、市場での供給量が増加します。その結果、製品価格は低下し、

追加的に得られる収益が減少します。つまり、将来収益の一定割引率での割引現在価値は低下します。第2に、資本財の購入が増加するにつれ資本財の供給価格が上昇します。資本財の市場供給曲線が右上がりであれば、資本財に対する需要の増加は市場均衡価格の上昇をもたらすわけです。この場合、仮に将来収益が以前と同じであるとすれば、その割引現在価値は以前より高くなければなりませんので、資本の限界効率は小さくなります。ところで、ケインズが「資本」といっている場合に意味している内容は資本ストック全体であるより資本の追加分、つまり、「投資」をさしていました。投資をするにあたって必要になる調整費用（資本財の設置費用や供給価格の上昇など）を考慮に入れた資本の限界効率は**投資の限界効率**と呼ばれています。

投資の限界効率表は横軸に投資をとり、縦軸に投資の限界効率をとって、図8-1に示しますように、投資が増加するにつれ、投資の限界効率が逓減する様子を示したものです。投資水準がI_1のときには投資の限界効率はδ_1という高い水準にありますが、投資がI_2に増加した場合には、投資の限界効率はδ_2に低下します。

将来の期待収益の流列を市場利子率で割り引いて求められる割引現在価値PVと資本財の供給価格Cとの間の大小関係は投資の限界効率δと市場利子率rの大小関係に表8-1のように対応しています。すなわち、$PV>C$の場合には$\delta>r$です。というのもPVは将来収益の流列$\{R\}$を市場利子率rで割り引いて求めた現在価値で、この値が資本財の供給価格Cより大きい場合、$\{R\}$を割り引いてCと同じにするための割引率δはrより大きくなければならないからです。逆に、$PV<C$の場合には$\{R\}$を割り引いてCと等しくするための割引率δは市場利子率rより小さくなります。$PV=C$の場合には市場利子率rは$\{R\}$を割り引いてCと等しくするための割引率δの値

図8-1 投資の限界効率表

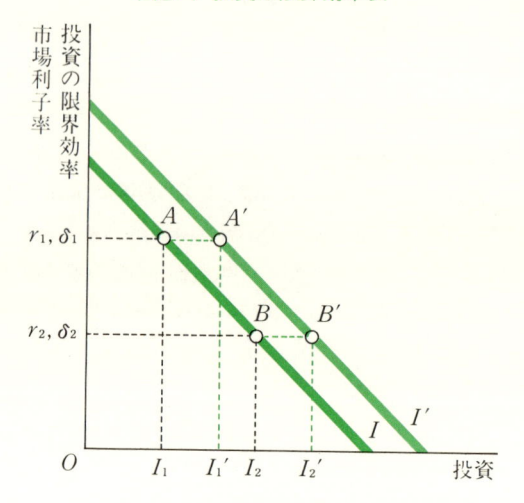

(図:縦軸「投資の限界効率 市場利子率」、横軸「投資」。右下がりの2本の直線 I と I' 。r_1, δ_1 の水準で点 A（投資 I_1）、点 A'（投資 I_1'）。r_2, δ_2 の水準で点 B（投資 I_2）、点 B'（投資 I_2'）。)

表8-1 投資の限界効率と市場利子率の大小関係

(1)	$PV > C$	$\delta > r$
(2)	$PV = C$	$\delta = r$
(3)	$PV < C$	$\delta < r$

と等しくなっています。

上に検討しましたように,企業家は $PV>C$ が期待される限り投資を行い,$PV=C$ になるところまで投資を行うことが利潤を最大化することになります。このことを投資の限界効率を使って表現すれば,$\delta > r$ が期待される限り,企業家は投資を行い,$\delta = r$ になるところまで投資を拡大することが利潤を最大化する行動になります。たとえば,市場利子率が $r_1 = \delta_1$ のときには,I_1 の水準まで投資を行うことが利潤を最大化することになります。市場利子率が r_2 に低下した場合には,$r_2 = \delta_2$ になる水準 I_2 まで投資を拡大することによって利潤を最大

化することができます。逆に，市場利子率が上昇すれば投資は減少しますので，投資は市場利子率の減少関数になっています。投資の限界効率表は投資が市場利子率の関数であることを示す投資関数にもなっています。したがって，図8-1の投資の限界効率表は同時に投資関数にもなっています。ただし，縦軸は市場利子率をも表すものになっています。図8-1の投資関数を式で表現しますと，次式のようになります。すなわち，

$(8-5) \quad I = I_0 - \alpha \cdot r$

です。ただし，I_0は横軸の切片で，αは傾きの大きさを示す係数です。縦軸の切片は$I = 0$より，$r = I_0/\alpha$と求められます。

投資に関連した市場利子率以外のその他の条件に変化がある場合には，投資関数全体がシフトします。たとえば，消費が所得増大を背景として拡大することが見込まれるため，将来収益が全体に増加することが期待される場合にはI_1での投資の限界効率はδ_1より上昇し，そのため現在の市場利子率r_1ではI_1'の水準まで投資を拡大することが有利になります。このようなことが種々の市場利子率の下でいえますので（たとえば，r_2のときI_2からI_2'へ），投資関数全体が右方にIからI'へシフトすることになります。

——————— 練習問題 8-1 ———————

次の文章中の下線部に適切な語句を記入しなさい。

1 市場利子率が年率rのとき1年後に得られる100万円の現在価値は_____である。

2 資本の限界効率は投資から期待される将来収益の割引 ①_____ を資本財の供給価格（更新費用）に等しくするような ②_____ である。

3 投資の限界効率は投資にあたって必要となる_____費用（資本財の設置費用や供給価格の上昇など）を考慮に入れた資本の限界効率である。

4 利潤を最大化するように企業家が投資を決定するとき，企

業家は投資の限界効率が_____に等しくなるところまで投資を行う。

5　消費の増大見込みのため，将来収益の増加が見込まれる場合，投資関数は ① にシフトする。そのため現在の市場利子率の下での投資は ② する。

2．加速度原理

前節では投資が市場利子率の減少関数であることが示されましたが，投資額を決めるのは利子率だけではありません。**加速度原理**によれば，投資は販売量の増加分に比例します。これを式で表現しますと，次式のようになります。すなわち，

(8-6)　$I_t = v \cdot \Delta Y_t$

です。ただし，v は比例定数，ΔY_t は t 期の販売量の増加分＝生産量の増加分です。この原理が加速度原理と呼ばれるのは，t 期の間の生産量を速度に見立てるので，その変化分は加速度に対応するからです。投資はこの加速度に比例するというわけです。

この考え方は資本ストックと生産量との間には固定的な技術的な関係があるという見方に立っています。t 期の生産量と資本ストックの間の関係は次式で示されます。すなわち，

(8-7)　$K_t = v \cdot Y_t$

です。ただし，K_t は t 期の資本ストック，Y_t は t 期の生産量，v は資本産出係数ないし資本係数と呼ばれる比例定数です。v は1単位の生産量を生産するためには v 単位の資本ストックが必要であるという生産の技術的な関係を示しています。前 $t-1$ 期についても同様な関係が成立するものと考えますと，次式が成立します。すなわち，

練習問題8-1の正答…1．$100/(1+r)$ 万円　2．①現在価値②割引率　3．調整　4．市場利子率　5．①右方②拡大(増大)

(8-8)　$K_{t-1} = v \cdot Y_{t-1}$

です。ここでは前期と t 期との間には生産技術上の変化はないことが前提されています。いま，(8-7)式の辺々から(8-8)式の辺々をそれぞれ差し引きますと，次式が求められます。すなわち，

(8-9)　$K_t - K_{t-1} = v \cdot (Y_t - Y_{t-1})$

です。ここで $K_t - K_{t-1}$ は t 期と t - 1 期との間の資本ストックの変化分，すなわち，t 期の投資 I_t にほかなりませんし，$Y_t - Y_{t-1}$ は t 期と t - 1 期との間の生産量＝販売量の変化分 ΔY_t にほかなりません。ですから，(8-9)式は(8-6)式と同じものです。

実例演習 8-1

投資決定理論の一つである加速度原理に関する次の記述のうち，妥当なものはどれか。(**10年度市役所上・中級Ｃ日程 [9 /20]**)

1　加速度原理とは，投資の限界効率が利子率に等しくなるまで投資が追加されるというもので，投資水準の変化が利子率の変化によって加速されることである。

2　加速度原理では，投資決定の説明変数として，利子率だけでなく，各企業に対する株式市場における投資家たちの評価も考慮する。

3　加速度原理では，産出量と資本ストックとの間に，ある生産量を達成するためには，機械などの資本がそれに比例して必要であるという固定的な技術的関係を想定している。

4　加速度原理によれば，投資のピークは生産のピークに時間的に一致する。

5　加速度原理は，一般に景気の上昇局面に比べ，景気の下降局面においてより有効である。

●解説　**1**．投資の限界効率表の説明です。**2**．次話の第3節で説明されるトービンの q 理論に当てはまる説明です。**3**．加速度原理は資本ストックと生産量との間の比例的な関係に基づいています。正答。**4**．加速度原理によれば，投資は販売量＝生産量の変化分に比例するので，生産量のピークでは投資はすでに減少に転じています。投資のピークは生産量の増加分がピークに達する時点で実現しますので，生産量のピークに先行します。**5**．景気の下降局面では生産は減少するとしますと，投資はマイナスになりますが，さしあたって，マイナス投資は資本の更新をしない程度に限定されますので，下降局面ではむしろ加速度原理の適用は制約されます。実際には，加速度原理が最も妥当するのは在庫投資です。在庫投資については景気上昇期には，販売増加分に比例して在庫を増加させようとしますが，販売増加が先行するため，望ましい在庫量は実現できず，後追いになります。逆に，景気下降局面では販売量の減少分に比例して在庫を減らそうとしますが，やはり，販売量の減少が先行し，在庫の過剰な状態が続きます。在庫投資に限定すれば，景気局面での加速度原理の適用に差はないといえます。

正答　3

○━━ キーワード ━━━━◇

▶**資本の限界効率** 将来の期待収益の割引現在価値を資本財の供給価格（更新費用）に等しくする割引率。

▶**投資の限界効率** 投資をするにあたって必要になる調整費用（資本財の設置費用や供給価格の上昇など）を考慮に入れた資本の限界効率。

▶**投資関数** 投資は市場利子率の減少関数。これは投資の限界効率が市場利子率を上回る限り投資が拡大され、両者が等しくなるところまで投資が行われるため。

▶**加速度原理** 投資は販売量（生産量）の増分に比例するという考え方。

●●●最近の実際問題●●●

No.1 資本の限界効率に関する次の記述のうち,妥当なものはどれか。(11年度市役所上・中級B日程 [8/1])

1 投資は資本の限界効率が利子率を下回るときに行われる。
2 投資が多くなされるほど,資本の限界効率は上がっていく。
3 企業家の予想が楽観的になると,資本の限界効率関数の傾きは緩やかになる。
4 企業家の予想が悲観的になると,資本の限界効率関数は下方にシフトする。
5 資本の限界効率関数は,企業家の予想によっては変化しない。

●解説 1.投資は資本の限界効率が利子率を上回るときに行われます。2.投資が増えれば資本の限界効率は次第に低下していきます。それは,一方では,資本の供給価格が上昇するためであり,また,他方では,製品の供給量の増加によって市場価格が低下するためです。3.企業家の予想が楽観的になるとき,将来の収益の流列が大きいという期待を抱くことを意味します。資本の限界効率関数は上方にシフトしますが,傾きとは直接結びつきません。4.逆に,企業家の予想が悲観的になることは将来の収益の流列の期待が小さくなることを意味しますので,限界効率関数は下方にシフトします。正答。5.ケインズは資本の限界効率関数は企業家の予想により大きくシフトすると考えました。

正答 4

No.2 第 t 期の資本を K_t とした場合,第 t 期における投資 I_t は, $I_t = K_t - K_{t-1}$ で与えられるものとする。また,第 t 期の国民所得を Y_t とした場合,第 t 期における恒常所得 Y_{pt} は $Y_{pt} = 0.5 Y_t + 0.5 Y_{t-1}$ で与えられるものとする。さらに,おのおのの期において,資本 K が恒常所得 Y_p に一定の割合

で比例するという投資理論（加速度原理）が成り立つものとする。第4期における投資と第3期における投資が等しくなるとき，第4期の国民所得はいくらか。ただし，第3期の国民所得を250，第2期の国民所得を150，第1期の国民所得を100とする。(11年度国税専門官)

1 100   **2** 200   **3** 300
4 400   **5** 500

●解説　資本ストックK_tは恒常所得Y_{pt}に比例しますので，比例定数をvとしますと，$K_t = v Y_{pt}$と書けます。この関係を資本ストックの増分として定義される投資に代入しますと，次式のようになります。すなわち，

$I_t = K_t - K_{t-1}$
　　$= v(Y_{pt} - Y_{pt-1})$

です。いま，恒常所得は次式のように定義されています。すなわち，

$Y_{pt} = 0.5 Y_t + 0.5 Y_{t-1}$

です。$Y_1 = 100$，$Y_2 = 150$，$Y_3 = 250$と与えられていますので，それぞれの値を上式に代入しますと，

$Y_{p2} = 0.5 \times (150 + 100) = 125$
$Y_{p3} = 0.5 \times (150 + 250) = 200$

と求められます。Y_{p4}についてはY_4を使用して次式のように表現できます。すなわち，

（1）　$Y_{p4} = 0.5 \times (Y_4 + 250)$

です。

いま，問題文より第3期の投資I_3と第4期の投資I_4が等しいので，次式が導き出せます。すなわち，

$I_3 = v(Y_{p3} - Y_{p2}) = v(200 - 125) = 75v$
$I_4 = v(Y_{p4} - Y_{p3}) = v(Y_{p4} - 200)$

$I_3 = I_4$より，

$Y_{p4} - 200 = 75$

です。これより，

$Y_{p4} = 275$

です。この値を(1)式に代入して，

$$275 = 0.5 \times (Y_4 + 250)$$

これを Y_4 について解きますと，

$$Y_4 = 275/0.5 - 250 = 550 - 250 = 300$$

となります。

正答 3

はじめて学ぶ
マクロ経済学

第9話
投資理論について(2)

　第8話では，投資の限界効率と加速度原理について検討しました。投資の限界効率表によれば，投資は市場利子率が上昇すれば減少し，市場利子率が低下すれば増加します。また，加速度原理によれば投資は販売量の変化分に比例します。しかし，投資量はまたその他の要因にも依存します。第1次石油危機以降，石油価格や労賃の上昇に伴い，省エネ投資，および省力投資が盛んに行われました。また，実際の企業の投資をマクロ的に説明する際には，望ましい資本ストック水準へ現状の資本ストック水準を調整する過程として投資量が決まるという説明が有力です。最後に，株式市場の発達は，資本財を購入するための資金を株式市場で直接調達することを可能にしています。この側面からは企業の価値が市場でどのように評価されているかが重要です。以下では，これらの点を検討します。

1. 資本財とその他の投入要素との相対価格

　ある生産物を生産する工程において，資本財とその他の投入要素，たとえば，労働力との間に代替的な関係がある場合，企

業は資本財とその他の投入要素との種々の組合せの中から生産費用が最小になるような組合せを選択するものと考えられます。このような側面を特に強調したのはジョーゲンソン（D. W. Jorgenson, 1933～　）に代表される新古典派です。いま、生産にあたって必要な投入物は資本財と労働力であるとします。生産関数の具体例として新古典派が利用する関数が**コブ＝ダグラス**(Charles W. Cobb=Paul H. Douglas, 1892～1976)**型生産関数**です。これは次式のように表現されます。すなわち、

（9-1）　$y = AK^{\alpha}L^{1-\alpha}$

です。ただし、y はある生産物の生産量、A は生産性を表す技術係数、K は生産に利用される資本量、α は資本分配率、L は生産にあたって投入される労働量、$1-\alpha$ は労働分配率です（拙著『はじめて学ぶミクロ経済学〔第2版〕』〈実務教育出版〉103ページ参照）。この関数は1次同次で、資本投入量と労働投入量をそれぞれ m 倍すると、生産量も m 倍になります。実際、(9-1) 式の右辺の K に mK を、L に mL を代入しますと、$A(mK)^{\alpha}(mL)^{1-\alpha} = mAK^{\alpha}L^{1-\alpha} = my$ となります。1次同次になるのは K の乗数 α と L の乗数 $1-\alpha$ との和が1になっているからです。(9-1) 式は一定の生産量 y が種々の K と L の組合せによって生産できることを示しています。横軸に資本量 K、縦軸に労働投入量 L をとりますと、特定の y の値、y_0, y_1, y_2, 等に対して、(9-1) 式は図9-1のように原点に対して凸な曲線として描けます。これらの曲線を**等量曲線**(isoquants または等産出量曲線）と呼んでいます。いま、資本財の使用者費用＝賃貸費用［利子＋償却費用］が r、労働賃金率が w と、市場で与えられているものとし、一定の予算額を M_1 としますと、

（9-2）　$M_1 = rK + wL$

はこの予算を使って使用できる種々の K と L との組合せを示しています。この式は $L = M_1/w - (r/w)K$ と書き直せますの

図9-1 コブ=ダグラス型生産関数

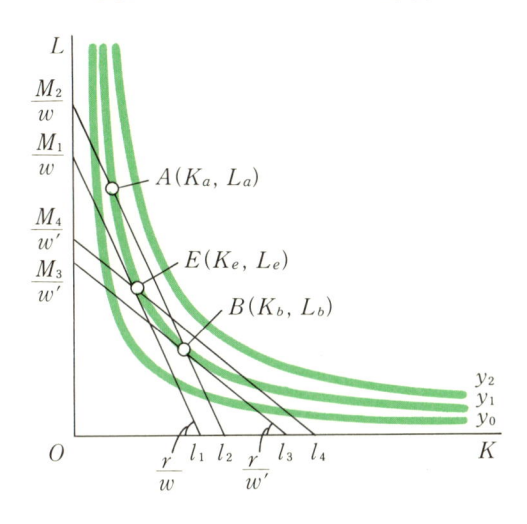

で，傾きが$-(r/w)$の右下がりの直線になります。このような直線を**等費用曲線**と呼んでいます。図に示しますように，M_1，M_2のそれぞれの予算に対してl_1，l_2のように描けます。企業にとっては特定の生産量，たとえば，y_1が与えられたものとしますと，y_1を生産するKとLの組合せは無数にあります。たとえば，図のA点で与えられるK_a，L_aの組合せでも，あるいは，B点で与えられるK_b，L_bの組合せでもy_1は生産できます。しかし，これらの組合せを利用する場合にはM_2の予算がかかります。資本財と労働量の組合せを変えることで，同一の生産量y_1はもっと少ない費用で生産できます。すなわち，等量曲線y_1上のA点とB点の間のどのような組合せでもM_2よりは少ない予算ですみます。そのような点の中でy_1の等量曲線に接する直線l_1との接点Eで与えられる組合せ（K_e，L_e）が最小の費用を与えます。というのも，等費用曲線l_1が等量曲線y_1と共有点を持つ等費用曲線のうち最も原点側に位置しているからです。

第9話 投資理論について(2)

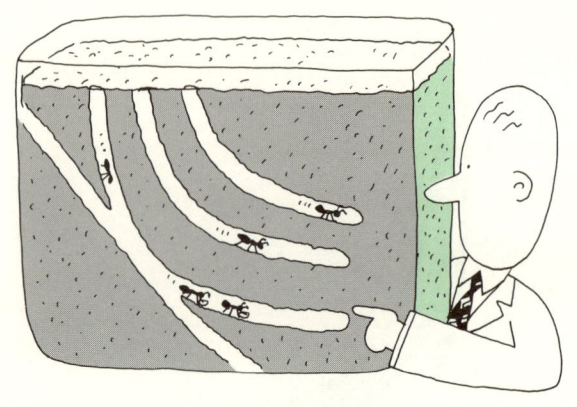

コブ=ダグラス型生産関数！

いま、要素市場での相対価格が変化し、賃金率が w' に相対的に上昇したものとします。等費用曲線の傾きは以前より低下し、寝そべった形になります。以前と同一の生産量 y_1 を生産するための費用は、以前の最適な組合せ点 E で生産し続けるとしますと、$rK_e + w'L_e = M_4 > rK_e + wL_e = M_1$ となり、以前より高くなります。しかも、新たな資本財の賃貸費用と労働賃金との相対価格の下では E 点はもはや y_1 を生産するための費用最小点ではなくなります。新たな等費用曲線 l_3 と等量曲線 y_1 との接点 B が新たな最適点になり、そのときの費用は $M_3 = rK_b + w'L_b$ になります。B 点では E 点に比較した場合、資本財投入量が増加し、労働投入量が減少しています。つまり、労働賃金率が相対的に上昇した場合には、企業は労働を節約し、相対的に安い資本をより多く利用する投入要素の組合せを利用することになるわけです。このような相対価格の変化の効果は石油価格が上昇した第1次石油危機と第2次石油危機の時期以降顕著に生じました。石油を節約するような投入要素の組合せが選択され続けてきました。また、一般物価水準の上昇を反映して、労働賃金も上昇しましたので、やはり労働節約的な技術

が選択され，資本代替が進みました。

ところで，コブ＝ダグラス型の生産関数は相対価格の変化に対して投入要素の組合せをどのように変えるべきかを示しますが，個々の企業にとっての資本財の最適投入規模については解を与えません。ジョーゲンソンは投資額を求めるのにストック調整原理を利用しました。

―――――― 練習問題 9-1 ――――――

次の文章中の下線部に適切な語句を記入しなさい。

1 一定の生産量を生産するために必要な種々の投入要素（たとえば資本財と労働量）の組合せを示す曲線は＿＿＿と呼ばれる。

2 資本財投入量を横軸にとり，労働投入量を縦軸にとった場合，資本財の賃貸費用 r と賃金率 w がそれぞれ一定であれば，資本財投入と労働投入とに要する費用を一定にするような両投入量の組合せを示す曲線は傾きの絶対値が＿＿＿に等しい右下がりの直線になる。

3 一定の生産量 y_0 を生産するための費用を最小にする生産要素投入量は y_0 の等量曲線と等費用曲線との＿＿＿で与えられる。

4 労働賃金率が上昇した場合，一定の生産量 y_0 を生産するための費用が最小になるような投入要素の組合せは以前より多くの ① と以前より少ない ② からなる。

―――――― 実例演習 9-1 ――――――

コブ＝ダグラス型生産関数 $Y = AK^{\alpha}L^{1-\alpha}$ に関する次の文中の空欄ア〜ウに当てはまる数式の組合せとして，妥当なものはどれか。$Y=$ 生産量，$K=$ 資本量，$L=$ 労働量，A および α は正の定数で，$0 < \alpha < 1$ とする。（11年度地方上級東京都）

―――

練習問題 9-1 の正答… 1．等量曲線 2．r/w 3．接点 4．①資本財②労働量

第 9 話 投資理論について（2）

> この生産関数において，資本および労働の両要素の投入量をそれぞれ λ 倍したとき，生産量は（ ア ）になる。また，この生産関数の資本の限界生産力は（ イ ）となり，労働の限界生産力は（ ウ ）となる。
>
> | | ア | イ | ウ |
> |---|---|---|---|
> | 1 | λY | $\alpha A(L/K)^{1-\alpha}$ | $(1-\alpha)A(K/L)^{\alpha}$ |
> | 2 | λY | $\alpha A(K/L)^{1-\alpha}$ | $(1-\alpha)A(L/K)^{\alpha}$ |
> | 3 | $2\lambda Y$ | $(1-\alpha)A(L/K)^{1-\alpha}$ | $\alpha A(K/L)^{1-\alpha}$ |
> | 4 | $\lambda^2 Y$ | $\alpha A(K/L)^{1-\alpha}$ | $(1-\alpha)A(L/K)^{\alpha}$ |
> | 5 | $\lambda^2 Y$ | $(1-\alpha)A(K/L)^{\alpha}$ | $\alpha A(K/L)^{1-\alpha}$ |

●解説　コブ=ダグラス型生産関数は1次同次で，資本量 K と労働量 L をそれぞれ λ 倍しますと，生産量 Y も λ 倍になります。資本の限界生産力は生産関数を K で偏微分して次のように求められます。すなわち，

$\partial Y/\partial K = \alpha A K^{\alpha-1} L^{1-\alpha} = \alpha A(L/K)^{1-\alpha}$

です。同様に，労働の限界生産力は Y を L で偏微分して，次のように求められます。すなわち，

$\partial Y/\partial L = (1-\alpha)A K^{\alpha} L^{-\alpha} = (1-\alpha)A(K/L)^{\alpha}$

です。

正答　1

2．ストック調整原理

ストック調整原理は資本ストックについて現時点での望ましい水準があり，その水準と現在の資本ストック水準とのギャップが何期間かに分けて徐々に調整されるように投資が行われるという考え方です。この考え方を定式化しますと次式のようになります。すなわち，

> （9-3）　$I_t = \gamma(K_t^* - K_{t-1}) + \delta K_{t-1}$

です。ただし、I_t は t 期の粗投資で、γ（ガンマ）は調整係数（$0 < \gamma < 1$）、また、K_t^* は t 期の望ましい資本ストックの水準です。t 期の純投資は前期の資本ストックの水準 K_{t-1} と t 期の望ましい資本ストックの水準 K_t^* との差の一部 γ 分を調整しようとして行われます。また、δ は償却率で、δK_{t-1} は前期の資本ストックの更新投資分です。t 期の粗投資は純投資 $\gamma(K_t^* - K_{t-1})$ と更新投資 δK_{t-1} との和になります。また、望ましい t 期の資本ストックの水準は t 期に期待される販売量 y_t の一定倍で、次式のように表現できます。すなわち、

(9-4) $\quad K_t^* = v y_t$

(9-3)式に(9-4)式を代入しますと、

(9-5) $\quad I_t = \gamma(v y_t - K_{t-1}) + \delta K_{t-1}$
$\quad \quad \quad = \gamma v y_t + (-\gamma + \delta) K_{t-1}$

となります。t 期の粗投資は、t 期の販売量に比例する部分と前期の資本ストックに比例する部分との和として定式化されます。

いま、生産関数がコブ=ダグラス型であるとしますと、第1節で検討しましたように、資本産出係数 v は資本財の賃貸費用と賃金率の比率が変化すれば変化します。企業は資本財の賃貸費用が資本財の限界生産物価値に等しくなるところまで資本財を投入しますので、次式が成立します。すなわち、

(9-6) $\quad r = pA\alpha K^{\alpha-1} L^{1-\alpha} = p\alpha(y/K) = p\alpha/v$

です。ただし、(9-6)式の右辺の最初の等号の値は(9-1)式を K で偏微分した値（資本の限界生産物 Marginal Product of Capital, MPK）に生産物の価格 p を掛け合わせたもので、限界生産物価値になります。(9-6)式の右辺の2行目は(9-1)式の y を代入することによって求められます。(9-6)式より、資本産出係数 v は次式のようになります。すなわち、

(9-7) $\quad v = p\alpha/r$

です。(9-7)式を(9-5)式に代入すれば、次式が求められま

す。すなわち，

(9-5)′　$I_t = \gamma(p\alpha/r)y_t + (-\gamma + \delta)K_{t-1}$

です。したがって，投資 I_t は生産物価格 p の上昇，資本分配率 α の上昇，資本財の賃貸費用 r の低下，および販売量＝生産量 y_t の増加によって，増加します。また，$\gamma > \delta$ と考えられますので，投資 I_t は資本ストック K_{t-1} の増加によって減少します。

練習問題 9-2

次の文章中の下線部に適切な語句を記入しなさい。

1　ストック調整原理によれば，企業は現時点での望ましい　①　と現存の資本ストックとの差の一部を調整するように　②　を決める。粗投資は　②　に現存資本の　③　投資を加えたものである。

2　ジョーゲンソンの定式化によれば，その他の条件が一定の場合，資本財の使用者費用（賃貸費用）が上昇すれば，粗投資は　①　する。また，生産物の価格が低下すれば粗投資は　②　する。資本分配率が上昇するとき，粗投資は　③　する。

3．トービンの q 理論

最近は日本においても株式市場が発達して株式市場で株式を時価で発行して資金調達をする企業が増えてきました。このような側面に早くから注目していたのがトービン (James Tobin, 1918〜) で，彼の理論は q 理論と呼ばれています。トービンの q は企業の市場価値と資本財の更新価値との比率と定義されます。すなわち，

練習問題 9-2 の正答…1．①資本ストック②純投資③更新　2．①減少②減少③増加

$$(9\text{-}8) \quad q = \frac{\text{企業の市場価値}}{\text{資本財の更新価値}}$$

です。ただし，資本財の更新価値とは，企業が保有する資本財全体の更新に要する費用です。企業の市場価値とは企業の株式の市場での評価額（1株当たり株価×発行株式数）と企業の負債の市場評価額との和です。企業が保有している資本財の中には銀行からの債務や転換社債のような市場での評価額が変動する負債によって資金を調達して購入したものもありますので，企業の保有する資本財に対応する企業の市場価値には負債の市場評価額も含まれます。

トービンによれば，$q>1$ の場合には企業にとっては資本財を追加することが有利になります。というのも，企業が資本財を1単位価値だけ追加する場合，市場ではそれが1単位価値以上に評価されるからです。企業の利潤はすぐに配当として株主に分配されるか，分配されないで内部留保として蓄積される場合には将来の配当の増加が期待されるため株価が上昇してキャピタルゲインを株主にもたらします。いずれにしろ，利潤の増加は結局のところ配当の増加に結びつきます。$q>1$ になるということは，1単位価値の資本財が生み出すと期待される将来の利益，ないし配当の流列が市場で得られると期待される利子の流列以上のものであるという評価を，市場が下しているということです。そこで企業にとっては $q=1$ になるところまで資本ストックを拡大する，つまり，プラスの純投資を行うことが利潤を最大化することになります。逆に，$q<1$ の場合には企業の保有する資本財の市場での評価額は資本財の更新価値を下回っているわけで，資本ストック全体から期待される将来の利潤ないし配当の流列は期待される利子の流列を下回っていることを意味しています。したがって，企業が利潤を最大化するためにはすでに保有している資本ストックを削減する，つまり，マイナスの純投資を行うことが必要です。そうすることで限界

表9-1

q の 値	純投資の値
$q > 1$	$I_t > 0$
$q = 1$	$I_t = 0$
$q < 1$	$I_t < 0$

的に生じている損失をなくすことができます。そうなれば企業の市場での評価額も上昇し，q の値は上昇します。$q = 1$ になるところまで資本ストックを削減することによって利潤を最大化することができます。以上を整理しますと，表9-1のようになります。

ところで，市場で評価している q の値は企業の保有する資本ストック全体に関する q の値で平均の q と呼ばれています。しかし，企業の投資決定にあたって必要なのは資本財の追加分についての q の値で，このような q の値のことを限界の q と呼んでいます。企業の投資決定にあたって重要なのは新規に追加される資本財がどの程度将来の期待される限界利潤の流列をもたらすかです。限界の $q > 1$ の場合には投資が行われ，限界の $q < 1$ の場合には，投資が削減され，限界の $q = 1$ になるところまで投資が行われれば利潤が最大化されます。

キーワード

- ▶ **等量曲線** 一定の生産量を生産するのに使用される種々の投入要素(たとえば資本財と労働投入量)の組合せを示す曲線。等産出量曲線。
- ▶ **等費用曲線** 一定の費用で利用できる種々の投入要素(たとえば資本財と労働量)の組合せを示す曲線。
- ▶ **ストック調整原理** 現時点での望ましい資本ストックと現存の資本ストックとの差が何期間かに分けて徐々に調整されるように投資が行われるという考え方。
- ▶ **トービンの q** $\dfrac{企業の市場価値}{資本財の更新価値}$

●●●最近の実際問題●●●

No. 1 資本Kと労働Lを投入し,1財と2財の2つを生産する経済がある。資本と労働の存在量は一定で,資本と労働は完全利用されるとする。1財と2財の生産関数はともに,
$$Y_i = A K^{a_i} L^{1-a_i}$$
〔Y_i:i財の生産量,K:資本,L:労働,A, a_i:定数($0 < a_i < 1$),i:1, 2〕
と表され,1財の等量曲線$\bar{Y}_1$と2財の等量曲線$\bar{Y}_2$は図のようである。

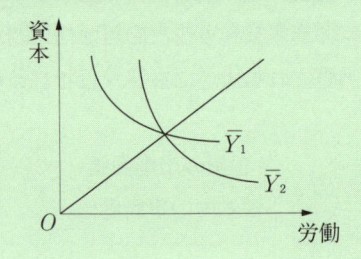

ある賃金・利潤比率(w/r)に対して最適な資本労働比率(k)が選ばれているとし,1財の資本労働比率をk_1,2財の資本労働比率をk_2とするとき,w/rが上昇したときの記述として妥当なものはどれか。(10年度国家Ⅰ種経済)

1	k_1,k_2ともに上昇する。
2	k_1,k_2ともに低下する。
3	k_1は上昇し,k_2は低下する。
4	k_1は低下し,k_2は上昇する。
5	k_1,k_2ともに不変である。

●**解説** 一国の経済では賃金・利潤比率w/rは2つの財を生産する部門で共通です。もし,1財の生産部門の賃金率が高ければ,2財の生産部門から1財の生産部門へ労働力が移動し,1財部門の賃金率を引き下げると同時に2財部門の賃金率を高めるで

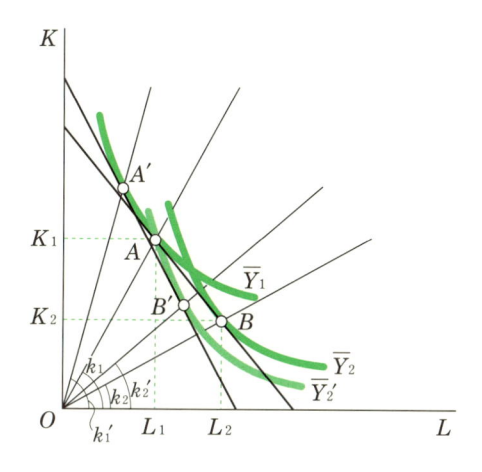

しょう。利潤率についても，両部門で差があれば，利潤率の高い部門への資本の移動が生じ，両部門の利潤率が平準化されるはずです。したがって，資本と労働力の移動が自由な経済では，賃金・利潤比率は両部門にとって共通になります。

傾きの絶対値が所与の賃金・利潤比率 w/r の等費用線が等量曲線 $\overline{Y}_1$ と $\overline{Y}_2$ にそれぞれ A 点と B 点で接しているものとします。としますと，両曲線への共通接線の原点 O と A 点を結ぶ直線の傾きは第1財生産部門の資本労働比率 $k_1 = K_1/L_1$ を表しています。同様に，原点 O と B 点を結ぶ直線の傾きは第2財生産部門の資本労働比率 $k_2 = K_2/L_2$ を表しています。一国経済全体の資本 K と労働量 L はそれぞれ $K_1 : K_2$，および $L_1 : L_2$ の比率で内分されます。w/r が上昇したとき，等費用線の傾きはよりきつくなります。1財の等量曲線 $\overline{Y}_1$ との接点は A' に移動し，原点 O と A' 点とを結ぶ直線の傾きは $k_1'(>k_1)$ と k_1 より大きくなります。同様に2財の新しい等量曲線 $\overline{Y}_2'$ との接点 B' と原点 O とを結ぶ直線の傾き $k_2'(>k_2)$ は k_2 よりも大きくなります。

正答　1

No. 2 わが国経済が以下のコブ=ダグラス型生産関数で近似されるとする。

$Y = A K^{0.3} L^{0.7}$

ここで，Yは実質国内純生産，Aは全要素生産性，Kは資本ストック，Lは労働投入量である。わが国経済の1965年から90年にかけての年率平均の伸び率は，実質国内純生産が5.3％，資本ストックが10％，労働投入量が0.6％であった。このとき，この間の平均の技術進歩率（全要素生産性上昇率）は年率約何％であったか。（**10年度国家Ⅱ種**）

1 0.8％　　**2** 1.9％　　**3** 2.3％
4 4.9％　　**5** 5.9％

●**解説**　コブ=ダグラス型生産関数の対数をとりますと，次式のようになります。すなわち，

（1）　$\log Y = \log A + 0.3 \log K + 0.7 \log L$

です。両辺をそれぞれ時間 t で微分しますと，次式のようになります。すなわち，

（2）　$(1/Y)dY/dt = (1/A)dA/dt + 0.3(1/K)dK/dt$
　　　$+ 0.7(1/L)dL/dt$

です。（2）式の左辺はYの成長率を表し，右辺の第1項はAの成長率，つまり，技術進歩率を表し，右辺の第2項は資本ストックKの成長率を0.3倍したもの，第3項は労働投入量Lの成長率の0.7倍を表しています。つまり，コブ=ダグラス型生産関数から，生産額Yの成長率は資本ストックKと労働投入量Lのそれぞれの成長率の加重平均として表現され，その際のウェイトはそれぞれの変数の指数になります。

さて，問題ではYの成長率が0.053，Kの成長率が0.1，労働投入量の成長率が0.006と与えられていますので，それぞれの値を（2）式に代入しますと，次式のようになります。すなわち，

$0.053 = (1/A)dA/dt + 0.3 \times 0.1 + 0.7 \times 0.006$

です。これより，技術進歩率は

$(1/A)dA/dt = 0.053 - 0.03 - 0.0042 = 0.0188$

と求められます。

正答　**2**

No. 3 トービンの q 理論に従って投資を実行している企業において，下表の限界的な投資案件 A, B, C の実行はどのように判断されるか。ただし，投資を実行する資金については，利子率 5 ％を得ている自己資金が 200 あり，このほかに 200 までは 10 ％の利子率で，さらに，200 までは 12 ％の利子率で，それぞれ銀行から借り入れることができるものとする。なお，投資収益，自己資金の利子，銀行借入に対する利子支払いは一定額で毎期生じ，かつ，永遠に続くものとし，銀行借入は無期限とする。(10年度国家Ⅰ種経済)

投資案件	投資額	毎期の投資収益率
A	100	6
B	200	18
C	300	36

1 A，B，C とも実行されない。
2 A，B は実行されないが，C は実行される。
3 A は実行されないが B，C は実行される。
4 C は実行されないが，A，B は実行される。
5 A，B，C とも実行される。

●解説　トービンの q 理論によれば，トービンの q は企業の市場価値と資本財の更新価値との比率で，$q > 1$ のとき，この企業が資本財を追加する，つまり，投資を行うことが有利になります。というのも，この企業の資本財の使い方はその調達費用よりも高い市場価値を実現するためです。この基準は投資を追加していくときのそれぞれの案件について成り立ちます。今，追加的な投資が I でそれによって得られる年間収益を R だとします。年間の収益率を r としますと，

$R = rI$

となります。他方，この投資から得られる収益の流列の割引現在価値は次式のようになります。すなわち，

$S = R/(1+i) + R/(1+i)^2 + R/(1+i)^3 + R/(1+i)^4 + \cdots$
$= \{R/(1+i)\}/[1 - \{1/(1+i)\}] = R/i = rI/i$

第 9 話　投資理論について(2)

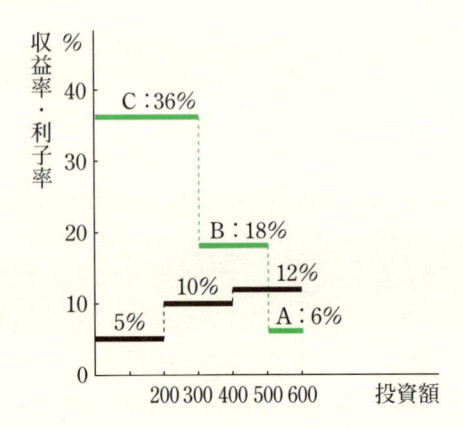

です。限界的なトービンの q は各投資案件について資本財の生み出す収益の流列の市場価値、すなわち、市場利子率による割引現在価値と資本財の更新価値との比ですので、次式のようになります。すなわち、

$q = S/I = R/(iI) = rI/(iI) = r/i$

です。この限界のトービンの q が1より大きいとき、この投資は企業の収益を増やすものになります。いま、問題の投資案件はそれぞれ独立で、他の投資がそれぞれの投資の収益に影響を及ぼさないものとします。その場合、投資基準は各投資案件の収益率と投資資金の利子率との比率が1より大きくなることです。問題文では資金調達の利子率は漸増的で、最初の200が5％、次の200が10％、その次の200が12％です。他方、投資収益率は高いほうから、まずCの300が36％、次いで、Bの200が18％、最後に、Aの100が6％です。両者の関係は図のように示されます。収益率が資金コストの利子率を上回るのはC、Bの2つのプロジェクトです。

正答　3

はじめて学ぶ
マクロ経済学

第10話
投資と景気循環

　これまで第8話と第9話で検討してきましたように、投資はさまざまな要因によって影響を受けますが、投資の変動は経済の動向を左右する最も重要な要因で、景気循環を引き起こすものとされています。以下では、投資の変動がどのように景気循環と関連するのかについて検討します。

1．3種類の景気循環

　景気循環には3つのタイプのものが観測されています。最も短期の景気循環がキッチン・サイクルと呼ばれる平均40か月周期の小循環で、キッチン（Joseph Kitchin，1861～1932）が1923年にアメリカとイギリスの利子率、銀行決済、および卸売物価に関するデータに基づいて検出したものです。このような短期の景気循環は、企業が在庫量を販売量の一定倍の適正量に維持しようとするために、その調整の過程で生じるものとされ、在庫循環とも呼ばれています。なぜ在庫の調整の過程で景気循環が生じるかについては次節で検討します。

　通常、景気循環の現象として最も注目されるのは9年ないし

10年周期の中期的な景気循環で，フランス人医師**ジュグラー**(Joseph Clement Juglar, 1819〜1905)が1862年に出版した書物で指摘したため，**ジュグラー・サイクル**と呼ばれています。彼は循環の局面を繁栄，恐慌，および清算の3つの局面に分けました。19世紀にイギリスを中心として観測された景気循環の過程はほぼ10年周期で，かつ，激しい恐慌とその後の深刻な不況過程を伴う劇的な現象でした。今日では，激しい恐慌は影を潜め，かわって，成長率のマイナスへの転化，ないし，成長率の鈍化をもって景気後退（recession, リセッション）過程としています。景気の拡大過程は好況と呼ばれ，好況のピーク，すなわち，好況から景気後退への転換点を景気の山（peak, ピーク）と呼んでいます。逆に，景気後退過程の底，いいかえれば，景気後退過程から景気の回復局面に入る転換点を景気の谷（trough, トロフ）と呼んでいます。景気循環の周期は，景気の山から山への期間ないし景気の谷から谷への期間の長さで計ります。ジュグラー循環が生じる主な理由は資本設備の更新や新設がおよそ10年周期で生じるためであるとされています。戦後の日本におけるように資本設備の更新や新設が技術革新と結びついて比較的短期間に行われる場合には中期循環も短期化します。

コンドラチェフ（Nikolai Dmitrievich Kondratieff, 1892〜1938）は1925年に平均約50年周期のより長期の景気循環があることを示しました。彼の利用したデータはフランス，イギリス，およびアメリカの卸売物価，利子率，賃金，貿易，および生産の18世紀末から1920年までのデータで，この期間に2回半の長期波動を観測しています。この長期の景気循環は**コンドラチェフ・サイクル**と呼ばれています。

シュンペーター（Joseph Schumpeter, 1883〜1950）は景気循環の動力を革新者の革新（innovations）に求めました。革新とは単なる発明や発見ではなく，新技術，新素材，新しい経

ジュグラー・サイクル・コースター！

営方法などの商業上の応用のことをさします。革新者とはこのような革新を最初に導入する人で，その後に模倣者が続いて投資を行うために，景気の上昇過程が実現します。新しい生産設備が稼働し始め，商品が市場に供給されるようになると，商品価格は低下し，景気後退が始まります。不況過程は革新によって引き起こされる好況過程の反動として理解されています。

　さて，シュンペーターは3種類の景気循環を統一的に把握するための循環図式を示しました（図10-1参照）。コンドラチェフ・サイクルは産業革命，鉄道建設，電気・化学・自動車などの新産業の展開など歴史上重要な技術革新によって引き起こされます。他方，ジュグラー・サイクルはより小規模の革新によって引き起こされるものとしました。コンドラチェフ循環は48年〜60年の周期で，6つの9年〜10年のジュグラー循環から成り立っています。長期波動の上昇期にはジュグラー・サイクルの好況期が長くなり，逆に，長期波動の下降期には不況期が長くなり，農業不況が観測され，重要な発明や発見が行われています。また，ジュグラー循環は3つのキッチン循環から成り立っているものとしました。

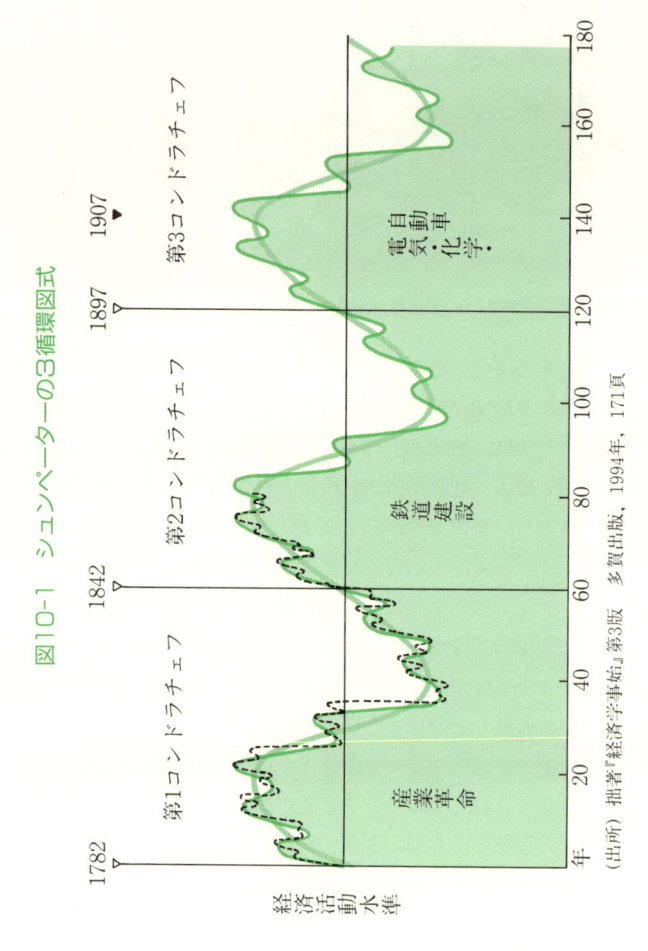

図10-1 シュンペーターの3循環図式

第1コンドラチェフ　産業革命
第2コンドラチェフ　鉄道建設
第3コンドラチェフ　電気・化学・自動車

1782　1842　1897　1907

経済活動水準

年

(出所) 拙著『経済学事始』第3版　多賀出版、1994年、171頁

建築循環は15〜20年（平均18年）周期の循環で，米国における移民流入の周期やベビー・ブームのこだま効果がおよそ20年ごとに生じて，結婚とそれに続く住宅需要の増加によっておよそ20年程度の建築の周期が生じたものと理解されています。住宅需要の増加はそれに伴って，耐久消費財に対する需要をも増加させるため，景気全体の拡大を牽引するものになります。発見者の名にちなんで**クズネッツ循環**とも呼ばれます。

2．景気循環のモデルによる説明

　景気循環の過程は経済活動を動学的にとらえる経済モデルで説明することができます。これまでさまざまなモデル化が試みられてきましたし，現在でも新たな観点からのモデル化が試みられています。ここでは今では古典となっている**サムエルソン**（Paul A. Samuelson, 1915〜　）による設備投資循環のモデルと**メッツラー**（Lloyd A. Metzler, 1913〜80）による在庫循環のモデルについて検討します。

　サムエルソンのモデルは**乗数・加速度係数モデル**と呼ばれています。というのも，一方では，消費は前期の国民所得の限界消費性向倍の水準に決まるというケインジアンの乗数モデルを利用し，また他方では，投資は今期の消費と前期の消費の差の一定倍の水準に決まるという加速度原理の考え方を取り入れているからです。つまり，次の2式が成立します。すなわち，

(10-1)　　$C_t = bY_{t-1}$

(10-2)　　$I_t = v(C_t - C_{t-1}) = bvY_{t-1} - bvY_{t-2}$

です。ただし，C_t は今期の消費，Y_{t-1} は前期の国内総生産，b は限界消費性向，I_t は今期の投資，v は資本産出係数ないし加速度係数です。対外関係のない閉鎖経済では国内総生産は消費と投資と政府支出の和と等しくなるとき均衡しますので，次式が成り立ちます。すなわち，

$$(10\text{-}3) \quad Y_t = C_t + I_t + G_t$$

です。ただし，G_t は今期の政府支出で，1単位に基準化して考えます。いま，(10-3)式に(10-1)式と(10-2)式とを代入しますと，国内総生産は次式のように表現されます。すなわち，

$$(10\text{-}4) \quad Y_t = bY_{t-1} + (bvY_{t-1} - bvY_{t-2}) + 1$$
$$= b(1+v)Y_{t-1} - bvY_{t-2} + 1$$

です。この式は Y についての2階の定差方程式（変数の異時点の値の間に，たとえば Y_t，Y_{t-1}，Y_{t-2} の間に一定の関係がある場合，その関係式を定差〈または階差〉方程式と呼び，時差の最大値を階数で表現します）で，係数の値が一定の条件を満たすとき，Y の時系列データは循環変動をします。すなわち，次の特性方程式［(10-4)式で $Y_{t-2}=1$，$Y_{t-1}=x$，$Y_t=x^2$ と置き，かつ定数項をゼロと置いた式］

$$(10\text{-}5) \quad x^2 - b(1+v)x + bv = 0$$

の判別式の値が負の場合，すなわち，$D = [b(1+v)]^2 - 4bv < 0$ の場合です。この場合には(10-5)式の根は虚数になります。虚根の絶対値が1より小さくなるような値を b と v がとる場合，(注)たとえば，限界消費性向 $b=0.5$，加速度係数 $v=1$ のときには，図10-2のケース1に示しますように，政府支出の値を変化させた衝撃によって国内総生産は循環しつつ徐々に

$$\frac{G_t}{1-b} = \frac{1}{1-0.5} = 2$$

の値に収束していきます。ところが，b と v の値が比較的大きい場合，たとえば，$b=0.6$，$v=2$ の場合には，(10-5)式の複素数根の絶対値は1より大きくなり，図10-2のケース2に示しますように，政府支出の変化の衝撃は国内総生産を循環させつつ発散させるものになります。このような場合には，政府支出の増加という衝撃が国内総生産を増加させ，それが消費を増加させますが，この消費の増加分

(注)…そのための条件は $\left[\dfrac{b(1+v)}{2}\right]^2 - \dfrac{D}{4} < 1$ となることです。

図10-2 乗数・加速度モデルの種々のケース

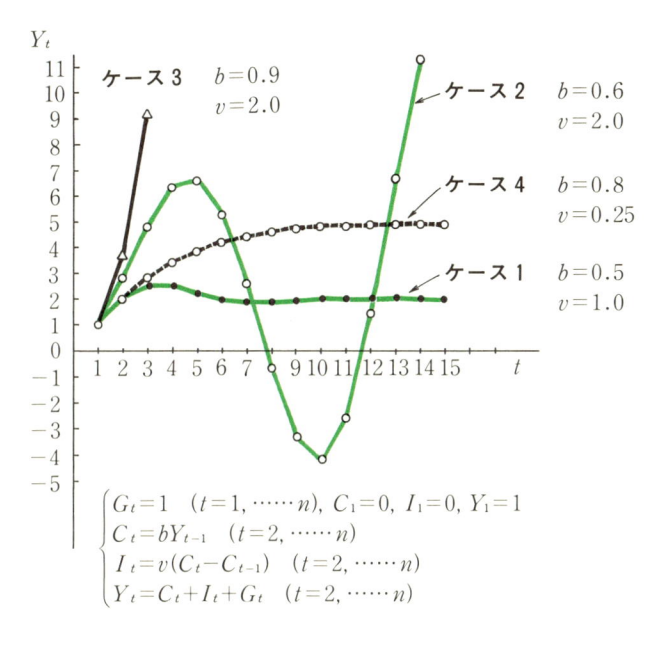

ケース3　$b=0.9$　$v=2.0$
ケース2　$b=0.6$　$v=2.0$
ケース4　$b=0.8$　$v=0.25$
ケース1　$b=0.5$　$v=1.0$

$$\begin{cases} G_t=1 \quad (t=1,\cdots\cdots n),\ C_1=0,\ I_1=0,\ Y_1=1 \\ C_t=bY_{t-1} \quad (t=2,\cdots\cdots n) \\ I_t=v(C_t-C_{t-1}) \quad (t=2,\cdots\cdots n) \\ Y_t=C_t+I_t+G_t \quad (t=2,\cdots\cdots n) \end{cases}$$

が比較的大きく,かつ,加速度係数によって投資が大きく増加するため,結果的に,消費と投資と政府支出の和に等しく決まる国内総生産も大きくなり,国内総生産の振幅は次第に大きくなっていくわけです。(10-5)式の特性方程式の根が実根を持つ場合には,Y_tの値は循環変動をしないで,単調に発散するか収束します。たとえば,$b=0.9$,$v=2$のように,bとvの値が非常に大きい場合には特性方程式の実根の絶対値は1より大きくなり,ケース3に示しますように,国内総生産は振動せずに絶えず増加,つまり,発散してしまいます。このことは逆に,政府支出の減少という衝撃を経済に与えた場合には国内総生産は単調に無限小へと低下することを意味しています。つまり,このような経済は非常に不安定な経済であるといえます。現実の経済は成長趨勢の周りで振動を繰り返しており安定

的ですから，経済を安定化するようなメカニズムが組み込まれているといえます。他方，$b=0.8$，$v=0.25$のように，vの値が非常に小さい場合には，特性方程式の実根の絶対値は1より小さくなり，ケース4に示しますように，国内総生産Y_tの値は$\dfrac{G_t}{1-b}=\dfrac{1}{1-0.8}=\dfrac{1}{0.2}=5$に単調に収束します。

ところで，在庫投資の場合には機械設備とは違って資本ストックの調整が容易です。つまり，在庫ストックを増やすときには機械設備の設計期間や長期の建設期間を要するわけではありません。また，在庫ストックを減少させたい場合には，販売された在庫の補充をしないことで容易に減少させることができます。ですから，在庫投資については，投資は販売量の増加分に比例するという加速度原理が最もよく当てはまります。

メッツラーの1941年の論文の定式化によりますと，在庫投資は2つの部分，すなわち，今期に期待される販売量と，前期に期待された販売量との差の加速度係数v倍に等しい部分$I_a(t)$と，予期できなかった在庫の変化を調整する部分$I_r(t)$から成り立っています。いま，今期に期待される販売量は前期の販売量に等しいものとし，前期の販売量は国内総生産の限界消費性向b倍に決まるものとします。すると，今期に期待される販売量はbY_{t-1}と表現できます。ただし，Y_{t-1}は前期の国内総生産です。同様に，前期に販売されると期待された販売量はbY_{t-2}と表現できますので，両者の差の一定倍にあたる部分は，次式のように書けます。すなわち，

(10-6) $I_a(t) = v(bY_{t-1} - bY_{t-2})$

です。ただし，加速度係数vは望ましい在庫水準と期待される販売量との比率を表す係数で，たとえば，1か月の販売量の半分の在庫を抱えるのが販売機会を失わないためには望ましいとしますと，$v=0.5$になります。このvは加速度原理の資本産出係数に対応するものです。

在庫投資のうち前期に予期できなかった在庫の変化を調整する部分 $I_r(t)$ は前期の実際の販売量 bY_{t-1} と前期に期待された販売量 bY_{t-2} との差で，次式のように定式化できます。すなわち，

(10-7)　　$I_r(t) = bY_{t-1} - bY_{t-2}$

です。今期の在庫投資の総量 I_t は，望ましい在庫の変化分 $I_a(t)$ と，前期に予期しなかった在庫の変化分 $I_r(t)$ との和で，(10-6)式と(10-7)式の和として求められます。すなわち，

(10-8)　　$I_t = I_a(t) + I_r(t)$
　　　　　　$= (1+v)bY_{t-1} - (1+v)bY_{t-2}$

です。さて，今期の総生産は今期に期待される販売量 $C_t = bY_{t-1}$，今期の在庫投資 I_t，および今期の独立投資 v_0 の和として，次式のように表現されます。すなわち，

(10-9)　　$Y_t = C_t + I_t + v_0$
　　　　　　$= (2+v)bY_{t-1} - (1+v)bY_{t-2} + v_0$

です。Y が安定的な振動をするための条件は次の特性方程式，

(10-10)　　$x^2 - b(2+v)x + b(1+v) = 0$

の虚根の絶対値が1より小さくなることです。このような条件は限界消費性向と加速度係数が比較的小さいときに，たとえば，$b=0.5$，$v=0.5$ のとき，満たされます。逆に，限界消費性向と加速度係数が比較的大きい場合には，たとえば，$b=0.6$，$v=1$ のときには，根の絶対値は1より大きくなり，Y は振動しつつ発散します。つまり，体系は不安定になります。後者の係数の場合，サムエルソンのモデルでは体系は安定的ですが，メッツラーの在庫循環モデルでは，意図しなかった在庫の減少が追加されているため，不安定になります。

―――――――――― 練習問題10-1 ――――――――――

次の文章中の下線部に適切な語句を記入しなさい。

1　サムエルソンの乗数・加速係数モデルでは，消費は前期の国内総生産の　①　（b）倍で，投資は今期の消費と　②　の消費の差の一定倍，すなわち，　③　（v）倍の水準に決まる。比較的大きな限界消費性向，たとえば，$b=0.6$，と比較的大きな加速度係数，たとえば，$v=2$の場合には体系は　④　で，政府支出の増加の結果，国内総生産は振動しつつ次第に発散する。他方，限界消費性向と加速度係数が比較的小さい場合，たとえば，それぞれ$b=0.5$，$v=1$の場合には，体系は安定的で，国内総生産は振動しつつ次第に　⑤　する。

2　メッツラーの在庫循環モデルでは加速度原理が　①　投資について適用される。在庫投資は2つの部分からなり，1つは今期に期待される販売量と前期に　②　された販売量との差の　③　倍で，いま1つは前期の意図しなかった在庫の　④　を調整するためのものである。

3．戦後日本の景気循環

　戦後の日本の景気循環は表10-1に示しますように，2000年11月現在，すでに12回を数えています。いわゆる高度成長期は1970年7月にピークを迎え，1971年12月を谷とするいざなぎ景気までで，この間の5回の景気循環の平均拡張期間は36.2か月，平均後退期間は10.2か月で，平均して，約3年の好景気と1年弱の後退期でした。この時期には，戦後の経済の建て直しに続いて，新技術を導入した設備投資が盛んに行われ，それに伴い，所得や消費も増加し，景気の拡張期が実現されました。

練習問題10-1の正答…1．①限界消費性向②前期③加速度係数（資本産出係数）④不安定⑤収束　2．①在庫②期待③加速度係数（資本産出係数）④減少(変化)

図10-3 民間企業設備投資／国内総生産の推移（名目値，年度）

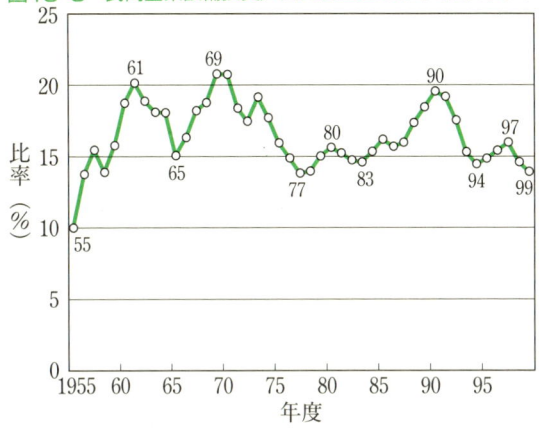

景気の拡張は，輸入の増加と輸出の伸びの低下をもたらし，経常収支を赤字化させ，これが引き金となって，国内金融が引き締められ，景気後退をもたらしました。高度成長期の設備投資の振幅は大幅でしたが，高水準の設備投資が，農村からの労働力移動を伴う，労働人口の増加に支えられて，年平均9.3%（1955～1971実質暦年）弱の高度成長をもたらしました。第7循環の第1次石油危機以降は低成長に移行し，景気拡張期の平均は32.3か月と短縮し，逆に，景気後退期の平均は22.3か月と長期化しました。この間の平均成長率は3.1%（1972～1999実質暦年）に低下しました。特に，第11循環のいわゆるバブル崩壊後の景気後退期以降は経済成長は低迷し，第12循環の景気後退期には単なる成長率の鈍化ではなしに，実質値でのマイナス成長が2年連続するという深刻な不況を経験しています。

これらの景気循環を通して，民間設備投資・ＧＤＰ比率のピークの間隔を見ますと，図10-3と表10-2に示しますように，8年，11年，10年，7年となっており，ジュグラー循環が日本でも観測されています（篠原三代平著『戦後50年の景気循環』日本経済新聞社，1994年，27～29頁参照）。

表10-1 戦後の景気循環の日付

景気または不況の名称	谷	山	谷	拡張期間(か月)	後退期間(か月)	全期間(か月)
	西暦	西暦	西暦			
1. 朝鮮戦争ブーム	―	51.6	51.10	―	4	―
2. 投資・消費景気	51.10	54.1	54.11	27	10	37
3. 神武景気	54.11	57.6	58.6	31	12	43
4. 岩戸景気	58.6	61.12	62.10	42	10	52
5. オリンピック景気	62.10	64.10	65.10	24	12	36
6. いざなぎ景気	65.10	70.7	71.12	57	17	74
7. 列島改造ブーム(第1次石油危機不況)	71.12	73.11	75.3	23	16	39
8. ――――	75.3	77.1	77.10	22	9	31
9. 第2次石油危機不況	77.10	80.2	83.2	28	36	64
10. 円高不況	83.2	85.6	86.11	28	17	45
11. 平成景気	86.11 (86)	91.2	93.10	51	32	83
12. 平成不況(2)	93.10	97.4	99.4	42	24	66

表10-2 民間設備投資・国内総生産比率(名目値,年度)の谷と山

谷 (年度)	山 (年度)
1955	1961
1965	1969
1977	1980
1983	1990
1994	1997
1999	

(出所) 経済企画庁,長期系列データ

キーワード

▶ **キッチン・サイクル（キッチン循環）** 周期が約40か月の在庫循環。

▶ **ジュグラー・サイクル（ジュグラー循環）** 周期が約9〜10年の設備投資循環。

▶ **コンドラチェフ・サイクル（コンドラチェフ循環）** 周期が約50年前後の長期波動。産業革命，鉄道建設，電気・化学・自動車産業の成立など主要な技術革新によって生じるものとされる。

▶ **サムエルソンの乗数・加速度係数モデル** 今期の消費は前期の国内総生産の限界消費性向倍で，投資は今期の消費と前期の消費の差の加速度係数倍に決まるとする場合，均衡国内総生産の動学的性質は2階の定差方程式で表現される。限界消費性向と加速度係数が比較的小さい場合（例：$b=0.5$, $v=1$），体系は収束振動をし，両者の値が比較的大きい場合（$b=0.6$, $v=2$），体系は発散振動する。

▶ **メッツラーの在庫循環モデル** 乗数・加速度係数モデルを在庫投資に適用したもの。

●●●最近の実際問題●●●

No. 1　景気循環に関する次の記述のうち，妥当なものはどれか。(2年度国税専門官)
1　景気循環は，経済が拡張と収縮を繰り返すことであり，拡張の開始である谷と収縮の開始である山の間を一景気循環という。
2　ジュグラーの波とは，平均8～10年周期の循環であり主循環とも呼ばれる。主循環を引き起こす原因は主に在庫の投資サイクルに求められる。
3　景気循環の波として最も長い周期のものはキチンの波であり，その主原因は設備投資に求められる。
4　クズネッツは，建設投資を主原因とし3～4年の周期で見られる波動を発見し，建設循環と呼んだ。
5　50～60年の長期にわたる循環はコンドラチェフの波と呼ばれ，その主原因は技術革新に求められる。

●解説　1．一景気循環の周期は景気の谷から谷，または景気の山から山までで，景気の谷から景気の回復，好況，景気の山，不況をへて再び景気の谷に至るまでの過程で，一周期は景気のすべての局面を含みます。2．ジュグラー循環は主循環で9～10年の周期からなりますが，その原因は設備投資の更新と新規投資に求められます。3．キチン（キッチン）循環は在庫循環で平均40か月の周期の一番短い周期の景気循環です。4．クズネッツ循環は約20年周期の循環で米国での移民の流入と結びついた建設循環によって説明されています。5．正答。

正答　5

No. 2　次の文中の空欄A～Cに当てはまる語句の組合せとして，妥当なものはどれか。(11年度地方上級東京都)
(A)は平均約50年を周期とする景気の波であり，主として技術革新によって生じるとされている。
(B)は，約9～10年を周期とする景気の波であり，主循環

とも呼ばれ，設備投資の変動によって生じるとされている。
（ C ）は，約40か月を周期とする景気の波であり，小循環とも呼ばれ，在庫投資の変動によって生じるとされている。

	A	B	C
1	クズネッツの波	ジュグラーの波	キチンの波
2	クズネッツの波	キチンの波	ジュグラーの波
3	コンドラチェフの波	クズネッツの波	ジュグラーの波
4	コンドラチェフの波	ジュグラーの波	キチンの波
5	コンドラチェフの波	キチンの波	ジュグラーの波

●解説　137〜141頁およびNo. 1参照。
A：コンドラチェフの波は平均約50年を周期とする景気の波で，主として技術革新によって生じるものとされます。B：ジュグラーの波は約9〜10年を周期とする景気の波で，設備投資の変動によって生じるものとされます。C：キチンの波は40か月を周期とする景気の波で，在庫投資の変動によって生じるものとされます。なお，クズネッツの波は約20年を周期とする景気の波で，主として建造物の更新によって生じるものとされます。

正答　4

はじめて学ぶマクロ経済学

第11話 IS曲線とは

　ケインジアンのマクロ・モデルで財市場と貨幣市場との同時均衡を考えるモデルは IS-LM モデルと呼ばれています。投資 I (Investment) と貯蓄 S (Saving) とが等しくなることが財市場の均衡条件で、そのような利子率と実質国内総生産との組合せを示す曲線が *IS 曲線* と呼ばれています。他方、貨幣市場の均衡条件を満たす利子率と実質国内総生産との組合せを示す曲線は *LM 曲線* と呼ばれています。L は流動性 (Liquidity) を表し、M は貨幣供給量 (Money Supply) を表します。ここでは財市場の均衡条件を満たす IS 曲線について検討します。

1. 単純な投資関数と総独立支出関数

　投資を左右する種々の要因の中で、特に利子率を貨幣市場の状況を表す代表的な変数として取り出して、単純な投資関数を考えます。計画された実質投資は次のような利子率の減少関数です。すなわち、

(11-1)　$I_p = I_0 - \alpha r$

です。ただし、I_p は計画された実質投資 (planned Investment)、

投資 − 貯蓄曲線

r は名目利子率です。名目利子率＝実質利子率＋期待インフレ率の関係がありますが，物価水準が一定で，期待インフレ率がゼロの場合には名目利子率と実質利子率とは等しくなります。I_0（$I_0>0$）は利子率の水準のいかんにかかわらず実行される独立投資，α（$\alpha>0$）は利子率が１％上昇したときに計画された投資がどれだけ減少するかを示す係数です。ここで「計画された」投資を問題にするのは在庫投資は市場の状況に左右されて必ずしも結果的には計画されたとおりに実現されるとは限らないからです。均衡実質国内総生産は「計画された」投資が実際に実現されるような実質国内総生産になります。第８〜９話で検討しましたように，企業が投資をする場合，その資金源の多くを銀行からの借入れや，証券市場での資金調達に依存しています。市場利子率が高い場合には利子の返済のために多額の支払いをしなければなりませんので，高い利潤の見込まれる投資だけが実行され，投資は減少します。したがって，(11-1)式のように，計画された投資は利子率の減少関数になります。

(11-1)式は，次式のように書き直すことができます。すなわち，

図11-1 単純な投資関数と単純な総独立支出関数

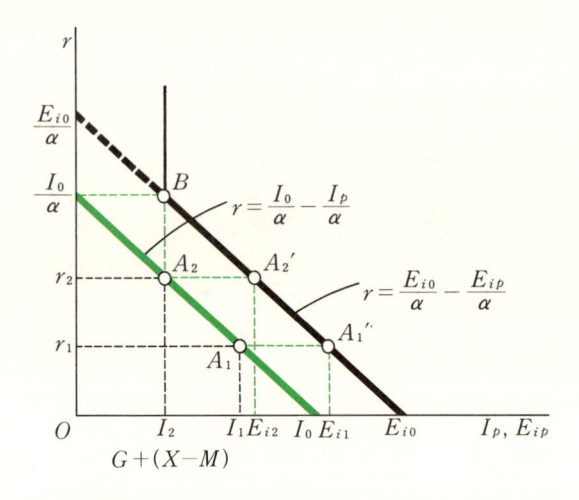

$$(11\text{-}1)' \quad r = \frac{I_0}{\alpha} - \frac{I_p}{\alpha}$$

です。このグラフは I_p を横軸に、r を縦軸にとった場合、図11-1の内側の右下がりの直線のように描けます。投資関数上の A_1 点に対応する縦軸座標は r_1、横軸座標は I_1 ですが、これは利子率が r_1 のときには計画された投資額は I_1 になることを示しています。同様に、A_2 点の座標は (I_2, r_2) ですが、これは利子率が r_2 のときには計画された投資額は I_2 になるということを示しています。利子率が r_1 から r_2 へ上昇した場合、投資額は I_1 から I_2 へ減少します。すなわち、投資額は利子率の減少関数になっています。

さて、(11-1) 式は国内総生産 Y とは独立になっていますが、簡単化して考える場合には、総需要項目のうち、消費 C 以外の政府支出 G、および純輸出 $X-M$（輸出 X －輸入 M）も国内総生産から独立であると考えられます。これらの項目の和 $I_p + G + (X-M)$ は国内総生産から独立であるという意味で総独立

支出と呼ばれます。さて,政府支出Gと純輸出$(X-M)$は利子率からも独立で,それらの水準は利子率の水準に左右されないものと単純化して考えることができます。そうしますと,計画された総独立支出E_{ip}(planned independent Expenditure)は次式のように表現されます。すなわち,

(11-2) $\quad E_{ip} = I_p + G + (X-M)$
$\qquad\qquad = I_0 - \alpha r + G + (X-M) = E_{i0} - \alpha r$

です。ただし,$E_{i0} = I_0 + G + (X-M)$で,利子率から独立な総独立支出を表します。(11-2)式を書き直しますと,

(11-2)′ $\quad r = \dfrac{E_{i0}}{\alpha} - \dfrac{E_{ip}}{\alpha}$

となります。これは,横軸に総独立支出E_{ip}をとった場合,横軸の切片がE_{i0},縦軸の切片がE_{i0}/αの,図11-1の外側の右下がりの直線のようなグラフになります。直線の傾きは$-1/\alpha$で(11-1)′と同じです。$E_{i0} - I_0 = G + (X-M)$ですので,計画された総独立支出関数(11-2)′式は計画された投資関数(11-1)′式を右側に$G + (X-M)$だけ平行移動した直線になっています。$r = \dfrac{I_0}{\alpha}$のとき$I_p = 0$で,$E_{ip} = G + (X-M)$になります。$r > \dfrac{I_0}{\alpha}$のときにも$I_p = 0$,$E_{ip} = G + (X-M)$ですので,総独立支出関数はB点から垂線になります。総独立支出関数上のA_1'点からA_2'点への移動に示されますように,利子率がr_1からr_2へ上昇するとき総独立支出はE_{i1}からE_{i2}へ減少しますが,この減少はすべて計画された投資の減少によっています。政府支出Gと純輸出$(X-M)$は不変です。

図11-2 総貯蓄関数

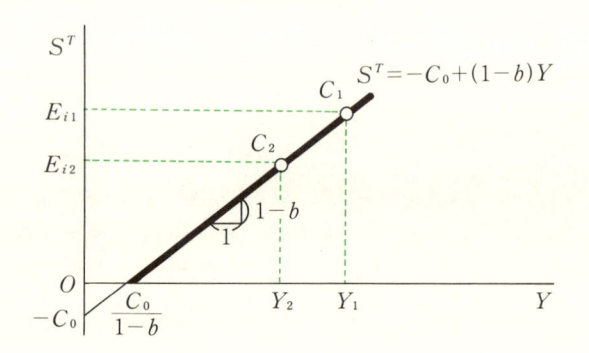

2. IS曲線の導出

さて、財市場の均衡は財の総供給と計画された総需要とが等しいときに成立します。すなわち、財市場の均衡条件は、

(11-3) $Y = E_p$

と書けます。ただし、Y は財の実質供給額、E_p は財の計画された実質需要額です（第4話参照）。この関係は両辺からそれぞれ家計等の消費 C を差し引いた場合、左辺は総貯蓄 S^T になり、右辺は計画された総独立支出 E_{ip} になり、財市場の均衡条件は次式のように書き直すことができます。すなわち、

(11-4) $S^T = E_{ip}$

です。ただし、S^T は総貯蓄で次式のように書けます。すなわち、

(11-5) $S^T = Y - C = -C_0 + (1-b)Y$

です。ただし、$C_0 = a - bT$ で、消費関数 $C = a + bY_d$ に $Y_d = Y - T$ を代入した式を (11-5) 式の右辺に代入して求められます。ただし、$T = T_g + S_c - R_f$ で、政府純租税 T_g と企業総貯蓄 S_c の和から海外からの純要素所得等 R_f を引いたもので

図11-3 IS曲線とそのシフト

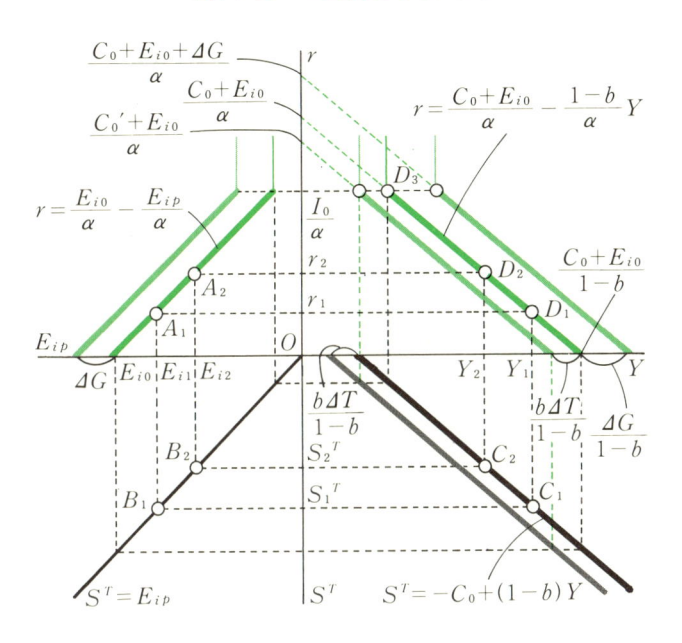

す。(11-5)式は図11-2のように描けます。他方，計画された総独立支出 E_{ip} は(11-2)式より $E_{ip}=E_{i0}-\alpha r$ です。したがって，(11-4)式は次式のように書き直すことができます。すなわち，

(11-6) $\quad -C_0+(1-b)Y = E_{i0}-\alpha r$

です。(11-6)式は財市場が均衡するような国内総生産 Y と利子率 r との関係を示しており，いわゆるIS曲線を表現しています。(11-6)式を r が Y の関数として表現される式に書き直しますと，次式のようになります。すなわち，

(11-7) $\quad r = \dfrac{1}{\alpha}(C_0+E_{i0})-\dfrac{1-b}{\alpha}Y$

です。r を縦軸，Y を横軸とする図11-3の第1象限のようなグラフを描きますと，縦軸切片が $(1/\alpha)(C_0+E_{i0})$，横軸切

片が$(C_0+E_{i0})/(1-b)$,直線の傾きが$-(1-b)/\alpha$の右下がりの真中の直線になります。

この図は計画された総独立支出関数E_{ip}と総貯蓄関数S^Tから以下のように作図によって求めることができます。図11-3の第2象限に計画された総独立支出関数E_{ip}を原点から左向きにとります。そうしますと,図11-1のグラフを縦軸を中心にして左側に180度回転したグラフが得られます。第3象限には原点からの45度線を左斜め下方向に描きます。縦軸の原点から下方向へとった軸上に総貯蓄をとりますと,第3象限の45度線は計画された総独立支出E_{ip}=総貯蓄S^Tという財市場均衡条件を表現するものになります。第4象限には総貯蓄関数を下向きに描きます。図11-2のグラフを横軸を中心にして180度下方向に回転したグラフになります。(11-7)式を満たす利子率と国内総生産は次のようにして求められます。すなわち,計画された総独立支出関数上のA_1点$(E_{i1},\ r_1)$から垂線を下ろし,第3象限の45度線との交点をB_1とします。B_1点から水平線を右方向に引いて縦軸との交点の目盛をS_1^Tとします。45度線の性格から$S_1^T=E_{i1}$となっています。B_1点からの水平線をさらに延ばして第4象限の総貯蓄関数との交点をC_1とします。C_1点から垂線を上方に上げて横軸との交点の目盛をY_1とします。第2象限のA_1点からの水平線とY_1から上に上げた垂線との交点をD_1点としますと,D_1点は(11-7)式を満たす点になり,IS曲線上の点になります。というのも,D_1点の利子率r_1と国内総生産Y_1は財市場の均衡条件,$S^T=E_{ip}$を満たしているからです。

同様に,第2象限の計画された総独立支出関数上にA_2 (E_{i2},r_2)点をとります。A_2点から垂線を下ろし,第3象限の45度線との交点をB_2点とします。B_2点から水平線を引いて縦軸との交点の座標をS_2^Tとしますと,$S_2^T=E_{i2}$となっています。B_2点からの水平線をさらに延ばして第4象限の総貯蓄

関数との交点をC_2とします。C_2から垂線を上方に上げて横軸との交点の座標をY_2とします。Y_2からさらに上方に上げた垂線とA_2点からの水平線との交点をD_2点としますと，$D_2(Y_2, r_2)$点は財市場の均衡を満たす利子率と国内総生産との別の組合せを示す点になっています。ですから，D_2点も(11-7)式を満たす点になります。D_1点とD_2点を結ぶ直線が(11-7)式のIS曲線になります。ただし，この直線上のD_3点は

$$Y=\frac{C_0+G+(X-M)}{1-b}$$

のときのIS曲線上の点ですが，

このときには(11-5)式から総貯蓄は$G+(X-M)$で，したがって(11-4)式から計画された総独立支出も$G+(X-M)$で，利子率は(11-2)式からI_0/αになります(図11-1および図11-3の第2象限参照)。

利子率が$r>(I_0/\alpha)$の場合，図11-1からもわかりますように，それに対応する計画された総独立支出はすべて$G+(X-M)$になりますから，財市場の均衡条件を満たす総貯蓄は$G+(X-M)$になり，$Y=[C_0+G+(X-M)]/(1-b)$になります。したがって，$r>(I_0/\alpha)$の場合，(Y, r)の組合せを示す点はD_3から上に延ばした垂線上になります。ただ，通常これらの点が問題になることはありませんので，図では細い実線で表示してあります。

3. IS曲線のシフト

いま、総独立支出のうち、投資以外の部分、たとえば、政府支出が、利子率のいかんにかかわらず、Gから$G+\Delta G$へΔGだけ増加したとします。そうしますと、図11-3の第2象限に示しますように、計画された総独立支出関数の横軸切片はE_{i0}から$E_{i0}+\Delta G$へΔGだけ増加します。図11-3の第1象限に示しますように、IS曲線の横軸切片は$(C_0+E_{i0}+\Delta G)/(1-b)$へ$\Delta G/(1-b)$だけ右方にシフトします。政府支出が$\Delta G$だけ増加した場合、IS曲線は右方にその乗数[$1/(1-b)$]倍だけシフトするわけです。これは単純なケインジアン・モデルでの乗数効果に等しくなっています。純輸出の変化$\Delta(X-M)$の場合もまったく同じで、IS曲線のシフトの幅は$\Delta(X-M)/(1-b)$になります。

政府純租税等Tは一定で国内総生産の額に依存しないものと仮定されていますが、この一定額が減税によりTから$T+\Delta T$へΔTだけ増加したものとします。その他の条件はすべて不変で、政府支出も不変だと仮定します。つまり、増税分はたとえば、対外経済援助として、発展途上国に無償供与されるものと考えます。$C_0=a-bT$ですが、これが$C_0'=a-b(T+\Delta T)$へ変化しますので、その変化の幅は$C_0'-C_0=-b\Delta T$になります。この場合には計画された総独立支出関数には変化がなく、総貯蓄関数が左方に$b\Delta T/(1-b)$だけシフトします。その結果、IS曲線の横軸切片は$(C_0'+E_{i0})/(1-b)$に$b\Delta T/(1-b)$だけ左方にシフトします。増税は財政政策の効果としては政府支出の削減と同様の効果を持ちますが、IS曲線に及ぼす効果は同額の政府支出の削減($\Delta G=\Delta T$)より小さなものになります。これは増税分ΔTのうちの$(1-b)$の部分、すなわち$(1-b)\Delta T$は家計の貯蓄の削減によって賄われるため、独立消費の減少は増税分ΔTのb倍、$b\Delta T$に限定さ

れるためです［$\Delta T-(1-b)\Delta T=b\Delta T$］。つまり，増税の場合のシフトの幅は同額の政府支出の減少の場合のシフト幅 $\Delta G/(1-b)$ の $b(<1)$ 倍になります。逆に，減税の場合には，IS 曲線は右方にシフトします。

練習問題11-1

次の文章中の下線部に適切な語句を記入しなさい。

1 政府支出が ΔG だけ増加したとき，IS 曲線は右方に ① だけシフトする。シフト幅は単純なケインジアン・モデルの ② の増加分に等しい。

2 政府が ΔT だけ増税したとき，IS 曲線は ① 方に ② だけシフトする。シフト幅が同額の政府支出の削減の場合より小さいのは，増税分のうちの一部は ③ の削減によって賄われるからである。

練習問題11-1の正答… 1. ①$\Delta G/(1-b)$ ②国内総生産 2. ①左 ②$b\Delta T/(1-b)$ ③貯蓄

> キーワード

▶ **単純な投資関数** 投資は利子率が上昇すれば減少することを示す関数。

▶ **総独立支出関数** 計画された総独立支出は利子率の減少関数であることを示す関数。

▶ **IS 曲線** 財市場を均衡させる利子率と実質国内総生産の組合せを示す曲線。

▶ **IS 曲線のシフト** 政府支出や純輸出の独立支出の増加は IS 曲線をその増加の乗数 $[1/(1-b)]$ 倍だけ右方にシフトさせる。増税はその $b/(1-b)$ 倍だけ左方にシフトさせる。

はじめて学ぶマクロ経済学

第12話
貨幣はなぜ需要されるか

日常生活ではお金がなければ，電車にも乗れず，昼食も食べることができず，本当に途方に暮れてしまいます。ただ，お金の使い道はいろいろですから，人々が手許にお金を置く理由にはいくつかのものがあります。以下ではこの点を検討します。

1．貨幣とは？

貨幣は「誰でもが受容する支払手段」と定義されます。ですから，商品を販売する店では商品と交換に貨幣を受け取ってくれます。また，われわれも所得を貨幣で受け取ります。このように定義された貨幣は次のような3つの機能を果たしています。すなわち，第1は価値の蓄蔵手段としての機能です。われわれが所得を貨幣で受け取るのは貨幣で受け取っても，貨幣を使うまでの間，貨幣価値が維持されているという確信があるからです。もし，その間に貨幣の価値が減価して，使うときには貨幣の価値がなくなったり，大幅に減価しているようだと，誰も貨幣では所得を受け取らなくなるかもしれません。貨幣が誰にでも受容される支払手段として機能するためには，貨幣価値

蓄蔵，支払，価値尺度

が維持されていなければなりません。また，貨幣を蓄えることによって，将来の購買力を増加させることができなければなりません。第2の機能は**支払手段**としての機能で，それによって貨幣は商品流通の仲介者として機能し，商品流通を促進します。第3の機能は**価値尺度**としての機能で，たとえば，円とかドルのように，貨幣は価値の計算単位として機能します。マルクス（Karl Marx, 1818〜83）は19世紀に『資本論』において資本主義の経済法則を分析しましたが，その中で，貨幣の価値尺度の機能に単なる計算単位以上の意味を込めています。すなわち，商品生産は個々人が無政府的にばらばらに行いますが，貨幣によって商品が購入されることは社会とは独立に行われていた生産活動が社会によって認知されることを意味している，貨幣が商品の価値を尺度するというのはこのような深い意味においてであるとしました。

　以上のような機能を持つ貨幣としてまず念頭に浮かぶのは現金，つまり，今日では銀行券や鋳貨（ちゅうか）ですが，このうち銀行外にあって公衆の手許にあるもの，すなわち，現金通貨（C）が貨幣の第1の構成要素です。支払手段として機能す

る貨幣にはさらに，要求払預金，すなわち，預金通貨（D）が含まれます。要求払預金とは預金者の要求があれば直ちに銀行が支払いに応じる預金のことです。個人の保有する普通預金，企業が保有しそれに基づいて小切手を発行する当座預金などが含まれます。個人の保有する普通預金は直接，電話代，家賃，ローンの返済，カードでの購入代金の決済などの支払手段として機能したり，いつでも現金化されて支払手段として使われる可能性があります。また，企業の保有する当座預金は利子がまったくつきませんが，企業はそれを基に小切手を振り出し，支払いにあてます。小切手そのものは記載されている金額を持参人に支払うようにという支払い指図証で，支払手段ではありません。支払手段になるのはあくまで当座預金です。その証拠に預金残高のない小切手は不渡りになり，支払手段としての機能を果たせません。公衆の手許にある現金残高（C）と要求払預金残高（D）の合計をマネーサプライ M_1 と呼んでいます。

M_1 に銀行の定期性預金，すなわち，準通貨（TD）ならびに譲渡可能預金証書 CD（Certificates of Deposit）を付け加えたものをマネーサプライ M_2+CD と呼んでいます。銀行の定期預金は1年とか2年とか期間を決めて預金をする場合で，普通預金よりは高い利子率が適用されていますが，この高い利子率を諦めるならいつでも引き出すことができます。CD は法人から銀行が大口の預金を集めるためのもので，1979年の導入当初より自由金利です。日本銀行では貨幣供給量の指標として M_1 よりは動きの安定している M_2+CD が重視されています。支払手段として機能する貨幣は M_1 ですが，価値の蓄蔵手段としては定期性預金が使われますので，上の3つの機能を兼ね備えた貨幣としては M_2+CD のほうが適格であるといえます。以下で貨幣に対する需要について検討しますが，そのときの貨幣は M_1 ないし M_2+CD を念頭に置いています。

2. 貨幣需要の動機

ケインズ (John Maynard Keynes, 1883～1946) は貨幣を**流動性** (Liquidity) としてとらえ，経済主体が貨幣を保有するのはこの流動性を需要するためであるとしました。そして，流動性需要の動機として3つのものを挙げています。第1の動機は**取引動機**で，個人や事業体の取引のための貨幣需要です。取引のために貨幣を保有する必要は所得の受取りと支払いの間にずれがあるために生じることです。もし，消費者が消費のための商品の購買をカードで行い，所得の受取日に同時に支払いを行うようになれば，取引動機のための貨幣残高はなくなります。しかし，現在ではそれほどカードが浸透しているわけでも，所得の受取りとカードの決済のタイミングが符合しているわけでもありません。所得を受け取ってから支払いにあてるまでの間，銀行預金か手許現金として保有されるのが常だといえます。このような貨幣のあり方は「購買力の仮の住まい」(temporary abode of purchasing power) と呼ばれています。

取引動機貨幣需要 L_1 は取引額または所得 Y に比例するものと考えられますから，

(12-1)　$L_1 = kY$

と書き表すことができます。ただし，k は比例定数です。図12-1のように L_1 を縦軸，Y を横軸にとった場合，取引動機貨幣需要関数は原点から放射状に出る右上がりの直線になります。所得が Y_0 のときには取引動機貨幣需要量は L_{10} で，所得が Y_1 に増加した場合には L_{11} に増加します。

第2の動機は**予備的動機**で，全資産の一定割合を現金で確保して安全に備えておきたいという願望によるものです。病気であるとか，突然，郷里に帰る必要が生じたとか，類まれな有利な購買の機会など，突発的な現金の必要性が生じることに備え

図12-1 取引動機貨幣需要

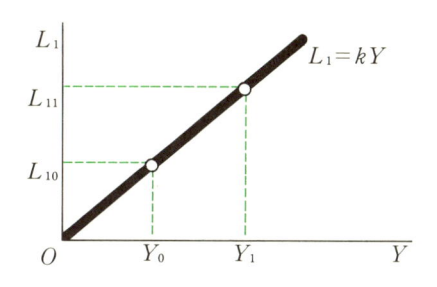

て，ある程度の貨幣を用意しておく必要があります。予備的動機貨幣需要 L_P は資産 A に比例すると考えられますが，ケインズは第1の取引動機貨幣需要と合算して所得に比例するものと考え，特別に関数形を考えることはしていません。

第3の動機は**投機的動機**で，ケインズの独特の流動性理論を特徴づけるものです。これは将来の状態について市場をよりよく知ることで利益を得ようとする目的で保有される貨幣です。市場利子率（利回り）が低下した場合，つまり，一定の額面に対して一定の利子（クーポン利子）を支払う債券の価格が上昇した場合，個人の将来に対する見方が市場の見方と違って，債券価格は将来低下すると考えるとしますと，いまのうちから債券を売却して貨幣で資産を保有することになるでしょう。イギリスでは償還のない永久国債が発行され，市場で流通していました。これは，たとえば，100円の額面に対して5円の利子を支払うという約束で政府が永久に借金をし続けるものです。市場利子率が4％になった場合，クーポン利子の5円が4％になるように債券の価格が決まります。つまり，5/0.04＝125円になります。このようなとき，ある個人が将来は市場利子率が上昇すると考えますと，これは債券価格が将来低下することを意味し，いまのうちから資本損失（capital loss）を避けるために，債券を売却して貨幣に変換しておくでしょう。そのため貨幣保有

が増加します。逆に,市場利子率が上昇した場合,つまり,債券価格が,たとえば80円に低下して,市場利子率が5/80＝6.25％に上昇した場合には,将来の債券価格の上昇,つまり,資本利得（capital gain）が見込めますので,貨幣保有を減らして債券保有を増やすことになります。ですから,**投機的動機貨幣需要**は市場利子率の減少関数になります。ただし,ケインズは利子率には歴史的に与えられた下限があると考え,利子率がこの下限に近づいたときには,誰でもが債券価格が上限に近づいたと考えて,債券よりは貨幣で保有しようとしますので,投機的動機貨幣需要量が増加し,貨幣需要の利子率弾力性は無限大に近づくものと考えました。このような状況は**流動性のわな**（liquidity trap）と呼ばれています。

投機的動機貨幣需要 L_2 は市場利子率 r の減少関数ですので,一般的には,次式のように定式化できます。すなわち,

(12-2)　　$L_2 = L_2(r)$

です。ただし,右辺の $L_2(\cdot)$ は関数形を表し, r の関数であることを一般的な形で示すものです。利子率が低下したときに貨幣需要量は増加しますので, L_2 の微分係数 L_2' は負です。利子率が下限に近づくにつれて投機的貨幣需要の弾力性が無限になるという流動性のわなの性格は漸近線を持つ双曲線によって表現されますので,(12-2)式はより特定化した形で次式のように表現することができます。すなわち,

(12-3)　　$L_2 = l_0 + \dfrac{l_1}{r - r_a}$

です。ただし, l_0 と l_1 はそれぞれ正の数で,定数項と係数です。右辺の分母の r_a は利子率の下限で,利子率 r が r_a に近づくにつれて分母は限りなくゼロに近づきますので,右辺の値は限りなく大きくなります。いま, r を縦軸に, L_2 を横軸にとったグラフを描いてみますと,図12-2のようになります。利子率の下限 $r = r_a$ が横の漸近線となり, r が無限大になったとき

図12-2　投機的動機貨幣需要

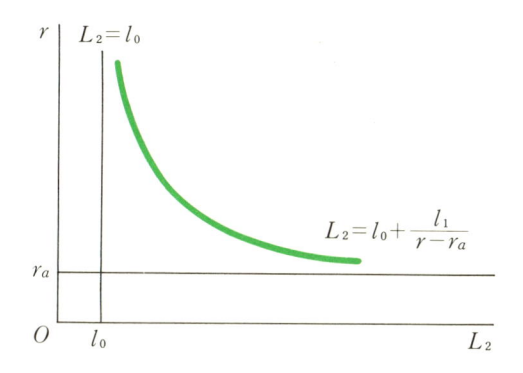

のL₂の値，$L_2 = l_0$が縦の漸近線になります。(12-3) 式はこの2本の漸近線を持つ，原点に凸の双曲線になります。

取引動機貨幣需要と投機的動機貨幣需要とがそれぞれ互いに独立な場合には総貨幣需要量Lは両者の合計として，次式のように書き表せます。すなわち，

$$(12\text{-}4) \quad L = L_1(Y) + L_2(r)$$
$$= kY + l_0 + \frac{l_1}{r - r_a}$$

詳しくは次の第13話で検討しますが，この貨幣需要量が金融政策当局によって決められる貨幣供給量と等しいとき，貨幣市場の均衡が実現します。

3. 貨幣数量説と資産選択理論

ケインズ以前に支配的であった古典的な貨幣数量説は貨幣供給数量に比例して物価水準が決まるという説で，生産水準は完全雇用の下で一定水準に決まっており，変化しないという考え方です。この関係は，フィッシャー (Irving Fisher, 1867〜1947) のいわゆる次の交換方程式で表現されます。すなわち，

(12-5)　$MV = PY$

です。ただし、M は貨幣供給量、V は貨幣の所得流通速度で、制度や慣習が与えられている場合には一定です。(12-5)式は数量方程式とも呼ばれます。P は物価水準、Y は完全雇用の下での実質生産量で、実質国内総生産です。貨幣の所得流通速度 V は、1単位の貨幣が何単位の所得を取り持つかを示します。これは制度や慣習が与えられている場合にはあまり変化しませんので、一定と考えます。また Y も一定の資源、人口、および技術水準が与えられた場合には一定です。そうしますと、貨幣供給量 M が増加した場合には物価水準 P が比例的に変化することになります。したがって、古典的な貨幣数量説では貨幣需要という観点は希薄です。

本来、(12-5)の交換方程式の右辺は総取引金額を表し、左辺はその貨幣による表現です。交換方程式は交換の際に生じる取引を売り手の側（右辺）と買い手の側（左辺）とから見た関係を表現するにすぎません。ですから、交換方程式は取引の際に生じる恒等的な関係です。これを式で表現しますと、次式のようになります。

(12-6)　$MV' = PT$

です。ただし、T は総取引量で、V' は貨幣の流通速度です。総取引量と実質国内総生産の間に一定の比例的な関係がある場合には、(12-6)式は(12-5)式のように書き直すことができるわけです。

マーシャル（Alfred Marshall, 1842〜1924）は交換方程式の両辺を V で割って得られる右辺を貨幣需要として明示しました。すなわち、

(12-7)　$M = (1/V)PY = kPY$

です。ただし、$k = (1/V)$ で、マーシャルの k と呼ばれています。貨幣需要量 M は物価水準（物価上昇率ではありません）と所得の増加関数になります。

ケインズは，貨幣需要の3つの動機をあげて，取引動機貨幣需要は所得の増加関数，投機的動機貨幣需要は利子率の減少関数としましたが，その後の貨幣需要の定式化では，ケインズの理論を補完するような2通りの定式化が行われました。第1は，在庫理論アプローチで，ボーモル（W.J.Baumol, 1922～　）やトービン（James Tobin）によるもので，取引動機貨幣需要も利子率の減少関数になることを示したものです。これは経済主体が貨幣保有の費用を最小化する場合，なるべく債券に投資して利子を獲得するため，利子率が高ければ高いほど手元の取引動機貨幣需要量を減らすためです。第2は，資産選択の一環として流動性選好を考えるアプローチで，トービンにより，考察されました。投資家は，資産選択にあたり，収益が保証されているという意味で安全な資産と，証券価格が変動するため投資額が回収できない可能性を含めて，得られる収益が変動するという意味で危険な証券との組合せ，いいかえれば，ポートフォリオ（保有資産の組合せ）をどのように組むか，という問題に直面しています。危険を回避することを好む投資家は，収益率が低くても危険の少ない資産を保有し，危険を恐れず，高い収益を求める投資家は，収益の変動（分散）は高くても，平均的には高い収益を得られる資産保有の割合を高めます。預金利子をもたらす貨幣保有は，このようなポートフォリオの一環として，その保有割合を決められます。資産需要の一環としての貨幣需要は一般的な表現で，次式のようになります。すなわち，

$L_a = L_a(\pi, \sigma_\pi)$

です。ただし，L_a は資産保有の一環としての貨幣需要，π は証券保有で得られる収益率，σ_π はその標準偏差です。

―――――― 実例演習12-1 ――――――
　貨幣需要に関する記述として妥当なものは，次のうちのどれか。（10年度地方上級東京都）

1　貨幣数量説によれば，貨幣の需要は，国民所得に基本的に依存するとされ，貨幣需要曲線の傾きの逆数であるマーシャルの k は，分母を国民所得，分子を貨幣の流通速度として得られる。

2　ケインズによる予備的動機に基づく貨幣需要は，将来の予期しない支払いに備えて，貨幣を保有しようとすることにより生じ，利子率が低下すればするほど減少し，利子率が高くなればなるほど増加する。

3　ケインズによる投機的動機に基づく貨幣需要は，証券の将来価格の予想の下に貨幣を保有しようとすることにより生じ，利子率の高さに変わりなく，所得が大きくなれば増大し，所得が小さくなれば減少する。

4　流動性選好説における流動性のわなとは，利子率が極めて低い水準になると人々は債券の保有よりも現金を保有することを選ぶので，貨幣需要の利子弾力性が無限に大きくなることをいう。

5　流動性選好説においては，債券価格が下落しているとき，利子率を i，利子率の上昇を $\varDelta i$ とすると，資産を貨幣形態ではなく債券形態で保有して損をしないための条件は $\varDelta i > i^2 + i \varDelta i$ で示されている。

●解説　**1．** 貨幣数量説によれば $MV=PY$ です。ただし，M＝マネーサプライ，V＝貨幣の所得流通速度，P＝物価水準，Y＝国民所得です。これより，マーシャルは貨幣需要を $M=(1/V)PY$ と書き，所得に比例するものとしました。貨幣の所得流通速度の逆数 $1/V$ はマーシャルの k と呼ばれています。定義により，$k=M/PY$ です。分母は国民所得，分子はマネーサプライです。**2．** ケインズは予備的動機の貨幣需要は「全資産の一定割合の現金を将来も確保しておきたいという願望」により保有されるもので，取引動機の貨幣需要に含めて扱

われます。**3．** ケインズの投機的動機貨幣需要は「将来の状態について市場よりよく知ることで利益を得ようとする目的」によるものです。利子率の低下は債券価格の上昇を意味し，将来の債券価格の下落を予想させるものになり，貨幣需要を増加させます。所得には依存しないものと考えられています。**4．** 歴史的に与えられていると考えられた利子率の下限では，債券価格の将来の下落が多くの人によって予想されますので，債券保有から貨幣保有への無限のシフトが生じ，貨幣需要の大きさは無限になります。いいかえると，貨幣需要の利子率弾力性は無限になります。正答。**5．** 債券価格が低下しているときは利子率は上昇しています。資産を貨幣形態で保有する状態と比較して，債券に投資して損をしないための条件は，債券保有によって得られる利子率と利子率の上昇による債券価格の下落によるキャピタルロス率との和が負にならないことです。いま，債券保有者に対して永遠に支払われる利子を d としますと，債券価格は $P=d/i$ になります。利子率が Δi だけ上昇したとき，債券価格 P' は $d/(i+\Delta i)$ に低下します。キャピタルロス率は $(P'-P)/P=[d/(i+\Delta i)]/(d/i)-1=i/(i+\Delta i)-1$ になります。したがって，債券保有の収益率が負にならない条件は次式のようになります。すなわち，

$$i + i/(i+\Delta i) - 1 \geq 0$$

です。1を右辺に移項して，分母を払いますと，

$$i(i+\Delta i) + i > (i+\Delta i)$$

となります。これより，

$$i^2/(1-i) > \Delta i$$

となります。たとえば，$i=0.05$ のとき，利子率の許される上昇幅は $0.05^2/0.95=0.0026$，つまり，0.26％未満になります。利子率が低水準にある場合には，損をしない利子率の上昇幅は極めて小さいものになることがわかります。

正答　4

キーワード

▶ **貨幣の3つの機能** 蓄蔵手段,支払手段,および価値尺度。

▶ **取引動機貨幣需要** 取引のための貨幣需要で,所得に比例する。$L_1 = kY$

▶ **投機的動機貨幣需要** 将来の状態について市場をよりよく知ることによって利益を得ようとすることから生じる貨幣需要で,利子率の減少関数。利子率の下限でこの貨幣需要は無限大となり,いわゆる流動性のわなが生じる。

$$L_2 = l_0 + \frac{l_1}{r - r_a}$$

▶ **貨幣需要に対する在庫理論アプローチ** ボーモルやトービンは,経済主体が貨幣保有の費用を最小化するため,取引動機貨幣需要も利子率の減少関数になることを示した理論。

▶ **資産選択理論** 投資家のリスクに対する態度の差により,安全資産としての貨幣と,収益が変動する危険な証券との組合せ,いいかえれば,ポートフォリオ(保有資産の組合せ)も変わることを示した理論。

$$L_a = L_a(\pi, \sigma_\pi)$$

ただし,L_aは資産保有の一環としての貨幣需要,πは証券保有で得られる収益率,σ_πはその標準偏差。

はじめて学ぶマクロ経済学

第13話 貨幣乗数と信用創造

　第12話では，貨幣がどのような理由で需要されるかについて検討しましたが，今話では貨幣がどのように供給されるかについて検討します。貨幣供給は中央銀行がどのような金融政策を採用するかによって大きく左右されます。というのも，銀行が企業や消費者に対して提供する貸出の大小は金融政策のあり方に左右されるからです。銀行貸出の大小は銀行預金の大小，現金通貨の大小に影響を及ぼし，したがって，両者の和として定義される貨幣供給量に影響を及ぼします。以下では，まず，中央銀行が直接管理できる中央銀行貨幣と貨幣供給量との関係を検討したうえで，次いで，この関係がどのような貸出の連鎖を前提としているかについて検討します。

1. 貨幣乗数

　第12話で検討しましたように，貨幣供給量にはマネーサプライ M_1 と M_2+CD とがあります。M_1 は公衆の手許にある銀行券や鋳貨からなる現金通貨 C と要求払預金 D（普通預金や企業の保有する当座預金など）である預金通貨とから成り立ってい

ます。他方，M_2+CDはM_1に銀行における定期性預金をさす準通貨TDと譲渡可能預金証書CDとを加えたものです。ここではマネーサプライM_2+CDを考え，預金Dはより広範囲の預金（預金通貨，準通貨，およびCD）を含むものとします。すなわち，

(13-1) $M = C + D$

です。ところで，マネーサプライは金融政策当局が直接コントロールできるものではありません。金融政策当局が直接コントロールできると考えられているものは市中銀行が保有する**銀行準備R**（bank Reserve）と公衆の保有する現金通貨C（Cash）です。銀行準備は市中銀行が日本銀行に保有している預金である日銀預け金RBJ（Reserve at the Bank of Japan）と市中銀行が手許の金庫に保有する現金V（Vault cash）から成り立っています。すなわち，

(13-2) $R = RBJ + V$

です。市中銀行は預金残高に対して一定割合（**法定準備率l_r**）の法定準備を保有することを義務づけられています。日本では日銀預け金だけが法定準備として認められていますが，米国では市中銀行の手許現金も準備の中に含められています。ここでは，市中銀行は日銀預け金と預金の支払い準備としての手許現金の合計額，すなわち，銀行準備が預金残高に対して一定割合になるように保有するものと仮定します。

銀行準備Rと公衆の保有する現金通貨Cの和は**基礎貨幣**（base money, monetary base）ないし**ハイパワード・マネーH**（High powered money）と呼ばれています。すなわち，

(13-3) $H = R + C$

です。マネーサプライMとハイパワード・マネーHの比率は**貨幣乗数m**（money multiplier）と呼ばれています。すなわち，

(13-4) $m = \dfrac{M}{H}$

ハイパワード・マネーによる信用創造

です。いま, (13-4)式に(13-1)式と(13-3)式の関係を代入して変形しますと, 次式のようになります。すなわち,

$$(13\text{-}5) \quad m = \frac{C+D}{R+C}$$

〔分子・分母をDで割って〕

$$= \frac{\frac{C}{D}+1}{\frac{R}{D}+\frac{C}{D}} = \frac{h+1}{v+h}$$

です。ただし, $h = C/D$で公衆の保有する現金・預金比率, $v = R/D$で銀行の保有する銀行準備・預金比率（広義の準備率）です。公衆が保有する現金と預金の比率が一定の制度や慣習の枠組の中で固定していると考え, また, 銀行が預金残高に対して保有する法定準備と手許の支払い準備の合計額の割合が固定しているものと考えますと, (13-5)式の貨幣乗数の値は一定で固定されることになります。(13-4)式を書き直しますと,

$$(13\text{-}4)' \quad M = mH = \frac{h+1}{v+h}H$$

第13話　貨幣乗数と信用創造

表13-1　貨幣乗数の変化

v	0.017	0.026	0.017
h	0.084	0.084	0.067
m	10.7	9.85	12.7

となりますので,ハイパワード・マネーHを中央銀行が一定の水準に制御できれば,貨幣乗数mが一定の場合にはマネーサプライMも制御できることになります。

平成12年5月末現在の日本では,公衆の保有する現金通貨とより広義の預金との比率は,およそ1:11.9で,$h=1/11.9$≒0.084になります。また,広義の預金に対する準備預金の割合は0.9%,銀行が手許に保有する支払い準備の割合は0.8%です。合計した銀行準備の割合は1.7%になります。仮に,$h=0.084$,$v=0.017$とした場合,$m=(0.084+1)/(0.017+0.084)=10.7$になります。ハイパワード・マネー$H$の約11倍の$M_2+CD$が供給されることになります。

銀行準備の比率が法定準備率の引上げなどで,高まる場合には,(13-5)式の分母の値が大きくなりますので,貨幣乗数の値は低下します。表13-1に示しますように,$v=0.026$[53%増加],$h=0.084$の場合には,$m=9.85$[8%減]に低下します。また,公衆が保有する現金の割合がクレジット・カードの普及などにより低下する場合には,分子と分母の値の両方が減少しますが,分母の減少の割合のほうが大きいので,貨幣乗数の値は大きくなります。表13-1に示しますように,$h=0.067$[2割減],$v=0.017$の場合には,貨幣乗数は$m=12.7$[19%増]に上昇します。

実例演習13-1

ある経済において,法定準備率が0.2であり,市中銀行は超過準備を保有せず,公衆は預金通貨のみを保有すると仮定する。このとき,ハイパワード・マネーが50兆円であ

るとすると，貨幣供給はいくらになるか。(11年度国家Ⅱ種)

1 10兆円　**2** 40兆円　**3** 75兆円
4 125兆円　**5** 250兆円

●**解説**　貨幣乗数はマネーサプライとハイパワード・マネーの比率で，マネーサプライMは現金通貨Cと預金通貨Dの和です。したがって，$M=C+D$と書けます。また，ハイパワード・マネーHは現金通貨Cと預金準備Rの和で，$H=C+R$と書けます。貨幣乗数mは$M/H=(C+D)/(C+R)=(C/D+1)/(C/D+R/D)$と書けます。今，この問題では公衆は現金通貨を保有しませんので，$C=0$です。また，市中銀行は法定準備以外の超過準備を保有しませんので，$R/D=0.2$となります。これらの値を貨幣乗数mの式に代入しますと，

$m=1/0.2=5$

と求められます。$M=mH$になりますので，50兆円のハイパワード・マネーが供給されたとき，供給されるマネーサプライMは$50\times5=250$兆円になります。

正答　5

2．信用創造と信用乗数

前節で検討しました貨幣乗数は，実は銀行の預金受入れと，その中の一部を準備として残してその他の部分を貸し出すことによって生じる信用創造の過程を前提しています。いま，銀行の法定準備と支払い準備を含めた銀行準備保有比率はvで一定だとします。銀行は受け入れた預金Dに対してvDの準備を保有し，残りの$(1-v)D$を貸出に回すことができます。他方，公衆は銀行から借り入れた資金を現金と預金の割合が$h:1$になるように，つまり，借入額の$h/(h+1)$を現金で，$1/$

（$h+1$）を預金で保有するものと仮定します。いま，中央銀行が市中銀行Aから国債を購入することによって市中銀行AにH単位の銀行準備を供給したとします。市中銀行AはこのH部分については準備を保有する必要がありません。というのも，Hは預金として受け入れたわけではなく中央銀行から国債の販売代金として入手したもので，市中銀行Aが自由に処分できるものだからです。市中銀行Aはしたがって，Hの全額について企業Xへの貸出にあてるものとします。貸出を受けた企業Xはそのうち$h/(h+1)$，すなわち，$[h/(h+1)]H$を現金で，$1/(h+1)$，すなわち，$[1/(h+1)]H$を預金で保有します。企業Xは現金と預金を取引先の企業Yへの支払いにあてるでしょう。企業Yも現金と預金を$h：1$の割合で保有しますので，自らの取引銀行である市中銀行Bへ$[1/(h+1)]H$の預金を入れることになります。市中銀行Bにとってはこの預金はまったく新規の預金で自らの貸出によって創造された預金とは違います。このように公衆が市中銀行に対して当該市中銀行からの貸出に基づかずに行う預金のことを<u>本源的預金</u>と呼んでいます。

そこで，市中銀行Bはそのうちv倍の準備，すなわち，$[v/(h+1)]H$を銀行準備として手許に残し，残りの$[(1-v)/(h+1)]H$を再び自行の顧客である企業Zに貸し出します。企業Zはこのうち$h/(h+1)$を，すなわち，$[(1-v)h/(h+1)^2]H$を現金で保有します。また，$1/(h+1)$を，すなわち，$[(1-v)/(h+1)^2]H$を預金で保有します。企業Zはこの現金と預金を取引先の企業Sに対して支払います。企業Sは取引銀行である市中銀行Cに$[(1-v)/(h+1)^2]H$の預金を本源的預金として預金します。市中銀行Cはこのうち$[v(1-v)/(h+1)^2]H$を銀行準備として保有し，残りの$[(1-v)^2/(h+1)^2]H$を顧客企業Tに新たに貸し出します。企業Tはこのうち$[(1-v)^2h/(h+1)^3]H$を現金と

表13-2　信用創造過程

	銀行準備	貸出額	現金保有額	預金保有額
〔1〕	(H)	H	$\dfrac{h}{h+1}H$	$\dfrac{1}{h+1}H$
〔2〕	$\dfrac{v}{h+1}H$	$\dfrac{1-v}{h+1}H$	$\dfrac{(1-v)h}{(h+1)^2}H$	$\dfrac{(1-v)}{(h+1)^2}H$
〔3〕	$\dfrac{v(1-v)}{(h+1)^2}H$	$\dfrac{(1-v)^2}{(h+1)^2}H$	$\dfrac{(1-v)^2 h}{(h+1)^3}H$	$\dfrac{(1-v)^2}{(h+1)^3}H$
〔4〕	$\dfrac{v(1-v)^2}{(h+1)^3}H$	$\dfrac{(1-v)^3}{(h+1)^3}H$	$\dfrac{(1-v)^3 h}{(h+1)^4}H$	$\dfrac{(1-v)^3}{(h+1)^4}H$
	⋮	⋮	⋮	⋮
〔5〕	$\dfrac{\dfrac{v}{h+1}H}{1-\dfrac{1-v}{h+1}}$ $=\dfrac{v}{h+v}H$	$\dfrac{H}{1-\dfrac{1-v}{h+1}}$ $=\dfrac{h+1}{h+v}H$	$\dfrac{\dfrac{h}{h+1}H}{1-\dfrac{1-v}{h+1}}$ $=\dfrac{h}{h+v}H$	$\dfrac{\dfrac{1}{h+1}H}{1-\dfrac{1-v}{h+1}}$ $=\dfrac{1}{h+v}H$

ハイパワード・マネー $\boldsymbol{H}=\dfrac{v}{h+v}H+\dfrac{h}{h+v}H=H$

マネーサプライ $\boldsymbol{M}=\dfrac{h}{h+v}H+\dfrac{1}{h+v}H=\dfrac{h+1}{h+v}H=mH$

して保有し，$[(1-v)^2/(h+1)^3]H$を預金として保有します。

このような過程は無限に続きますが，全体の過程は表13-2のようにまとめられます。表13-2の各列を縦に見ていきますと，上の波及過程で形成される銀行準備，貸出額，現金保有額，および預金保有額の数列ができます。まず，銀行準備の残高が全体でいくらになるかを検討してみます。〔1〕行目のHは最初に中央銀行によって市中銀行Aに国債の代金として支払われた金額で全額貸出に回されましたので，銀行準備残高としては残っていません。ですから，銀行準備の数列の初項は〔2〕行目の$[v/(h+1)]H$になります。〔3〕行目の第2項は初項に$(1-v)/(h+1)$の公比を掛け合わせた値で，〔4〕行目の第

3項は第2項にさらに同じ公比を掛け合わせたものになっています。この数列の和は，初項/（1－公比）として求められますので，〔5〕行目に示されていますように，$[v/(h+v)]H$になります。第2列目の貸出額について見ますと，初項はH，公比$(1-v)/(h+1)$の数列になっています。貸出額の総和は〔5〕行目に示されていますように，$[(h+1)/(h+v)]H$になります。現金保有額は初項が$[h/(h+1)]H$，公比$(1-v)/(h+1)$の数列になっています。その総和は$[h/(h+v)]H$になります。同様に，預金保有額は初項が$[1/(h+1)]H$，公比$(1-v)/(h+1)$の数列になっています。その総和は$[1/(h+v)]H$になります。結局，中央銀行によるHの銀行準備の供給によって，銀行貸出額は新たに$[(h+1)/(h+v)]H$増加し，これが現金保有額$[h/(h+v)]H$と預金保有額$[1/(h+v)]H$に$h:1$の割合で分割されて保有されることになります。ハイパワード・マネーは銀行準備と現金通貨の和ですから，$[v/(h+v)]H+[h/(h+v)]H=H$になります。中央銀行が供給した銀行準備に等しいハイパワード・マネーが供給されています。他方，マネーサプライMは現金残高と預金残高の合計ですから，貸出額に等しい$[(h+1)/(h+v)]H$だけ増加しています。この関係は次式のようになります。すなわち，

$$M=\frac{h+1}{h+v}H$$

です。これは（13-4）′式と同じものです。この場合の乗数$(h+1)/(h+v)$を**信用乗数**と呼んでいますが，これは貨幣乗数と同じものになっています。第1節でマネーサプライとハイパワード・マネーの比率として導出された貨幣乗数は，実は，銀行制度の全体を通じた信用創造の過程を前提していることになります。信用創造の過程とは中央銀行が市中銀行に対して供給した銀行準備がその何倍もの銀行貸出を創造し，同額の

マネーサプライを新たに創造する過程をさしています。

ただし、この過程では次のような3つの事情に注意する必要があります。第1に、銀行の貸出に対して企業がそのまま応じることが前提されています。企業がどの程度銀行信用に依存するかは産業の状況に依存していて、景気の悪いときには企業は生産拡大をしても売れる見込みが立ちませんから銀行からの借入を増やそうとはしないかもしれません。このような場合には、上の連鎖は部分的にしか成立しません。第2に、一定期間には上の無限の連鎖の一部だけが実現できますので、一定期間に実現する信用乗数はより小さくなります。第3に、公衆の現金・預金比率や銀行が保有する銀行準備の比率は市場利子率の減少関数で、市場利子率が低いときには現金保有や銀行準備保有の機会費用が低下しますので、これらの保有比率が高まります。その結果、信用乗数は低下します。

実例演習13-2

マネーサプライに関する次の記述のうち、妥当なものはどれか。(8年度国家Ⅱ種)

1　わが国において、マネーサプライの表す標準的指標として用いられているものは M_2+CD であるが、これは現金通貨(流通通貨)、流動性預金などの預金通貨、定期性預金などの準通貨に郵便貯金、信託商品を加えたものである。

2　ハイパワード・マネーとは、中央銀行が直接コントロールできるといわれる全貨幣量のことであり、民間銀行が保有する現金残高に等しい。

3　公開市場操作を通じて、中央銀行が国債などの買いオペレーションを行った場合には、マネーサプライは減少する。

4　民間銀行は、受け入れた預金の一定割合を準備金として中央銀行に預金しなければならないが、この割合を引

下げると，民間銀行は資金運用の拡大を図り，マネーサプライは増加する。
5　公定歩合を引き下げた場合には，預金金利の上昇を通じてマネーサプライの増加に寄与する。

●解説　1．マネーサプライ M_2+CD には郵便貯金や信託商品は含まれません。2．ハイパワード・マネーは現金通貨と銀行準備の和です。民間銀行が保有する現金残高は銀行準備の一部にすぎません。3．公開市場操作は中央銀行がハイパワード・マネーの供給量を操作するために，国債などを市場で売買することで，国債を購入することを買いオペレーションといい，この場合には買いつける国債の替わりに，ハイパワード・マネーが民間に供給されます。したがって，金融は緩和されます。反対に，国債などを公開市場で売却する場合には民間からハイパワード・マネーが吸収され，貨幣供給量は減少します。4．日本では法定準備は日本銀行に預けた預金額（無利子）です。この民間銀行が公衆から預かる預金額に対して保有することを義務づけられている日本銀行預け金の割合を法定準備率といいます。法定準備率が引き下げられますと，民間銀行は貸出に回せる割合が増加しますので，信用創造の過程を経てマネーサプライは増加し，金融は緩和します。正答。5．公定歩合は民間銀行が中央銀行から借り入れる短期資金の基準金利のことで，公定歩合が引き下げられますと，民間銀行にとっては，資金の調達コストが低下しますので，貸出金利や預金金利も引き下げられ，金融は緩和します。預金金利が引き上げられるわけではありません。公定歩合は中央銀行の金融政策のスタンスを表す中心的な指標で，公定歩合の引下げは金融緩和を，公定歩合の引上げは金融引締めを意味します。

正答　4

キーワード

▶ **ハイパワード・マネー** 現金通貨 C と銀行準備 R の和，$H = C + R$

▶ **貨幣乗数** ハイパワード・マネーに対するマネーサプライの比率。$m = M/H = (C+D)/(R+C) = (h+1)/(v+h)$。ただし，$h = C/D$ で現金・預金比率，$v = R/D$ で銀行準備・預金比率（広義の準備率）。

▶ **信用創造** 市中銀行が中央銀行から与えられた銀行準備に対してその貨幣乗数（信用乗数）倍のマネーサプライを創造すること。

●●●最近の実際問題●●●

No. 1 ある月における通貨当局勘定の負債欄を見ると、現金通貨発行高が53.3兆円であり、預金通貨銀行預り金が3.8兆円であった。また、同じ月の預金通貨銀行の資産欄を見ると、現金・日銀預り金が8.3兆円であり、その負債欄を見ると、預金通貨が145.4兆円、準通貨＋CDが401.3兆円であった。この月のM_2+CDで測った通貨乗数の値として最も近いものはどれか。(11年度国家Ⅰ種経済)

  1　9.5 　　 2　10.4 　　 3　11.1
  4　11.8 　　5　12.2

●解説　通貨当局勘定と預金通貨銀行勘定の貸借対照表は次表のようになっています。

通貨当局勘定

資　産	負　債
	現金通貨発行高　　　53.3兆円
	預金通貨銀行預り金　3.8兆円

預金通貨銀行勘定

資　産	負　債	
現金・日銀預り金 8.3兆円	預金通貨	145.4兆円
	準通貨＋CD	401.3兆円

　通貨乗数は、マネーサプライM_2+CDとハイパワード・マネーHとの比率です。マネーサプライM_2+CDは公衆の保有する現金通貨Cと預金通貨D、すなわち、要求払い預金と準通貨＋$CD(TD+CD)$の和です。公衆の保有する現金通貨は日本銀行の負債勘定に示される現金通貨発行高53.3兆円のうち、預金通貨銀行に預金払戻のための手許準備金として保有されている部分以外の部分になります。預金通貨銀行の保有する手許現金VCは預金通貨銀行勘定の資産欄の現金・日銀預り金から通貨当局勘定の預金通貨銀行預り金RBJを引いた額(8.3－3.8＝4.5兆円)にな

186

ります。そこで，公衆の保有する現金通貨 C は $53.3-4.5=48.8$ 兆円と求められます。したがって，マネーサプライ M_2+CD は次式のように求められます。すなわち，

$M_2+CD = C+D+TD+CD$
$= 48.8+145.4+401.3 = 595.5$ 兆円

他方，ハイパワード・マネー H は公衆の保有する現金通貨と預金通貨銀行の保有する銀行準備との和です。預金通貨銀行の保有する銀行準備は日銀預け金と手許現金の和ですから，預金通貨銀行の資産欄の現金・日銀預り金の額8.3兆円になります。そこで，

$H = C+RBJ+VC$
$= 48.8+8.3 = 57.1$

したがって，貨幣乗数 m は

$m = M_2+CD/H = 595.5/57.1 = 10.4$

と求められます。

正答　2

> **No.2** ある国の市中金融機関において，現金準備率を20％と仮定する。預金が100億円増加したとき，この預金の増分に対して銀行組織全体が新たに創造することができる預金総額（信用創造の量）はいくらか。**（10年度国税専門官）**
>
> **1**　20億円　　**2**　120億円　　**3**　200億円
> **4**　400億円　　**5**　800億円

●**解説**　公衆の現金保有比率が明示されていませんので，公衆は現金を保有せず，すべて預金の形で貨幣を保有するものとします。いま，ある銀行に預金が100億円新たに預金されたとき，この銀行はそのうち20％，20億円を現金準備として保有して，残りの80％，80億円を貸付に回すことができます。貸付を受けた企業は同額を支払いにあて，支払いを受けた企業は自社の取引銀行に預金します。同銀行はこの80億円のうち，20％，16億円を現金準備として残して，残りの64億円（＝80×0.8）を新たな貸付として別の企業に貸し付けます。この企業は同額を支払いにあて，支

払いを受けた企業は同額を自社の取引銀行に預金します。同銀行はこの64億円の20％，12.8億円を現金準備として手元に置いて，残りの51.2億円（＝$80×0.8^2$）を新たな貸付にあてます。このような貸付と預金の連鎖の結果，新たに創造される預金総額は次の等比級数により求められます。すなわち，

$\Delta D = 80 + 80×0.8 + 80×0.8^2 + 80×0.8^3 + \cdots\cdots$
　　　$= 80/(1-0.8) = 80/0.2 = 400$

です。つまり，初項が80，公比0.8の無限等比級数です。第2項は初項の0.8倍，第3項は第2項の0.8倍と続く数列の和になります。上式の2行目は1行目の式を辺々0.8倍して，第1行目の式から差し引いて，ΔDについて整理すると求められます。

正答　4

はじめて学ぶマクロ経済学
第14話
LM曲線とは

　第12話と第13話の2話にわたって，貨幣の需要と供給とについて検討してきました。貨幣市場が均衡するためには貨幣の需要量と供給量とがちょうど等しくならなければなりません。そのような需給の均衡はどのような場合に達成されるのでしょうか。今話ではこの点について検討します。

1. *LM* 曲線

　*LM*曲線とは貨幣市場での貨幣の需要量と供給量とを均衡させるような利子率と実質国内総生産の組合せを示す曲線です。ただし，以下では一般物価水準は一定で，貨幣の需要と供給は一般物価水準で名目貨幣量を割った実質量を表すものとします。第12話で検討しましたように，貨幣需要は主に取引動機貨幣需要L_1と投機的動機貨幣需要L_2とから成り立っています。取引動機貨幣需要L_1は実質国内総生産（実質国民所得）Yに比例しますので，$L_1=kY$と定式化されます。ただし，kは比例定数です。また投機的動機貨幣需要L_2は利子率rの減少関数で，$L_2=l_0+l_1/(r-r_a)$ と定式化されます。ただ

流動性−貨幣曲線

し，l_0，l_1，および r_a はそれぞれ正の定数です。したがって，両者を合計した全体の貨幣需要は $L = L_1 + L_2 = kY + l_0 + l_1/(r - r_a)$ と書けます。実質国内総生産 Y が増加すれば取引のための貨幣需要量が増加し，また，利子率 r が上昇すれば，債券価格が低下するために，貨幣よりは将来の価格の上昇が見込める債券の形で資産を保有しようとする人が増えますので，投機的動機のための貨幣需要量が減少します。つまり，全体の貨幣需要は実質国内総生産の増加関数で，利子率の減少関数です。

他方，貨幣供給量 M は中央銀行によって与えられるハイパワード・マネー H，すなわち，現金通貨 C と銀行準備 R との和の貨幣乗数 $m [=(h+1)/(h+v)]$ 倍の水準に決まります。ただし，h は公衆の保有する現金の預金に対する比率，v は銀行の保有する準備の預金に対する比率（広義の準備率）です。これらの比率が一定であれば，中央銀行はハイパワード・マネー H の水準を決めることによって，その m 倍の水準に全体の貨幣供給量（現金 C と預金 D の和）を決めることができます。もちろん，貨幣乗数は現金預金比率 h や準備預金比率 v が変化

すれば，変化しますが，ここでは単純化するために，これらの比率は一定で，中央銀行は貨幣供給量Mを自由に望む水準（たとえば，$M=M_0$）に設定できるものと仮定します。

さて，貨幣の需要量と供給量とが等しいという均衡条件は次式で書き表せます。すなわち，

$$(14\text{-}1) \quad M_0 = L = L_1 + L_2 = kY + l_0 + \frac{l_1}{r - r_a}$$

です。貨幣供給量M_0は中央銀行が設定した定数ですから，(14-1)式は国内総生産Yと利子率rとの関係を示す式になります。(14-1)式を満たすYとrは貨幣市場の均衡を実現する国内総生産と利子率の組合せになります。Yが増加するとき(14-1)式の右辺の第1項，取引動機貨幣需要量は増加しますので，第2項の投機的動機貨幣需要量は減少する，つまり，利子率は上昇する必要があります。そうでなければ，両者の和を一定M_0に保つことはできないからです。いいかえますと，貨幣供給量が一定の場合，国内総生産の増加による取引動機貨幣需要量の増加は投機的動機貨幣需要量の減少によって賄われなければなりません。いま，横軸に実質国内総生産Y，縦軸に利子率rをとったグラフに図示するために，(14-1)式を$r = f(Y)$の形の式に書き直しますと，

$$(14\text{-}2) \quad r = r_a + \frac{l_1}{M_0 - kY - l_0}$$

となります。Yが増加するとき，(14-2)式の右辺の第2項の分母の値は小さくなりますから，第2項の値は大きくなり，rの値も大きくなります。(14-2)式のグラフは図14-1の第1象限に実線で示しますように，右上がりの曲線になります。これがLM曲線です。縦軸との切片の値は$Y=0$を代入して，$r = r_a + l_1/(M_0 - l_0)$と求められます。また，(14-2)式の右辺の第2項の分母をゼロと置いて，$Y = (M_0 - l_0)/k$が漸近線になります。

図14-1　LM曲線の導出とLM曲線のシフト

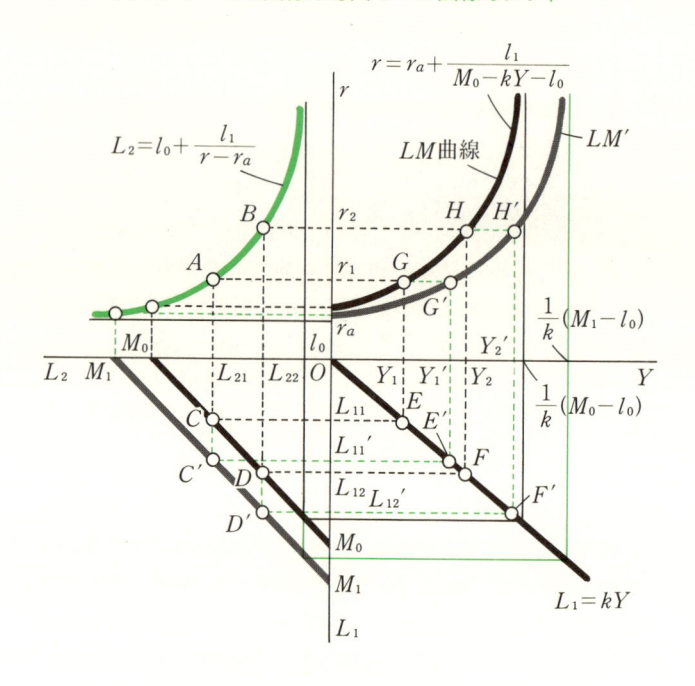

さて、LM曲線は図解によって導出することもできます。図14-1の第2象限に投機的動機貨幣需要L_2のグラフを描きます。縦軸は利子率で、横軸には貨幣需要L_2を原点から左方向に目盛ります。投機的動機貨幣需要曲線L_2は縦軸のr_aと横軸のl_0を漸近線とする双曲線になります。利子率がr_1のときの投機的動機貨幣需要量は、縦軸のr_1点から縦軸に垂直な水平線を引いてL_2曲線との交点Aから横軸に垂線を垂らした足元の目盛L_{21}になります。第3象限には貨幣供給を図示します。貨幣供給量はM_0で一定ですから、原点から横軸の左方向と縦軸の下方向にM_0をとり、両点を結びます。右下がりの45度の傾きの斜線ができますが、これが貨幣供給を表す直線になります。いま、L_{21}が投機的動機貨幣需要に利用されるとき、貨幣

供給量のうち残っていて取引動機貨幣需要に利用可能なのは M_0 のうち残りの部分で、これは L_{21} から垂線を下ろして45度線との交点 C から直角に曲がって縦軸と交わる点の目盛 L_{11} になります。というのも直角二等辺三角形の性格から $M_0 - L_{11} = L_{21}$ だからです。

　第4象限には取引動機貨幣需要関数 L_1 が下向きに描かれています。原点から右側の横軸に実質国内総生産をとり、縦軸には原点から下向きに取引動機貨幣需要量が増加するように目盛ってあります。L_1 は実質国内総生産 Y に比例しますので、L_1 直線は原点から出る放射線になります。k は横軸から測った傾きになります。たとえば、国内総生産が Y_1 のときの取引動機貨幣需要量は Y_1 から横軸の下方向に垂線を垂らして L_1 線との交点 E から横軸に水平な直線を引いて求められる縦軸との交点の目盛 L_{11} [$= k Y_1$] になります。逆に、取引動機貨幣需要に L_{11} だけが利用可能な場合には、それで実現可能な国内総生産は Y_1 になります。

　したがって、貨幣市場の均衡条件 $L = M_0$ を満たす、利子率と国内総生産の組合せの1つは (Y_1, r_1) で、第1象限の G 点になります。同様に、利子率が r_2 ($r_2 > r_1$) のときには、第2象限の B 点、第3象限の D 点、第4象限の F 点とたどって、第1象限の H 点 (Y_2, r_2) が貨幣市場の均衡条件を満たす別の点になります。

　このようにして得られる無数の点をつないで得られるのが LM 曲線になります。L_2 曲線の平らな流動性のわなに対応する部分では LM 曲線は比較的平らです。また、L_2 曲線の縦の漸近線 l_0 に対応する $Y = (M_0 - l_0) / k$ が LM 曲線の縦の漸近線になります。

練習問題14-1

次の文章中の下線部に適切な語句を記入しなさい。

1　LM曲線は貨幣市場の　①　を表す利子率と　②　の組合せを示す曲線である。貨幣市場の均衡とは貨幣需要量と　③　とが等しくなることである。

2　貨幣需要の全体は取引動機貨幣需要と　①　貨幣需要とからなる。貨幣供給量は中央銀行が　②　の水準を決めることにより，その貨幣乗数倍の水準に決まる。

3　利子率が上昇すると，投機的動機貨幣需要量は　①　するので，ある与えられた貨幣供給量のうち取引動機貨幣需要に利用できる貨幣量は　②　する。したがって，LM曲線上では利子率が上昇する場合，実質国内総生産は　③　する。

2．LM曲線のシフト

　LM曲線は貨幣需要量と貨幣供給量とを等しくするような利子率と実質国内総生産の組合せを示す曲線ですので，貨幣需要が変化したり，また，貨幣供給量が変化するとき，LM曲線もシフトします。まず，貨幣供給量が変化する場合を検討します。いま，中央銀行がこれまでの厳しい引締め政策を緩和するためにハイパワード・マネーの供給量を増加させ，貨幣供給量をM_0からM_1に増加させたとします。この場合にはLM曲線は右下方向にシフトします。というのも，(14-2)式の右辺の第2項のM_0がM_1（$M_1 > M_0$）に置き換わり，同一のYの値に対して，利子率rの値が以前より小さくなるからです。同じことは図14-1によって確かめることができます。いま，第3象限の45度線の横軸と縦軸の切片がM_0からM_1に移動します。利子率

練習問題14-1の正答…1．①均衡②実質国内総生産（国民所得）③貨幣供給量
　　　　　　　　　　2．①投機的動機②ハイパワード・マネー（ベース・マネー）
　　　　　　　　　　3．①減少②増加③増加

r_1, r_2に対応するL_2曲線上の点A, Bは変わりませんが、第3象限の45度線上の点はC', D'に移動します。貨幣供給量がM_1に増加していますので、投機的動機貨幣需要量が不変の場合、取引動機貨幣需要に利用できる貨幣量は以前より増加します。すなわち、L_{11}はL_{11}'へL_{12}はL_{12}'へ増加します。その結果、第4象限のL_1曲線上の対応する点はE', F'へ移動し、それらの点に対応する実質国内総生産はY_1', Y_2'へ増加します。そこで、第1象限のr_1, r_2と対になる実質国内総生産はY_1', Y_2'へ増加します。G, H点はG', H'点へシフトします。このようなことは種々の利子率について成り立ちますので、LM曲線全体がLM'へシフトします。逆に、中央銀行が金融を引き締める場合には貨幣供給量を減少させますので、第3象限の45度線はM_0より内側にシフトします。その結果、一定の利子率に対応する実質国内総生産は以前より減少し、LM曲線は全体に左上方にシフトします。

　貨幣需要が変化した場合にも、LM曲線はシフトします。いま、債券市場の将来の値上がりが当分見込めず、そのため、以前と同一の利子率の下でも、投機的動機貨幣需要が増加する場合を考えます。これは投機的動機貨幣需要L_2が$L_2 = l_0' + l_1/(r-r_a)$へ変化することを意味します（$l_0' > l_0$）。このとき、(14-2)式の右辺の第2項の分母のl_0がl_0'に増加しますので、分母全体の値は減少し、したがって、第2項の値は以前より大きくなります。ですから、以前と同一のYの値に対応するrの値は増加します。つまり、LM曲線は左上方にシフトします。この場合、図14-2に示しますように、第2象限のL_2曲線が原点より遠く左上方にシフトします。漸近線l_0がl_0'へ左に移動するわけです。貨幣供給量はM_0で以前のままですので、取引動機貨幣需要に利用できる貨幣量は以前より減少します。その結果、それに対応する国内総生産も以前より減少します。ですから、LM曲線はLM'へ左上方にシフトします。

図14-2 貨幣需要 r 関数のシフトによる LM 曲線のシフト

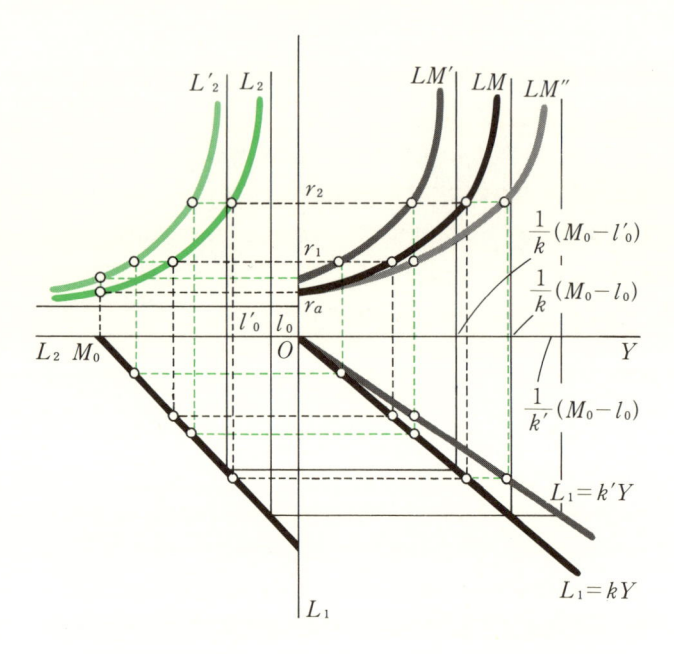

投機的動機貨幣需要はそのままで，取引動機貨幣需要がカード利用などの普及により減少する場合には $L_1 = kY$ の k の値が k' へ低下します（$k' < k$）。(14-2)式の右辺の第2項の分母の値が同一の Y の値に対して増加しますので，第2項の値は減少します。したがって，以前と同一の Y に対応する r の値は低下します。ですから，LM 曲線は右下方にシフトします。図14-2に示しますように，第4象限の L_1 直線の横軸からの傾きが以前より小さくなります。一定の利子率での投機的動機貨幣需要量は以前と変わりませんし，貨幣供給量も以前と同じ M_0 ですから，一定の利子率の下で取引動機貨幣需要に利用できる貨幣量にも変化はありません。しかし，以前と同じ取引動機貨幣量で実現できる実質国内総生産は以前より大きくなります。

ですから，(Y, r) の組合せを示す点は右方に移動し，LM曲線はLM''へ右下方にシフトします。

実例演習14-1

　LM曲線に関する次の記述のうち，妥当なものはどれか。（2年度国家Ⅱ種）

1　政府支出を増加させた場合，LM曲線の傾きが緩やかなほどクラウディング・アウトが生じやすい。
2　貨幣需要の利子弾力性が大きいほどLM曲線の傾きは急になる。
3　金融環境の変化が起こり人々の貨幣に対する需要が減少した場合，LM曲線は右下方にシフトする。
4　物価が上昇した場合，LM曲線は右下方にシフトする。
5　実質国民所得が増加した場合，LM曲線は右下方にシフトする。

●解説　**1．** 政府支出の増加は第11話で検討しましたように，IS曲線を右方にシフトさせます。すると，LM曲線とIS曲線との交点は右上方に移動します。そのため，貨幣市場と財市場を同時に均衡させる利子率と実質国内総生産の組合せを示す点は右上方に移動します。クラウディング・アウトとは利子率の上昇によって民間設備投資が押し退けられるため，政府支出の増加による乗数効果の一部は投資の減少の乗数効果によって相殺され，実質国内総生産の増加幅が利子率の上昇がない場合に比較して減少することをいいます。利子率の上昇はLM曲線の傾きが緩やかであるほど小さくなりますから，それだけクラウディング・アウトも小さくなります。この点に関する詳しい検討は第15話と第16話で行います。**2．** 貨幣需要の利子弾力性が大きい場合には図14-1の第2象限の投機的動機貨幣需要の傾きが緩やかになります。つまり，同一の利子率の変化率に対して投機的動機貨幣需要量がより大きい割合で変化するという

第14話　LM曲線とは

ことです。利子率が上昇した場合,より多くの貨幣量が投機的動機貨幣需要から解放されて取引動機貨幣需要に利用されますから,それによって実現できる実質国内総生産も大きくなります。ですから,LM曲線の傾きはより緩やかになります。**3.** 金融環境の変化により人々の貨幣需要が減少するというのは,投機的動機貨幣需要が図14-1の第2象限で右下方にシフトすることを意味します。その場合,同一の貨幣供給量の下で,以前より多くの貨幣が取引動機貨幣需要に利用できますので,それによって実現できる国内総生産も増加します。ですから,LM曲線は右下方にシフトします。取引動機貨幣需要が減少すると考えた場合もやはりLM曲線は右下方にシフトします。正答。**4.** 物価が上昇した場合,実質貨幣供給量は減少します(図14-1の第3象限の直線が原点側にシフトします)から,LM曲線は左上方にシフトします。**5.** 実質国民所得の増加はLM曲線をシフトさせず,利子率を上昇させ,一定のLM曲線上で均衡点を移動させます。

正答 3

> **キーワード**

▶ **LM 曲線** 貨幣市場での貨幣の需要量と供給量とを均衡させるような利子率と実質国内総生産の組合せを示す曲線。

▶ **LM 曲線のシフト** 貨幣供給量が増加するとき，投機的動機貨幣需要が減少するとき，または，取引動機貨幣需要が減少するとき，縦軸に利子率，横軸に実質国内総生産をとったグラフ上で LM 曲線は右下方にシフトする。逆に，貨幣供給量が減少するとき，投機的動機貨幣需要が増加するとき，または，取引動機貨幣需要が増加するとき，LM 曲線は左上方にシフトする。

はじめて学ぶマクロ経済学

第15話 IS-LM分析

　第14話ではLM曲線について検討しました。LM曲線とは貨幣市場の均衡をもたらす利子率と実質国内総生産の組合せを示す曲線です。第12話ではIS曲線について検討しました。IS曲線は財市場の均衡をもたらす利子率と実質国内総生産の組合せを示す曲線です。では，貨幣市場と財市場とを同時に均衡させるような利子率と実質国内総生産の組合せはどのようにして求められるのでしょうか。今話ではこの点について検討します。

1. IS-LMの同時均衡

　図15-1はIS曲線とLM曲線とを利子率を縦軸にとり，実質国内総生産を横軸にとった平面に一緒に示しています。IS曲線は財市場の均衡をもたらす利子率と実質国内総生産の組合せを示す右下がりの直線になっています。財市場の均衡は計画された総需要E_pが総供給Yと等しいときに実現します。あるいは，計画された総独立支出E_{ip}が総貯蓄S^Tに等しくなるとき実現します。第12話で検討しましたように，IS曲線は次式の

図15-1　IS-LMの同時均衡点と IS 曲線のシフト

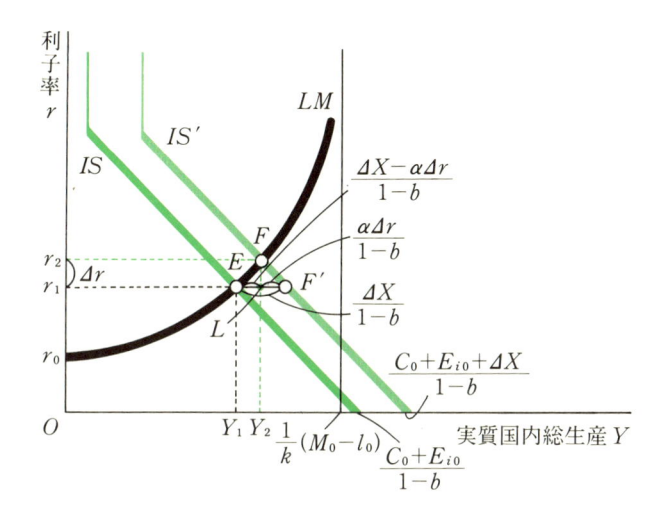

ように書けます。すなわち，

(15-1)　$r = \dfrac{C_0 + E_{i0}}{\alpha} - \dfrac{1-b}{\alpha} Y$

です。ただし，rは利子率，Yは実質国内総生産，C_0は消費のうち国内総生産Yに依存しない部分です。$C_0 = a - bT$ ($T = T_g + S_c - R_f$) で一定の課税額 T と企業総貯蓄 S_c が増加すれば，また海外からの純要素所得等 R_f が減少すれば，C_0 は減少します。また，家計の独立消費 a が増加すれば，C_0 も増加します。E_{i0} は総独立支出のうち利子率に依存しない部分で，$E_{i0} = I_0 + G + (X - M)$ です。ただし，I_0 は計画された投資のうち利子率に依存しない部分，G は政府支出，$(X - M)$ は輸出から輸入を引いた純輸出です。α は計画された投資関数 $I_p = I_0 - \alpha r$ の，利子率 r につく正の係数です。α の値が大きいとき，利子率の変化に対応する投資の変化も大きくなります。利子率が下がれば，採算に合う投資が増加しますの

第15話　IS-LM 分析

で，計画された投資 I_p が増加しますが，そのとき，増加した投資 ΔI_p に等しい総貯蓄の増加が実現されれば，財市場が均衡します。実は，このような均衡条件を満たすのが(15-1)式で，国内総生産の増加分は投資の増加分の乗数 $1/(1-b)$ 倍になります。したがって，(15-1)式に示されますように，利子率 r が下落するとき国内総生産 Y は増加し，(15-1)式は図15-1に示しますように右下がりの直線になります。

LM 曲線は第14話で検討しましたように，貨幣市場を均衡させる利子率と実質国内総生産の組合せを示す曲線です。貨幣市場が均衡するのは実質貨幣需要量と実質貨幣供給量とが等しくなる場合です。貨幣需要 L は取引動機貨幣需要 L_1 と投機的動機貨幣需要 L_2 の和です。取引動機貨幣需要 L_1 は実質国内総生産 Y に比例し，$L_1 = kY$ と書けます。他方，投機的動機貨幣需要 L_2 は利子率 r の減少関数で，かつ，利子率が低下し下限 r_a に近づくにつれて，投機的動機貨幣需要量は無限大になります。そこで，$L_2 = l_0 + l_1/(r - r_a)$ と書けます。ただし，l_0, l_1, r は正の定数です。実質貨幣供給量 M は中央銀行によって金融政策のあり方に応じて一定水準に設定されます。$M = L$ という貨幣市場の均衡条件から LM 曲線は次式のように求められます。すなわち，

(15-2) $$r = r_a + \frac{l_1}{M_0 - kY - l_0}$$

です。ただし，M_0 は実質貨幣供給量（名目貨幣供給量を物価水準で割ったもの）の一定の水準です。利子率 r が上昇するとき，債券価格は低下するため，将来の債券価格の上昇を見込んで債券保有が増加するため，投機的動機貨幣需要量 L_2 は減少します。そのため，一定の貨幣供給量 M_0 の下では，取引動機貨幣需要 L_1 のために利用できる貨幣量が増加します。その結果，国内総生産 Y も増加します。ですから，利子率 r の上昇には国内総生産 Y の増加が対応し，LM 曲線は右上がりの曲線に

なります。

　財市場を均衡させ，かつ，貨幣市場を均衡させる利子率と実質国内総生産の組合せは IS 曲線と LM 曲線との交点によって与えられます。その値は(15-1)式と(15-2)式を連立して解くことによって求められます。(15-1)式の左辺の r に(15-2)式の右辺を代入して，

$$(15\text{-}3) \quad r_a + \frac{l_1}{M_0 - kY - l_0} = \frac{C_0 + E_{i0}}{\alpha} - \frac{1-b}{\alpha}Y$$

となります。この式の分母を払って整理しますと，Y についての次のような2次式になります。すなわち，

$$(15\text{-}4) \quad AY^2 + BY + C = 0$$

です。ただし，

$$A = \frac{k(1-b)}{\alpha}$$

$$B = \frac{-(M_0 - l_0)(1-b)}{\alpha} - \frac{k(C_0 + E_{i0})}{\alpha} + kr_a$$

$$C = (M_0 - l_0)\left(\frac{C_0 + E_{i0}}{\alpha} - r_a\right) - l_1$$

です。

　この式を解けば，$Y = Y_1$，Y_4 の2つの解が求められますが，このうち，LM 曲線の漸近線 $Y = (M_0 - l_0)/k$ より小さい Y_1 が求める解になります。(15-1)式ないし(15-2)式に $Y = Y_1$ を代入して，$r = r_1 > r_a$ が求められます。$Y = Y_4$ に対応する r の値は r_a より小さい値になり，不適切な解になります。

実例演習15-1

　ある経済において生産物市場および貨幣市場では，次のような関係が成立しているとする。

　生産物市場：$Y = C + I$
　　　　　　　$C = 50 + 0.8Y$

> $I = 50 - 5r$
> 貨幣市場：$L = 0.2Y - 5r + 180$
> 〔Y：国民所得，C：消費，I：投資，r：利子率，L：実質貨幣需要〕
> 　実質貨幣供給量が150であったとすると，この経済における均衡国民所得はいくらになるか。ただし，価格水準は一定であるものとする。（2年度国家Ⅱ種）
>
> **1**　170　　**2**　175　　**3**　180
> **4**　185　　**5**　190

●解説　IS 曲線は $Y = C + I$ の式に $C = 50 + 0.8Y$ と $I = 50 - 5r$ をそれぞれ代入して求められます。$Y = 50 + 0.8Y + 50 - 5r$ を Y について解きますと，$0.2Y = 100 - 5r$ になり，両辺を0.2で割ると，

(15-5)　$Y = 500 - 25r$

となります。他方，LM曲線は貨幣需要 $L = M = 150$ と置いた式になります。すなわち，$150 = 0.2Y - 5r + 180$ です。これを整理すれば，$0.2Y = -30 + 5r$ になり，両辺を0.2で割って，

(15-6)　$Y = -150 + 25r$

となります。(15-5)式の Y に(15-6)式を代入して，$-150 + 25r = 500 - 25r$ となります。この式を r について解けば，$50r = 650$ より，$r = 13$ が求められます。$r = 13$ を(15-5)式の右辺に代入して，$Y = 500 - 25 \cdot 13 = 175$ が求められます。この問題では LM 曲線が直線ですので，解は1つだけです。

正答　2

2．IS曲線とLM曲線のシフト

　IS 曲線と LM 曲線の交点はそれぞれの曲線がシフトするとき移動します。その結果，財市場と貨幣市場の均衡を同時に満

たす利子率と実質国内総生産の組合せも変化します。第12話で検討しましたように，IS曲線は計画された総独立支出関数や貯蓄関数がシフトすれば，シフトします。いま，輸出Xが$X+\Delta X$へ増加したために純輸出がΔXだけ増加したとします。そうしますと，(15-1)式の$E_{i0}=I_0+G+(X-M)$は$E_{i0}'=I_0+G+(X+\Delta X-M)$へ増加します。その結果，IS曲線は図15-1に示しますように外側のIS'へシフトします。このときLM曲線との交点はE点からF点へ移動し，利子率はr_1からr_2へ上昇し，実質国内総生産はY_1からY_2へ増加します。IS曲線の横軸切片の値は$(C_0+E_{i0})/(1-b)$で，E_{i0}が$E_{i0}+\Delta X$へ増加した場合には横軸切片の値は$(C_0+E_{i0}+\Delta X)/(1-b)$へ$\Delta X$の乗数$1/(1-b)$倍，$\Delta X/(1-b)$［図15-1では$EF'$の幅］だけ増加します。つまり，IS曲線のシフトの幅は単純なケインジアン・モデルの場合における実質国内総生産の増加分になっています。

しかし，貨幣市場の均衡を同時に考慮に入れる場合には，実質国内総生産の増加に伴う取引動機貨幣需要量の増加を充足させる必要があります。貨幣供給量は一定であると仮定していますので，取引動機貨幣需要に必要な貨幣は投機的動機貨幣需要量が減少することによって調達されなければなりません。そのためには，利子率が上昇する必要があります。というのも，利子率が上昇すれば，固定利子付きの債券の価格は低下し，それに伴い，将来の債券価格の値上がり期待が膨らみ，貨幣から債券へのシフトが生じるために，投機的動機貨幣需要量は減少するからです。この減少分が取引動機貨幣需要に回されることになります。利子率がどれだけ上昇する必要があるかは投機的動機貨幣需要の形状と取引動機貨幣需要関数の係数kとに依存します。投機的動機貨幣需要が利子弾力的であればあるほど，利子率の上昇による投機的動機貨幣需要量の減少は大きくなりますから，利子率の上昇の程度は少なくてすみます。また，取引

動機貨幣需要の係数 k が小さければ小さいほど，実質国内総生産の増加に対応して必要となる取引動機貨幣需要量も少ないので，投機的動機貨幣需要から調達する必要のある貨幣量も少なくてすみ，したがって，利子率の上昇幅も少なくてすみます。いずれの場合にも LM 曲線の傾きが小さくなります。

いま，利子率の上昇幅を Δr としますと，投資関数は $I_1 = I_0 - \alpha r$ ですから，投資は減少し，その減少幅は $\Delta I = \alpha \Delta r$ になります。その結果，実質国内総生産はその乗数倍，つまり，$\alpha \Delta r / (1-b)$ だけ減少します。これは純輸出の増加がもたらす実質国内総生産の増加の副次的効果で，利子率の上昇によって，実質国内総生産の増加が圧縮されることになります。このことを**クラウディング・アウト**（crowding out）と呼んでいます。クラウディング・アウトとは独立支出の増加が利子率を上昇させるため，民間投資を減少させ，そのため実質国内総生産に及ぼす乗数効果が一部削減されることをさします。その結果，当初の純輸出が実質国内総生産を増加させる効果は削減され，$(\Delta X - \alpha \Delta r)/(1-b)$ になります。図15-1では LF' がクラウディング・アウトされる部分で，EF' のうちの残りの EL の部分が貨幣市場の均衡をも考慮に入れた場合に実現される実質国内総生産の増加幅を示しています。

IS 曲線の右方へのシフトは計画された総独立支出の増加をもたらす要因，すなわち，計画された投資の利子率から独立な部分 I_0 の増加，政府支出 G の増加，純輸出 $(X-M)$ の増加によって実現されます。逆に，独立投資の減少，政府支出の減少，純輸出の減少は IS 曲線を左方にシフトさせ，LM 曲線との交点は，たとえば，図15-1の F 点から E 点へのように，左下方に移動します。その結果，利子率が低下し，国内総生産も減少します。

他方，LM 曲線は第14話で検討しましたように，中央銀行による貨幣供給量の増加，投機的動機貨幣需要の減少，取引動機

あっ，クラウディング・アウトだ！

貨幣需要の減少によって，右方にシフトします。いま，貨幣供給量が M_0 から M_1 に ΔM 増加した場合，LM 曲線の漸近線は，図15-2に示しますように，$(M_0 - l_0)/k$ から $(M_1 - l_0)/k$ へ $\Delta M/k$ だけ右方にシフトします。このシフト幅はどの水準の利子率についても妥当しますので，LM 曲線は全体に $\Delta M/k$ だけ右方にシフトします。その結果，IS 曲線との交点は E 点から H 点へ右下方へ移動します。利子率は r_1 から r_3 へ低下し，実質国内総生産は Y_1 から Y_3 へ増加します。利子率の低下によって計画された投資が増加します。いま，$r_1 - r_3 = \Delta r$ としますと，実質国内総生産の増加は $\alpha \Delta r/(1-b)$ で，図15-2では EM の幅で示されています。取引動機貨幣需要量の増加はその k 倍，$k\alpha \Delta r/(1-b)$ になります。また，利子率の低下によって，債券価格が上昇して，債券投資を差し控える人が増加するため投機的動機貨幣需要量が増加します。投機的動機貨幣需要量の増加は，

$$L_2(r_3) - L_2(r_1) = \frac{\Delta r\, l_1}{(r_3 - r_a)(r_1 - r_a)}$$

になります。結局，貨幣供給量の増加分 ΔM は，取引動機貨幣

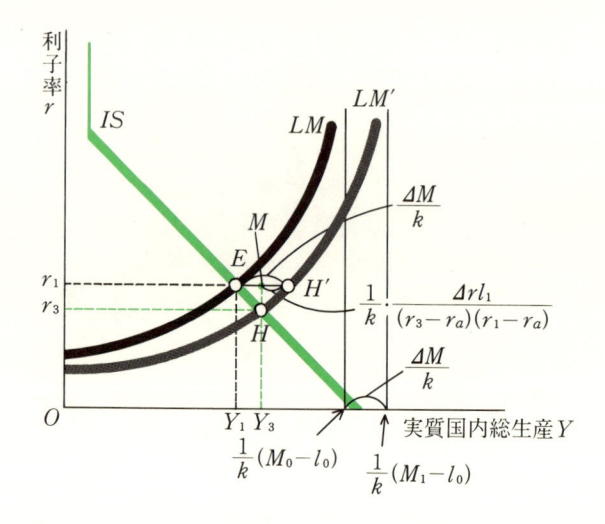

図15-2 　LM 曲線のシフトによる同時均衡点の移動

需要量の増加分と投機的動機貨幣需要量の増加分とに吸収されることになります。投機的動機貨幣需要量が増加したために取引動機用の貨幣としては使われなかった部分に対応する国内総生産の増加分は図15-2ではMH'の幅で示されています。利子率が不変であれば，貨幣供給量の増加分がすべて取引動機貨幣需要として使われ，EH'に対応する国内総生産の増加が実現できたのです。しかし，貨幣市場の均衡が実現されるためには利子率は低下しなければならず，そのため投機的動機貨幣需要量が増加して，MH'に対応する国内総生産は実現できないわけです。

――――――― 実例演習15-2 ―――――――

次の図には IS 曲線と LM 曲線が描かれている。現在の国民所得は120兆円であり，完全雇用国民所得は200兆円である。このとき，市中消化による赤字国債の形で政府支出を増加させた場合に関する次の記述のうち，妥当なものは

どれか。なお，限界消費性向は c であり，政府支出乗数は $1/(1-c)$ で表される。(11年度市役所上・中級Ｂ日程 [8/1])

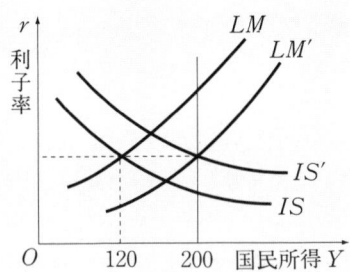

1　政府支出を $80(1-c)$ 兆円増加させると，IS 曲線は IS' 曲線にシフトする。しかし，LM 曲線はシフトしないので，完全雇用国民所得を達成するためにはさらに IS 曲線をシフトさせる必要がある。

2　政府支出を $80 \cdot 1/(1-c)$ 兆円増加させると，IS 曲線は IS' 曲線にシフトする。しかし，LM 曲線はシフトしないので，完全雇用国民所得を達成するためにはさらに IS 曲線をシフトさせる必要がある。

3　政府支出を $80(1-c)$ 兆円増加させると，LM 曲線は LM' 曲線にシフトする。しかし，IS 曲線はシフトしないので，完全雇用国民所得を達成するためにはさらに LM 曲線をシフトさせる必要がある。

4　政府支出を $80 \cdot 1/(1-c)$ 兆円増加させると，LM 曲線は LM' 曲線にシフトする。しかし，IS 曲線はシフトしないので，完全雇用国民所得を達成するためにはさらに LM 曲線をシフトさせる必要がある。

5　政府支出を $80(1-c)$ 兆円増加させると，IS 曲線，LM 曲線はそれぞれ IS'，LM' 曲線にシフトし，完全雇用国民所得が達成される。

●解説 IS曲線のシフトの幅は政府支出の増分をΔGとするとき、その政府支出乗数倍で、乗数は限界消費性向をcとするとき$1/(1-c)$です。いま、IS曲線のシフト幅が80 [＝200－120] 兆円と図より読み取れます。

そこで、$\Delta G \cdot 1/(1-c) = 80$より

$\Delta G = 80(1-c)$

です。政府支出の増加は金融政策とは独立で、貨幣供給量には影響を及ぼさないものと考えられますので、LM曲線はシフトしません。LM曲線は右上がりですから、IS曲線がIS′にシフトしただけではLM曲線との交点が完全雇用国民所得上にくることはありません。国民所得の増加が取引動機貨幣需要を増加させ、所与の貨幣供給量の下では、利子率を引き上げ、クラウディング・アウトを発生させるためです。したがって、財政政策だけで、完全雇用国民所得を実現させるためには、IS曲線をさらに、右方にシフトさせる必要があります。

正答 1

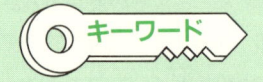

キーワード

▶**IS-LM の同時均衡点** IS曲線とLM曲線の交点は財市場を均衡させ、かつ、貨幣市場を均衡させる利子率と実質国内総生産の組合せを示す。

▶**クラウディング・アウト** 独立支出の増加が利子率の上昇をもたらすため、民間の投資が削除されること、また、それによって実現できなくなる実質国内総生産の増加分。

●●●最近の実際問題●●●

No. 1　IS-LM体系が

$Y = C + I$
$I = 60 - ar$
$C = 30 + c(Y - T)$
$kY - br = M/p$
$T = tY$

〔Y：産出量，C：消費量，I：投資，T：税収，t：税率，r：利子率，M：貨幣供給量，p：物価水準，a，b，c，k：パラメーター，$a > 0$，$b > 0$，$k > 0$，$1 > t > 0$，$1 > c > 0$〕

で示されるとする。この場合のIS曲線，LM曲線の図（縦軸はr，横軸はY）に関する次の記述のうち，妥当なものはどれか。(10年度地方上級全国型，関東型，法律専門タイプ，経済専門タイプ)

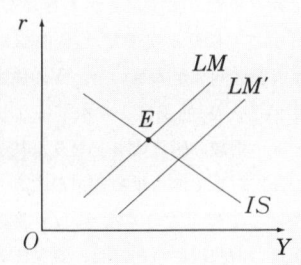

1　IS曲線は，税率が高いほど，より垂直になる。
2　IS曲線は，投資の利子弾力性が大きいほど，より垂直になる。
3　IS曲線は，限界消費性向が大きいほど，より垂直になる。
4　LM曲線は，貨幣需要の所得弾力性が大きいほど，より水平になる。
5　LM曲線は，物価水準が高いほど，より垂直になる。

●解説　モデルの体系が与えられていますので，実際にIS曲線とLM曲線を導出すれば，それぞれの曲線の傾きを求めることができます。第1式の財市場の均衡条件式に第2式の投資関数と，第3式の消費関数，第5式の租税関数を代入すると，次式のようになります。すなわち，

$Y = 30 + c(Y - tY) + 60 - ar$

です。これをrについて解きますと，

(1)　$r = (1/a)[-Y\{1 - c(1 - t)\} + 90]$

とIS曲線を求めることができます。また，第4式の貨幣市場の均衡式，つまり，LM曲線をrについて解きますと，

(2)　$r = (1/b)(kY - M/p)$

となります。

1. IS曲線の傾きは(1)式の右辺のYの係数$-(1 - c + ct)/a$の絶対値の大きさに依存します。税率tが高いと，係数の絶対値は大きくなりますので，傾きは大きくなり，より垂直になります。正答。**2.** 投資の利子弾力性はaの大きさで示されます。aの値が大きいとrの変化に対して，投資Iが大きく変化しますので，利子弾力性は大きくなります。aが大きいと，IS曲線のYの係数の絶対値は小さくなりますので，IS曲線はより水平になります。**3.** 限界消費性向cが大きいと，Yの係数の絶対値はより小さくなりますので，IS曲線はより水平になります。限界消費性向が大きいとき，乗数の値は大きくなり，利子率が低下したときの投資の増加分に対して働く乗数効果が大きくなるため，実質国内総生産に及ぼす影響も大きくなり，IS曲線はより水平になるわけです。**4.** LM曲線については，貨幣需要の所得弾力性はkの値で示されています。kが大きいとき，Yの係数の絶対値k/bは大きくなり，より垂直になります。**5.** 物価水準pが高いと，LM曲線の定数項，$-M/bp$の分母の値が大きくなり，マイナスの値が小さくなり，原点に近寄ります。これはLM曲線を上方にシフトさせますが，傾きとは関係ありません。

正答　1

No.2　IS-LM体系が，

$Y = C + I + G$

$C = 20 + 0.8(Y - T)$

$T = tY$

$I = 70 - 200r$

$L = M$

$L = 1.2Y - 600r$

$M = 570$

〔Y：産出量，C：消費，I：投資，G：政府購入，T：税収，t：税率，r：利子率，L：貨幣需要量，M：貨幣供給量〕

で示されるとする。政府が政府購入を$G=100$とするとき，均衡予算を実現するためには，税率をいくらにすればよいか。(11年度地方上級全国型，関東型，経済専門タイプ，神奈川県，大阪府)

1　0.05　　**2**　0.1　　**3**　0.15
4　0.2　　**5**　0.25

●解説　均衡財政を実現するためには$T=G=100$とする必要があります。つまり，$100=tY$の式が与えられます。IS-LMの体系はYとrの連立方程式ですから，そこから得られる均衡Yを税収の式に代入すれば求める税率が得られます。IS曲線は第1式の財市場の均衡条件に第2，3，4式を代入して求められます。すなわち，

$Y = 20 + 0.8(Y - 100) + 70 - 200r + 100$

です。ただし，$T=G=100$は外生的に与えられています。これより，IS曲線は

(1)　$r = (1/200)(110 - 0.2Y)$
　　　　$= 0.55 - 0.001Y$

です。LM曲線は第5式の貨幣市場の均衡条件に第6，7式をそれぞれ代入して求められます。すなわち，

$1.2Y - 600r = 570$

これより，LM曲線は，$Y=$の形で書いて，

(2)　$Y = 570/1.2 + 500r$

となります。(1)式を代入して,

$Y = 475 + 500(0.55 - 0.001Y)$

$\quad = 475 + 275 - 0.5Y$

Yについて整理して,

$1.5Y = 750$

$Y = 750/1.5 = 500$

と均衡Yが求められます。そこで、税収式に$Y=500$を代入して,

$100 = t \cdot 500$

より,

$t = 0.2$

と求められます。

正答 4

No. 3 ある経済において以下のような実物市場と金融市場があるとする。この経済において、政府支出が20単位追加された場合、これによる今期の国民所得の増加分のうち、クラウディング・アウトにより失われる今期の国民所得はいくらになるか。ただし、物価水準は一定であり、政府支出は外生変数であるとする。

実物市場	金融市場
$Y = C + I + G$	$L = 0.64Y - 8r + 200$
$I = 0.2(Y - Y_{-1}) - 10r + 100$	$M = 250$
$C = 0.6Y + 50$	$L = M$

〔Y:国民所得,C:消費,I:投資,G:政府支出,Y_{-1}:前期の国民所得,r:利子率,L:貨幣需要量,M:貨幣供給量〕(11年度国家Ⅰ種経済)

1 80　　**2** 100　　**3** 120
4 200　　**5** 250

●**解説** クラウディング・アウトを求めるためには、当初の均衡利子率の水準が政府支出の増加によってどれだけ上昇するかを求め、次いで、この金利の上昇分に対応する、国民所得の減少を

IS 曲線から直接求めます。まず，当初の均衡利子率を求めるためには，実物市場の均衡から IS 曲線を求め，貨幣市場の均衡から LM 曲線を求め，次いで，IS と LM を連立して，均衡利子率と均衡国民所得を求めます。実物市場の第2式と第3式を第1式に代入して，

$Y = 0.6Y + 50 + 0.2(Y - Y_{-1}) - 10r + 100 + G$

これを Y について整理しますと，

$Y(1 - 0.6 - 0.2) = 150 + G - 0.2Y_{-1} - 10r$

(1) $Y = 5(150 + G - 0.2Y_{-1}) - 50r$

となります。

他方，金融市場の均衡式 $L = M$ に金融市場の第1式と第2式を代入して，

$250 = 0.64Y - 8r + 200$

(2) $Y = 50/0.64 + 8r/0.64$

と LM 曲線が求められます。(2) 式を (1) 式に代入して，

$50/0.64 + 8r/0.64 = 5(150 + G - 0.2Y_{-1}) - 50r$

これを r について解きますと，

(3) $r = 10.75 + 0.08G - 0.016Y_{-1}$

となります。(3) 式より，G が20増加したときの r の増加分は

$0.08 \times 20 = 1.6$

と求められます。この利子率の上昇による国民所得の減少分は (1) 式の IS 曲線の右辺の第3項に利子率の変化分を直接代入して，

$-50 \times 1.6 = -80$

と求められます。

正答　1

No. 4 ある国の経済が

$Y = C + I + G$

$C = 0.8Y + 40$

$I = 120 - 20i$

$L = 0.2Y - 20i + 90$

$M = 100$

〔Y：国民所得，C：消費，I：民間投資，G：政府支出，L：通貨需要，i：利子率，M：通貨供給量〕
となっているとき，政府支出を10億円増加したときについて妥当なものはどれか。(**12年度国家Ⅱ種**)

1　民間投資は変わらない。
2　民間投資は5億円増加する。
3　民間投資は5億円減少する。
4　民間投資は10億円増加する。
5　民間投資は10億円減少する。

●解説　政府支出が増加したとき，国民所得が増加しますが，それに伴う取引動機貨幣需要量の増加により，投機的動機貨幣需要に利用できる貨幣量が減少しますので，利子率は上昇します。そのため，民間投資が減少するという，いわゆるクラウディング・アウトが生じます。この問題では，クラウディング・アウトの大きさを求める必要がありますので，問題の IS - LM モデルから政府支出の増加10億円に対して利子率がどれだけ上昇し，その結果，民間投資がどれだけ減少するかを求める必要があります。第1式の財市場の均衡条件に，第2式の消費関数と第3式の投資関数を代入して，次式が求められます。すなわち，

　$Y = 0.8Y + 40 + 120 - 20i + G$

です。これを整理して，

　(1)　$0.2Y = 160 + G - 20i$

と，IS 曲線が求められます。

次いで，貨幣市場の均衡条件 $L=M$ に第4式の貨幣需要関数と第5式の貨幣供給関数を代入して，次式のようになります。すなわち，

　$0.2Y - 20i + 90 = 100$

です。これを整理して，LM 曲線が次式のように求められます。すなわち，

　(2)　$0.2Y = 10 + 20i$

です。(1)式の左辺に(2)式を代入して，

　$10 + 20i = 160 + G - 20i$

となります。これを利子率 i について解きますと,

$40\,i = 150 + G$

（ 3 ）　　$i = 150/40 + G/40$

となります。（ 3 ）式より G が10億円増加したとき，利子率は $10/40 = 0.25\%$ 上昇することがわかります。このとき，民間投資の変化分 ΔI は0.25%を第 3 式の民間投資関数の右辺の利子率 i に代入して,

$\Delta I = -20 \cdot 0.25 = -5$ （億円）

と求められます。

正答　3

はじめて学ぶ
マクロ経済学

第16話
財政政策と金融政策

　第15話では，財市場と貨幣市場を同時に均衡させる利子率と実質国内総生産の組合せは IS 曲線と LM 曲線の交点によって与えられることを学びました。しかし，そのようにして与えられる利子率と実質国内総生産の組合せが一国全体の資源を十分に活用したものになるとは限りません。たとえば，一国の労働力を完全に利用した完全雇用の状態が実現されているとは限りません。あるいは，一国の供給能力を超えた総需要があるためインフレーションが発生して，そのため資源の効率的な利用が妨げられているかもしれません。このような場合には，政府は財政政策や金融政策を発動して完全雇用を達成したり，インフレをなくしたりする必要があります。今話では，財政政策や金融政策がどのように発動されるべきかについて検討します。

1. 財政政策

　いま，IS 曲線と LM 曲線は図16-1に示しますように，E 点で交わっているものとします。財市場と貨幣市場を同時に均衡させる利子率と実質国内総生産はそれぞれ r_1 と Y_1 で与えら

図16-1 財政政策による完全雇用の達成

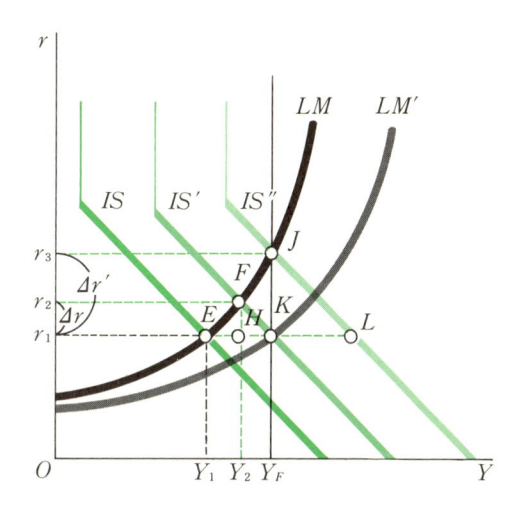

れます。しかし、国内総生産 Y_1 は完全雇用国内総生産 Y_F より小さくなっています。このような場合、政府は完全雇用を達成するため、積極的財政政策を展開する必要があります。つまり、政府支出 G を増加させるか、減税を行って民間経済主体の可処分所得を増加させ、消費や投資を増加させる必要があります。いま、政府が政政支出を ΔG だけ増加させ、IS 曲線をその乗数 $[1/(1-b)]$ 倍だけ右方にシフトさせるものとします。ただし、IS' は利子率が以前と同じ r_1 のときには完全雇用国内総生産 Y_F を実現できる K 点を通るものとします。いいかえると、ΔG は $Y_F - Y_1 = \Delta G/(1-b)$ になるように決めます。しかし、この場合、LM 曲線との交点は F 点に移動します。F 点では国内総生産の水準は Y_2 で、完全雇用 Y_F はまだ達成されません。これは第15話で検討しましたように、利子率が r_1 から r_2 に Δr だけ上昇するため、民間の投資が $\alpha \Delta r$ だけ減少し、クラウディング・アウトが生じるからです。つまり、投資の減少分の乗数倍 $\alpha \Delta r/(1-b)$ ［図16-1の HK］

だけ国内総生産の増加が削減されるわけです。実現できる国内総生産の増加はIS曲線のシフト幅EKのうち、クラウディング・アウト分HKを差し引いたEHになります。EHの大きさは$\Delta Y = Y_2 - Y_1 = (\Delta G - \alpha \Delta r)/(1-b)$になります。

クラウディング・アウトを考慮に入れたうえで、完全雇用を達成するためには、IS曲線とLM曲線との交点がY_F上で交わるJ点に移動する必要があります。つまり、IS曲線をIS''までシフトさせる必要があります。このとき、利子率の上昇は$\Delta r' = r_3 - r_1$で、いっそう大幅になります。ですから、それに対応して、民間投資の減少幅も大きくなります。図16-1に示しますように、IS曲線のシフト幅ELのうち、きわめて大幅なKL分がクラウディング・アウトの結果実現できない部分になります。その結果、国内総生産の増加として実現できる部分はEKに限定されます。完全雇用国内総生産Y_Fを達成するために必要な政府支出の増加分$\Delta G'$は$\Delta G'/(1-b) = EL$となるように設定する必要があります。図16-1から見取れますように、完全雇用国内総生産Y_Fの周辺でのLM曲線の傾きが大きいときには、財政支出の増加がもたらす利子率の上昇幅も大きくなり、その結果、民間投資の減少幅も大きくなります。ですから、完全雇用を実現するために増加させなければならない政府支出の額もそれだけ大幅なものになります。そのような場合には財政政策は決して効果の上がる手段とはなりません。

2. 金融政策

経済政策の手段としては財政政策のほかにも金融政策があります。景気の悪いときには金融を緩和させ市場利子率を低下させ、民間の投資を刺激して総需要を増加させ、国内総生産を増加させることができます。また、逆に、総需要の水準が高く、インフレ圧力が加わる場合には、金融を引き締め、市場金利を

バブル・ファイター（Bubble Fighter）

引き上げて民間投資を削減させ，総需要を減少させ，国内総生産を低下させる必要があります。いま，IS曲線がIS'の位置にあり，財市場と貨幣市場の同時均衡点がF点（Y_2, r_2）で与えられるものとします。$Y_2 < Y_F$ですから，なお景気刺激的な経済政策を展開する必要があります。そこで，貨幣供給量を元の水準M_0からM_1へΔMだけ増加させ，LM曲線をK点を通るLM'に右方にシフトさせたとき，完全雇用国内総生産Y_Fが財市場と貨幣市場の同時均衡点として達成されます。利子率はr_2であった場合に比較して，r_1の水準へΔr低下しますので，民間投資は$\alpha \Delta r$だけ増加します。その結果，国内総生産は$\alpha \Delta r/(1-b)$だけ増加します。積極的な金融政策によって景気刺激を展開する場合には，民間投資が圧迫されるクラウディング・アウトは生じません。ですから，完全雇用国内総生産を達成するためには，一方的に財政政策に依存するのではなく，金融政策を併用することが適切な経済政策であるといえます。特に，LM曲線の傾きが大きいときには，財政政策に依存するよりは金融政策に依存したほうが民間投資に及ぼす弊害がないといえます。

実例演習16-1

次の図A～CのようなIS-LM曲線の図と、それが生ずるグループを正しく組み合わせたものはどれか。(11年度市役所上・中級B日程 [8/1])

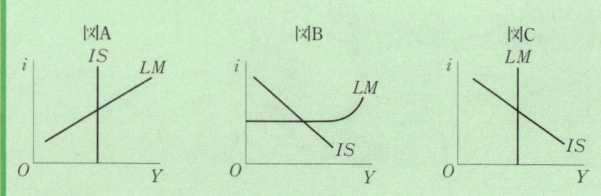

図A: 縦軸 i、横軸 Y。IS は垂直、LM は右上がり。
図B: 縦軸 i、横軸 Y。LM は水平部分から右上がりに立ち上がる、IS は右下がり。
図C: 縦軸 i、横軸 Y。LM は垂直、IS は右下がり。

1　(図A) 貨幣需要の利子非弾力性　(図B) 流動性トラップ　(図C) 投資の利子非弾力性
2　(図A) 貨幣需要の利子非弾力性　(図B) 投資の利子非弾力性　(図C) 流動性トラップ
3　(図A) 投資の利子非弾力性　(図B) 貨幣需要の利子非弾力性　(図C) 流動性トラップ
4　(図A) 投資の利子非弾力性　(図B) 流動性トラップ　(図C) 貨幣需要の利子非弾力性
5　(図A) 流動性トラップ　(図B) 投資の利子非弾力性　(図C) 貨幣需要の利子非弾力性

●解説　3つの図の中で一番目につきやすいのは図BのLM曲線の流動性トラップ（流動性のわな）の状況です。LM曲線が水平な状況は，利子率の下限が達成されている状況で，金融政策当局が貨幣供給量を増加させても，公衆は貨幣を退蔵するばかりで，債券に投資することはありません。利子率がすでに下限に達しているために，債券価格はすでに上限に達していて，債券を保有しても，将来債券価格は値下がりするだけで，債券価格の値上がりによるキャピタル・ゲインは見込めないためです。このような状況では，金融政策は有効に機能しません。

図AではIS曲線が垂直になっています。これは投資が利子

率に対して非弾力的で，利子率が下がっても，民間の投資が増加しない状況を示しています。図CではLM曲線が垂直です。これは利子率の変化に対応して，投機的動機貨幣需要が変動しない状況を表しています。投機的動機貨幣需要関数L_2は垂直で，利子率の水準の如何にかかわらず一定です。そこで，貨幣供給量のうち取引動機貨幣需要に割り当てられる貨幣量も一定で，そのため，その貨幣量で実現できる国民所得も一定になります。

正答　4

3．均衡への調整過程

　現実の経済では，モデルの外から絶えずなんらかのショック（これを**外生的ショック**と呼びます）が与えられています。たとえば，輸出は海外の景気の影響を受けますし，また，輸入にしても国内の人々の嗜好の変化によって変動します。投機的動機貨幣需要関数も，人々の将来の債券価格に関する期待が変動する場合にはシフトします。種々の外生的なショックが絶えず生じるため，財市場と貨幣市場の同時均衡点も絶えず移動しているはずです。また，経済が新たな均衡点に移動するためには時間がかかります。というのも，財市場での均衡は乗数過程を前提としていますが，乗数過程は人々の消費支出の連鎖が無限に続くことを前提しているためです。また，貨幣市場が新たな均衡点に到達するにも時間がかかります。というのも，マネーサプライは銀行の信用創造の過程を前提しており，信用創造の過程では銀行が人々に貸出を行い，人々がそれを支出にあて，その代金を受け取った人々が再び銀行に預金をするという無限の連鎖を前提しているからです。要するに，外生的なショックによって均衡点が変化する場合，現実の経済が新たな均衡点へ到達するには時間がかかるため，現実の経済は絶えず均衡への

図16-2 均衡への調整過程

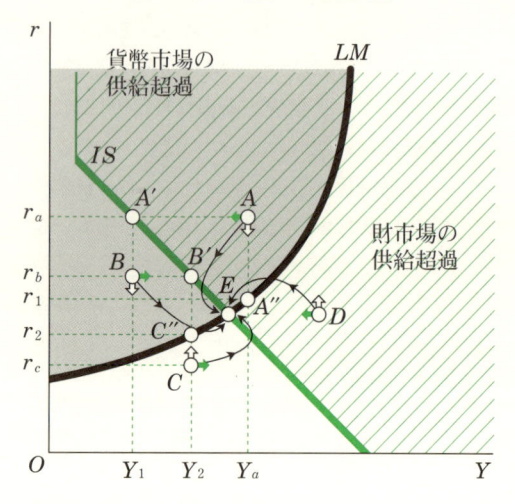

調整過程にあるといえます。

図16-2に示しますように IS 曲線の右側（緑色斜線部分）、たとえば、A 点では、任意の利子率 r に対応する現実の国内総生産 Y_a は財市場の均衡をもたらす国内総生産の水準 Y_1 より多くなっています。ですから、現実の財市場では $Y_a - Y_1$ の供給超過になっています。したがって、財市場では A 点から左側、IS 曲線上の A' 点の方向へ調整の力が働くことになります。逆に、IS 曲線の左側、たとえば B 点では、利子率 r_b に対応する現実の国内総生産 Y_1 は財市場を均衡させる水準 Y_2 よりも小さくなっています。ですから、現実の財市場では $Y_2 - Y_1$ の需要超過になっています。したがって、財市場では B 点から右側、IS 曲線上の B' 点の方向へ調整の力が働きます。

他方、LM 曲線の上側（網部分）にある A 点では、利子率 r_a は国内総生産 Y_a の下で貨幣市場を均衡させる水準 r_1 よりも高くなっています。ということは、投機的動機貨幣需要量が貨幣市場を均衡させる水準より小さくなっていることを意味し

ますから，一定の貨幣供給量に比較して，貨幣需要量が過少になっていることを意味します。ですから，貨幣市場では供給超過になっています。そこで，貨幣市場での調整の力は利子率がLM曲線上のA''点の方向へ低下するように働くことになります。LM曲線の下側にあるC点では，現実の利子率r_cは貨幣市場を均衡させる利子率r_2より低くなっています。ですから，一定の貨幣供給量の下で，投機的動機貨幣需要量は貨幣市場を均衡させる水準よりも多くなっています。つまり，現実の貨幣市場では貨幣の需要超過が生じています。したがって，調整の力は利子率がLM曲線上のC''点の方向へ上昇するように働きます。財市場と貨幣市場における調整の力が働く方向は図16-2のA，B，C，Dの各点から出る矢印の方向によって示されます。その結果，逆時計回りの渦巻上を均衡点Eに向けて調整が進むことになります。

実例演習16-2

下図に関する次の記述のうち妥当なものはどれか。ただし，以下の記述において，M：貨幣供給量，L：貨幣需要量，S：貯蓄，I：投資である。（3年度国家Ⅱ種）

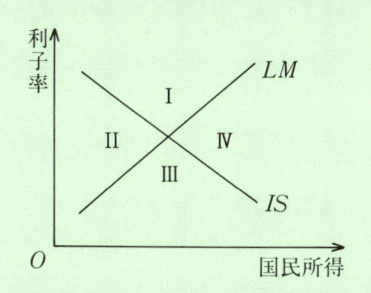

1 一般的にMの増加によりLM曲線は左方向に移動するため，国民所得は減少する。
2 Ⅰの領域において，$S > I$，$M > L$の関係が成立している。

3 Lの利子弾力性が小さいほど，LM曲線の傾きは急になるが，この利子弾力性がゼロになった状態を流動性のわなという。
4 Ⅱの領域においては，$S>I$，$M<L$の関係が成立している。
5 政府支出の増加は，一般に国民所得を増加させるが，LM曲線の傾きが緩やかであるほどクラウディング・アウトが生じやすい。

●解説 1．貨幣供給量Mの増加によりLM曲線は右方にシフトし，国民所得は増加する。2．Ⅰの領域においては，まず，財市場では一定の利子率の下で財市場を均衡させる以上の生産が行われていますので，供給超過になります。投資Iを超える貯蓄Sがあることを意味します。したがって，$S>I$。また，貨幣市場では一定の利子率の下で，貨幣市場を均衡させる以下の国内総生産しか生産されていませんので，取引動機貨幣需要量が過小で，貨幣供給量Mが貨幣需要Lを上回ります。あるいは，一定の国内総生産の下で，貨幣市場を均衡させる以上の利子率になっていますので，投機的動機貨幣需要量は均衡水準以下になっています。したがって，$M>L$。正答。3．貨幣需要Lの利子弾力性が小さいほど，LM曲線の傾きは急になりますが，流動性のわなは逆に貨幣需要Lの利子弾力性が無限大になる状態をさします。つまり，わずかの利子率の低下でも無限大の貨幣需要量の増加を引き起こします。このような状態では貨幣供給量の増加はすべて投機的動機貨幣需要に吸収され，取引動機貨幣需要に回る貨幣量がないため，金融政策は景気刺激効果を持ちません。4．Ⅱの領域では一定の利子率の下で，財市場を均衡させるより少ない生産しか行われていませんので，需要超過の状態です。したがって，投資$I>$貯蓄Sです。また，貨幣市場では2で検討しましたように，供給超過ですから，貨

幣供給量M＞貨幣需要量Lです。5．政府支出は国民所得を増加させますが，LM曲線の傾きが緩やかであるほど，利子率の上昇が小幅ですので，クラウディング・アウトは生じにくくなります。

正答　2

> ○── キーワード ──
>
> ▶**財政政策の有効性**　LM曲線の傾きが小さいとき政府支出を増加させても利子率の上昇幅は小さく，民間投資がクラウディング・アウトされる程度は小さい。
>
> ▶**金融政策の有効性**　IS曲線の傾きの絶対値が小さいとき投資の利子弾力性は大きく，そのため貨幣供給量を増加させる金融政策の効果は大きい。
>
> ▶**均衡への調整過程**　現実の経済は絶えず均衡への調整過程にあり，図16-2のような調整の力が働く。

●●●最近の実際問題●●●

No. 1 開放マクロ経済が

$Y = C + I + G + B$
$C = C_0 + 0.8Y$
$I = I_0 - 200r$
$B = B_0 - 0.2Y$
$M = 1.2Y - 500r$

〔Y：産出量，C：消費，I：投資，G：政府購入（一定），B：純輸出，r：利子率，M：貨幣供給量，C_0，I_0，B_0：定数〕

で示されるとする。均衡において純輸出が $B=5$ の黒字であるとき，この黒字を解消するためには，貨幣供給量Mをいくら増加させればよいか。（11年度地方上級全国型，関東型，経済専門タイプ）

1 35　　**2** 40　　**3** 45
4 50　　**5** 55

●解説　純輸出Bが5の黒字であるのを輸入の増加によって均衡させるためには輸入額の増加は $0.2\varDelta Y=5$ となる必要があります。そのために必要な産出量の増加額は $\varDelta Y=5/0.2=25$ です。問題は，そのために必要な貨幣供給量の増加分をたずねています。つまり，YがMのどのような関数になるかを示せば，解が求められます。まず，第1式に第2，3，4式を代入してIS曲線を求めます。すなわち，

　$Y = C_0 + 0.8Y + I_0 - 200r + G + B_0 - 0.2Y$

これをYについて整理しますと，

　（1）　$0.4Y = C_0 + I_0 + G + B_0 - 200r$

となります。これがIS曲線です。

他方，LM曲線は第5式で示されています。いま，これを（2）式のように書き直します。すなわち，

　（2）　$1.2Y = 500r + M$

です。（1）式を2.5倍して（2）式と辺々足し合わせますと，次式のようになります。すなわち，

　　$2.2Y = 2.5(C_0 + I_0 + B_0 + G) + M$

です。したがって，

　（3）　$Y = (2.5/2.2)(C_0 + I_0 + B_0 + G) + (1/2.2)M$

となります。（3）式の Y と M との関係より，M の増分 ΔM と Y の増分 ΔY の関係は次式で示されます。すなわち，

　（4）　$\Delta Y = (1/2.2)\Delta M$

です。$B = 5$ の黒字の解消に必要な $\Delta Y = 25$ を（4）式に代入して，

　　$\Delta M = 25 \times 2.2 = 55$

と求められます。

正答　5

No. 2 ある国のマクロ経済が以下のモデルによって示されている。

$Y = C + I$
$C = 400 + 0.6Y$
$I = 208 - 6r$
$L = (1/4)Y + 300/(r-2)$　　$(r > 2)$
$M = 400$
$Y_F = 1500$

〔Y：GDP，C：消費，I：設備投資，r：利子率，L：貨幣需要，M：名目マネーサプライ，Y_F：完全雇用のGDP〕

ただし，物価は1で一定とする。また，流動性のわなにより $r \leqq 2$ の領域では貨幣需要は定義されない。このとき，マネーサプライを増大させることによって完全雇用を達成する場合に関する次の記述のうち，妥当なものはどれか。（11年度国家Ⅰ種経済）

1　マネーサプライを100増大させることによって完全雇用を達成できる。

2　マネーサプライを200増大させることによって完全雇用

を達成できる。
3 マネーサプライを300増大させることによって完全雇用を達成できる。
4 マネーサプライを400増大させることによって完全雇用を達成できる。
5 マネーサプライを増大させることだけでは完全雇用は達成できない。

●解説 完全雇用国内総生産GDPにおいてIS曲線とLM曲線が交わるようにするにはマネーサプライがどれだけの水準になることが必要かを調べれば、答えは求められます。IS曲線に$Y_F=$1500を代入して、それに対応する利子率r_Fを求めます。次いで、LM曲線に、求めたr_FとY_Fの値を代入して、マネーサプライMの値を求めます。現在のM=400との差が求める答えです。

まず、第1式の財市場の均衡条件式に第2式の消費関数と第3式の投資関数を代入して、IS曲線を求めますと、次式のようになります。すなわち、

$Y=400+0.6Y+208-6r$

です。これを整理して、

(1) $0.4Y=608-6r$

です。(1)式に$Y=Y_F=1500$を代入しますと、

$r=8/6=1.333<2$

と完全雇用GDPに対応する利子率の水準が下限の2％以下の水準に求められます。LM曲線は$r<2$では定義されていませんので、マネーサプライを増加させるだけでは、完全雇用GDPは実現できないことが判明します。

もし、利子率が下限の2％より高い水準に求まる場合には、LM曲線にr_FとY_Fを代入して、所要マネーサプライを求めることができます。LM曲線は貨幣需要L＝貨幣供給M/P（ただしP=1）と置いて、

$M=(1/4)Y+300/(r-2)$

と求められます。上式の右辺のYに1500、rにr_Fを代入して必

要なマネーサプライ M を求め，現在の400との差を求めればよいことになります。

正答 5

No. 3 マネタリストは，「貨幣の安定的供給が経済の安定につながる」と主張する。一方，日本銀行はこうした主張に対し，しばしば「金利の乱高下を防ぐためには，貨幣需要の変動に合わせて貨幣を受動的に供給せざるをえず，マネーサプライを外生的にコントロールすることは困難である」と反論してきた（日銀理論）。両者の主張は，図の IS - LM モデルにおいて，貨幣供給量を一定に保つか（$M=M^*$：マネーサプライ・ターゲティング政策），金利水準を一定に保つようにマネーサプライを内生的に変化させるか（$R=R^*$：金利ターゲティング政策），という金融政策のルールの違いとしてとらえることもできる。

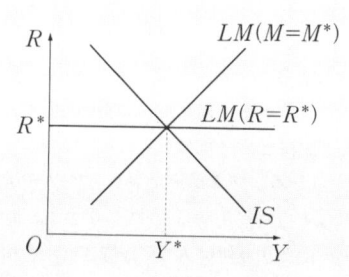

〔Y：国民所得水準，R：利子率，M：貨幣供給量。各変数に＊印を付したものは，ターゲティング・レベルを表す〕

いま，経済の変動が，(1) 実物需要の変動（IS 曲線のシフト），(2) 貨幣需要の変動（LM 曲線のシフト），という2つの要因から生じるとき，所得水準の変動を少なくし，望ましい国民所得水準（Y^*）からの乖離をできるだけ小さくする経済安定化政策として金融政策のルールを考えた場合，以下のA～Dの空欄に入る語句の組合せとして，妥当なものはどれか。(11年度国家Ⅱ種)

実物経済の一時的拡大（IS 曲線の右方シフト）によって

経済に変動が生じた場合,マネーサプライ・ターゲティング政策の下ではクラウディング・アウトが(A),金利ターゲティング政策に比べて経済安定化の効果は(B)。

貨幣需要の一時的拡大（LM曲線の左方シフト）によって経済に変動が生じた場合,マネーサプライ・ターゲティング政策の下では金利が(C),金利ターゲティング政策に比べて経済安定化の効果は(D)。

	A	B	C	D
1	生じるため	大きい	上昇するため	小さい
2	生じるため	大きい	下落するため	大きい
3	生じないため	小さい	変化しないため	大きい
4	生じないため	大きい	上昇するため	小さい
5	生じないため	小さい	下落するため	大きい

●解説　実物経済の一時的な拡大によって,IS曲線がIS_1へ右方にシフトした場合,マネーサプライ・ターゲティング政策により,マネーサプライを一定量M^*に維持しますと,図に示しますように,LM曲線との交点はF点に移動します。金利はR^*からR_1に上昇するため,クラウディング・アウトが生じ,実現される国民所得はF点に対応するY_1になります。他方,金利ターゲティング政策により金利がR^*に維持され,金利が上昇しない場合,LM曲線はR^*での水平線になります。IS_1との交点はG点になり,国民所得はY_2に増加します。Y_2-Y_1がマネーサプライがM^*で維持された場合に生じる金利の上昇によって発生するクラウディング・アウトの量になります。したがって,マネーサプライ・ターゲティング政策の下では,クラウディング・アウトが「A：生じるため」,金利ターゲティング政策に比べて,経済安定化の効果は「B：大きい」。

他方,貨幣需要が一時的に拡大してLM曲線がLM_1に左方にシフトする場合,IS曲線との交点はH点に移動し,実現される国民所得はY_3に減少します。この場合には,金利ターゲティング政策により,金利をR^*で固定しておくと,実現される国民所

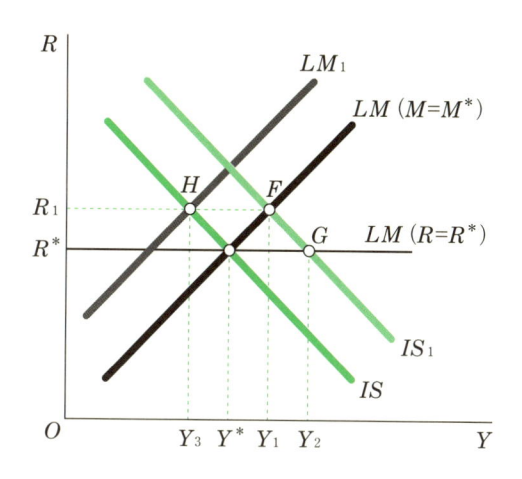

得は Y^* を維持することができます。つまり、マネーサプライ・ターゲティング政策の下では金利が「C：上昇するため」、金利ターゲティング政策に比べて経済安定化効果は「D：小さい」。

　問題文を少し補足しますと、実際には実物市場と貨幣市場の両方に不確実性は存在します。いずれがより大きいかによって、採用すべき政策のあり方が決まります。経済における不確実性が実物市場でより大きく、IS 曲線の変動のほうが大きい場合には、マネーサプライ・ターゲティング政策によって、マネーサプライを一定に維持するほうが国民所得の変動を少なくすることができます。逆に、貨幣市場での不確実性のほうが大きく LM 曲線の変動のほうが大きい場合には、金利ターゲティング政策により金利を一定に維持するほうが国民所得の変動を小さくすることができます。

正答　1

はじめて学ぶマクロ経済学
第17話 経済成長とは

　経済成長とは経済活動が拡大することです。国内総生産はその社会に存在する資源，すなわち，資本，労働力，および土地を活用することによって実現されます。経済成長はこれら資源の増加と技術進歩，すなわち，資源のより効率的な利用によって実現されます。ところで，これまで検討してきました IS-LM 分析とその分析手法に基づいた経済政策は短期的な分析でした。というのは，投資は総需要の一端を担う需要項目の一つとしてのみ取り扱われ，資本設備として追加された後に生産能力が増加する側面については触れていませんでした。いいかえると，IS-LM 分析では既存の資本ストックは一定水準に与えられており，その既存の資本ストックによって，種々の水準の生産高が実現されるものとされていました。しかし，実際には，総需要に対応する生産が行えるためにはそれに応じた資本ストックや労働力が必要です。経済の成長を考える長期的な分析では，これら供給側の要因についても考慮する必要があります。以下では，IS-LM 均衡を成長過程で実現させるための条件を検討したハロッド=ドーマー・モデルについて検討します。

1. ハロッド=ドーマー・モデル

ハロッド（Roy F. Harrod, 1900〜78）とドーマー（Evsey D. Domar, 1914〜　）は成長過程における投資の二重性に注目します。すなわち，経済成長の過程では人口成長とともに資本ストックが成長しなければなりませんが，資本ストックを成長させるためには投資が成長しなければなりません。ところが，投資は総需要の一端を担うものとして総需要水準を決めます。総需要水準に対応する国内総生産が投資分だけ新たに追加された資本ストックで実現できるかどうかが問題になります。成長の過程で両者の均衡が実現され続ける場合に，需要と供給とが均衡しつつ成長が実現できることになります。以下では，そのための条件を検討しますが，モデルを単純化するために次の仮定を置きます。第1に，財の種類はこれまでと同様1財で，資本財にも消費財にも利用できます。また，その実物の量の変動だけを考え，物価水準の変動は問題としません。第2に，投資以外の独立支出はなく［つまり，$G+(X-M)=0$］，また，投資が生産力化するまでの遅れ（ラグ）はないものとします。第3に，投資や貯蓄としては純投資，純貯蓄だけを考えます。固定資本の減価償却はないものとします。ですから，国内総生産は国内純生産を表すものになります。

投資の二重性が整合的であるような，成長過程での均衡条件は次のようになります。まず，財市場の均衡条件は貯蓄 $S = sY$ と投資 I が等しいことで，そのときの均衡国内総生産は次式で示されます。

(17-1) $\quad Y = \dfrac{1}{s} I$

ただし，Y は均衡国内総生産＝国内純生産，s は限界貯蓄性向，I は投資です。$(1/s)$ は乗数です。財市場が均衡すると

き，投資 I の乗数倍の国内総生産が実現します。他方，国内総生産 Y と資本ストック K との間には固定的な技術的関係があり，1単位の生産物を生産するのに，v だけの資本ストックがある状態が技術その他（たとえば，利子率）の条件からして望ましい状態だと仮定します。すなわち，

(17-2) $\quad K = vY$

です。ただし，v は望ましい資本産出係数（または資本係数）です。投資 I は K の変化分ですので(17-2)式の両辺の変化分をとりますと，

(17-3) $\quad I = v \varDelta Y$

となります。(17-1)式で与えられる，投資によって生み出される均衡国内総生産 Y が，同時に，(17-2)式で与えられる，既存の資本ストック K と国内総生産 Y との間の望ましい資本産出係数を維持するとき，財市場での均衡は適正なものになっています。そのとき成立する関係は，(17-3)式を(17-1)式に代入して，

(17-4) $\quad Y = \left(\dfrac{v}{s}\right) \varDelta Y$

となります。(17-4)式より国内総生産の成長率 $\varDelta Y / Y$ は，

(17-5) $\quad g_w = \left(\dfrac{\varDelta Y}{Y}\right) = \left(\dfrac{s}{v}\right)$

となります。(17-1)式と(17-2)式より g_w は資本ストックの成長率 I/K にもなっています。(17-5)式で示される資本ストックの成長率 g_w は，財市場での需給を均衡させる国内総生産が，同時に，望ましい資本産出係数を保証するという意味で保証成長率（warranted rate of growth）あるいは適正成長率と呼ばれます。

しかし，保証成長率は経済が潜在的に達成しうる成長率を実現するとは限りませんし，また，現実の経済成長率と一致するとも限りません。いま，労働力の成長率を n，技術進歩率を λ

としますと，経済の潜在的な成長率g_nは次式で表現されます。すなわち，

(17-6) 　$g_n = n + \lambda$

です。技術進歩率λは1人当たり労働力が生産できる生産物の量（すなわち，労働生産性）が技術進歩によってλの率で増加することを示しています。さらに，労働力＝人口がnの率で増加しますので，労働力が完全に雇用され，かつ，技術進歩が実現される場合の経済全体の成長率は(17-6)式で与えられることになります。このような経済の潜在的な成長率を**自然成長率**（natural rate of growth）と呼びます。上で検討しました保証成長率g_wは自然成長率g_nと等しいとは限りません。しかし，両者が等しいとき，保証成長率を達成することによって，同時に，完全雇用と潜在的な技術進歩が実現されることになります。この場合，次式が成立します。すなわち，

(17-7) 　$\dfrac{s}{v} = n + \lambda$

です。(17-7)式は**ハロッド＝ドーマー条件**と呼ばれています。

―――――― 練習問題17-1 ――――――

次の文章中の下線部に適切な語句を記入しなさい。

1　独立支出が投資Iだけである場合，限界貯蓄性向をsとすると，均衡国内総生産の水準は＿＿＿で与えられる。

2　望ましい資本産出係数がvであるとき，資本ストックKによって生産される生産量Yは＿＿＿で与えられる。

3　保証成長率g_wは，投資Iによってもたらされる均衡国内総生産が既存の資本ストックによって望ましい資本産出係数を維持しつつ達成される場合の成長率で，＿①＿で与えられる。自然成長率g_nは，労働力の成長率がn，技術進歩率がλの場合，＿②＿で与えられる。

練習問題17-1の正答…1．$(1/s)I$　2．$(1/v)K$　3．①s/v　②$n+\lambda$

実例演習17-1

ハロッド＝ドーマーの成長理論では，資本係数や貯蓄率を一定で変わらないと仮定している。労働力の増加率が1％，技術進歩率が2％，資本係数が5，貯蓄性向が0.2のとき，保証成長率，自然成長率の正しい組合せは次のどれか。（10年度地方上級関東型）

	保証成長率	自然成長率
1	3％	1％
2	3％	3％
3	3％	4％
4	4％	3％
5	4％	4％

●解説　保証成長率は貯蓄性向s/資本係数vで，$0.2/5=0.04=4％$，自然成長率は労働力の増加率と技術進歩率の和で$1％＋2％＝3％$です。

正答　4

2．不安定性原理

ハロッド＝ドーマー・モデルにおける保証成長率は，実際には必ずしも実現できるとは限りません。現実の成長率は景気循環の過程で変動しますし，また季節的な要因やその他の突発的な事件の影響も受けます。現実の成長率が保証成長率と乖離した場合には，現実の成長率は保証成長率からますます離れていく性質があります。このように保証成長率での成長がきわめて不安定であることを，「ナイフの刃の上での均衡」(equilibrium on the knife edge)と呼びます。

いま，現実の成長率をgとし，そのときの現実の資本産出係数をv_pとします。現実の資本産出係数v_pは既存の資本ストッ

クと現実の生産量との比率です。すなわち,

(17-8)　$K = v_p Y$

です。あるいは, 投資と生産量の増分との関係(いわゆる加速度原理の関係)として,

(17-9)　$I = v_p \Delta Y$

と書けます。他方, 均衡国内総生産は(17-1)式より$Y=(1/s)I$と書けます。したがって, 現実の成長率gは(17-1)式の右辺に(17-9)式を代入して求められる$Y=(1/s)v_p\Delta Y$より,

(17-10)　$g = \dfrac{\Delta Y}{Y} = \dfrac{s}{v_p}$

と求められます。いま, 現実の成長率gは保証成長率g_wを上回っているものとします。すなわち, $g > g_w$です。(17-5)式より$g_w = s/v$ですから, このことは$s/v_p > s/v$, つまり, $v_p < v$を意味します。つまり, 現実の資本産出係数は望ましい資本産出係数より低く, 既存の資本ストックは望ましい水準より少ないことになります。このような状況では生産者は資本ストックを増加させ, 望ましい資本産出係数を回復するために, 投資を増加させようとします。新たな投資をI'としますと, $I' > I$です。新たな投資I'によって実現される国内総生産Y'は, 以前の均衡国内総生産の水準Yを上回ることになります。国内総生産の増分を$\Delta Y'$としますと, $\Delta Y' > \Delta Y$ですから, 新たな現実の成長率$g' = \Delta Y'/Y$は元の現実の成長率gより大きくなります。すなわち, $g' > g$です。このときに実現される資本産出係数をv_p'としますと, $g' = s/v_p'$となります。$g' > g$ですから, $v_p' < v_p$になります。生産者がより高い資本産出係数を実現しようとして投資を増加させた結果, 現実の資本産出係数はいっそう低下してしまったことになります。その結果, さらに資本産出係数を高めようと投資が増加し, その結果, いっそう成長率が高まり, ますます資本産出係

equilibrium on the knife edge

数は低下し続けることになります。

　逆に，現実の成長率 g が保証成長率 g_w を下回っている場合を考えてみます。すなわち，$g < g_w$ です。この場合には $s/v_p < s/v$ ですから，$v_p > v$，すなわち，現実の資本ストックは生産量に比較して過大になります。生産者は資本ストックを削減しようとして，投資 I を I' へ削減します。その結果，国内総生産は $Y' = (1/s)I'$ へ減少します。その結果，新たな現実の成長率 g' は元の現実の成長率 g よりも小さくなります。すなわち，$g' < g$ です。$g' = s/v_p'$ ですから，$v_p' > v_p$ になります。資本産出係数を削減しようとして生産者が投資を削減する結果，現実の資本産出係数はますます過大になります。要するに，保証成長率から現実の成長率が少しでも乖離すれば，現実の成長率はいっそう保証成長率から乖離するわけで，保証成長率はきわめて不安定な成長率になります。いったん保証成長率から乖離すれば，保証成長率を自然に回復するような力が働かないという意味で，体系は不安定になります。

　さて，自然成長率 g_n が保証成長率 g_w を上回っている場合，すなわち，$g_n > g_w$ の場合には，現実の成長率 g が保証成長率

を上回るとしても、現実の成長率の上限は自然成長率によって与えられます。ですから、現実の成長率が保証成長率から乖離するとしても、果てしなく保証成長率から乖離する心配はありません。とはいえ、現実の資本産出係数は望ましい資本産出係数より低くなっていますので、既存の資本ストックによって無理な生産量が生産されていることを意味し、たえずインフレ圧力がかかることになります。他方、自然成長率が保証成長率を下回る場合、すなわち、$g_n < g_w$の場合には、現実の成長率は自然成長率に阻まれて保証成長率を達成できませんから、現実の成長率は保証成長率を必ず下回ります。ということは、現実の成長率は保証成長率から下方へますます乖離していくことになります。このような場合には、政府の経済政策によって、保証成長率を下方へ補正する必要があります。$g_w = s/v$ですから、これは限界貯蓄性向sを引き下げるか、または望ましい資本産出係数vを引き上げることによって達成されます。このような政策としては次の3つの政策が考えられます。第1に、限界貯蓄性向を引き下げるために消費刺激的な政策、たとえば、消費者信用の利子率を引き下げるとか、利子の所得税からの控除を認めるとか、を実施することです。第2に、望ましい資本産出係数を引き上げるためにやはり利子率を引き下げることです。第3に、政府支出を増加させて貯蓄の一部が資本ストックにまわることを阻み、実質的に限界貯蓄性向を引き下げることです。

実例演習17-2

ハロッドの経済成長理論に関する次の記述のうち、妥当なものはどれか。**(11年度地方上級東京都)**

1　自然成長率と保証成長率が一致したときは均衡成長が実現するが、資本係数の変化が必要である。
2　自然成長率と保証成長率が乖離したときは、価格調整機能により、経済は均衡成長に向かって自動的に調整さ

れる。
3 現実の成長率,自然成長率,保証成長率の3つが等しいとき,経済は均衡成長路線をたどるが,それはナイフの上を歩むにも似た不安定なものである。
4 現実の成長率が保証成長率より小さいときは,投資が行われ,国民所得が増大して,経済は累積的拡大過程をたどる。
5 保証成長率が自然成長率より大きいときは,現実の成長率の上限が高いため,経済は好況となり,インフレ傾向となる。

●解説 1．自然成長率と保証成長率が一致すれば,均衡成長が実現できますが,このとき資本係数（資産産出係数）は望ましい資本係数がずっと実現されています。2．ハロッド＝ドーマー・モデルでは,第18話で検討します新古典派成長論とは違って,投入要素である労働力と資本の価格比率の変化によって資本労働比率が変化し,資本産出比率も変化するような関係はありません。望ましい資本産出係数は一定で,したがって,資本労働比率も一定です。3．正答。4．現実の成長率が保証成長率より小さいときには現実の資本産出比率は望ましい資本産出比率よりも大きく,望ましい資本産出比率を実現しようとして投資を削減するため,ますます,現実の成長率は低下し,保証成長率からますます乖離します。5．保証成長率が自然成長率よりも高いときには現実の成長率は自然成長率の制約で,それ以上の成長率を実現できないため,保証成長率は達成できません。その結果,現実の成長率は保証成長率よりますます乖離していくことになります。

正答 3

🔑 キーワード

- **投資の二重性** 投資は総需要項目の一つとしてその乗数倍の国内総生産をもたらす。他方、投資は資本ストックに追加され、生産に寄与する。
- **保証成長率** 投資の乗数倍の均衡国内総生産が望ましい資本産出係数を維持しつつ既存の資本ストックによって達成されている場合の成長率。
- **自然成長率** 労働力の成長率と技術進歩による労働生産性の上昇率との和。
- **不安定性原理** 現実の成長率が保証成長率から乖離(かいり)するとき、生産者が望ましい資本産出係数を維持するために投資を変動させる行動がさらに現実の成長率を保証成長率から遠ざけるようになること。

•●●●最近の実際問題●●●•

No. 1
資本生産性が0.3，貯蓄率が22％，労働人口増加率が年1.2％である経済を考える。長期にわたる均衡成長率を実現するための労働生産性の年上昇率として妥当なものは，次のうちどれか。(11年度市役所上・中級C日程[9/19])

1 3.6%   2 4.2%   3 4.8%
4 5.4%   5 6.0%

●解説　資本生産性は産出量Y/資本ストックKで，資本産出係数の逆数です。ハロッド＝ドーマー条件（保証成長率＝自然成長率）が成り立つための条件は次式のようになります。すなわち，

$0.22/(1/0.3)=0.012+\lambda$

です。ただし，λ＝技術進歩率です。上式の左辺は保証成長率で，貯蓄率/資本係数で，右辺は自然成長率で，労働力増加率＋技術進歩率（労働生産性の年上昇率）です。上式をλについて解きますと，

$\lambda=0.066-0.012=0.054=5.4\%$

になります。

正答　4

No. 2
ハロッド＝ドーマーの経済成長モデルが，

$Y=C+I+G$
$C=0.8(Y-T)$
$T=tY$
$G=T$
$Y \leqq K/5$
$\Delta K=I$

〔Y：産出量，C：消費，I：投資，G：政府購入，T：税収，t：税率，K：資本，ΔK：資本増分〕

で示されるとする。保証成長率(資本が完全利用される均斉成長における経済成長率)が3％となるようにするには，税率をいくらにすればよいか。(10年度市役所上・中級B日程[8/2])

1	10%	**2**	15%	**3**	20%
4	25%	**5**	30%		

●解説　このハロッド＝ドーマー・モデルでは政府支出が需要項目の1つとして入っています。しかし，均衡成長をするためには，財市場における投資と国内総生産との関係が望ましい資本産出係数と整合的であるという条件は変わりません。財市場の均衡条件を示した第1式に第2式の消費関数，第3式の租税関数，および第4式の政府支出関数を代入しますと，次式のようになります。すなわち，

$Y = 0.8(Y - tY) + I + tY$

です。これより，

（1）　$I = [1 - 0.8(1 - t) - t]Y$

となります。（1）式の右辺の係数が限界貯蓄性向 s になっています。他方，資本が完全に利用される均衡成長を達成している状況では，既存の資本での産出量はその上限 $K/5$ に等しくなります。つまり，資本産出係数 v は5です。いいかえますと，次式が成立しています。すなわち，

$K = 5Y$

です。これより，

（2）　$\Delta K = I = 5\Delta Y$

が導き出せます。（1）式の左辺に（2）式を代入して，

$5\Delta Y = [1 - 0.8(1 - t) - t]Y$

となります。これより，保証成長率は

$\Delta Y / Y = [1 - 0.8(1 - t) - t]/5$

となります。いま，問題ではこの保証成長率が3％と与えられていますので，

$[1 - 0.8(1 - t) - t]/5 = 0.03$

が成立します。これを t について整理しますと，

$0.2(1 - t) = 0.15$

これを t について解きますと，

$t = 0.25$

と求められます。

正答　4

はじめて学ぶマクロ経済学
第18話
新古典派成長論

　第17話で検討しましたように，ハロッド＝ドーマー・モデルは投資の二重の性質，すなわち，均衡国内総生産を決める総需要の一項目であり，かつ，生産能力への追加分となるという性質に着目し，この両側面を整合的に満たすような経済成長率を保証成長率として求めました。しかし，この保証成長率は労働力人口の成長率と技術進歩率の和として与えられる自然成長率と等しいということを保証するわけではありません。また，現実の成長率が保証成長率からいったん乖離する場合には，現実の成長率は保証成長率からますます乖離するという不安定な性質を持っています。このような不安定性はハロッド＝ドーマー・モデルが前提としている技術の固定的な性質，すなわち，1単位の生産物を生産するのに要する資本ストックと労働投入量が技術的に与えられていることに由来します。望ましい資本産出係数を維持するための企業家の努力がますます現実の資本産出係数を望ましい係数から乖離させる結果をもたらします。新古典派モデルは固定的な技術を仮定せずに，投入量の比率はむしろ可変的でどのような比率の資本と労働量でも企業家が選択できることを前提としています。その結果，体系は安定的になり

ます。以下では、まず、資本産出係数が可変的な生産関数について検討し、次いで、均衡資本労働比率について検討します。最後に、均衡資本労働比率の安定性とそのシフト要因について検討します。

1．1次同次生産関数

すでに検討しましたように、資本と労働力を投入することによって生産物を生産する関係は生産関数という次のような関係式で表現できます。すなわち、

(18-1)　$Y = F(K, L)$

です。ただし、Y は生産物の生産量、K は資本量で機械設備、工場建物などです。原材料は通常省略して考えます。L は労働投入量です。$F(\cdot, \cdot)$ は関数形の一般的な表現で、F は Function の頭文字です。ハロッド=ドーマー・モデルでは1単位の生産物を生産するためには v の資本および u の労働量が必要で、$Y = (1/v)K = (1/u)L$ と表現されます。しかし、実際には、資本投入量と労働投入量とはある程度代替的です。賃金が高くなれば、企業はロボットなどを導入して、より資本集約的な技術を利用するようになりますし、逆に、発展途上国におけるように労働力が豊富で賃金の低い国では、より多く労働に依存する労働集約的な生産技術を採用するからです。いいかえれば、企業は投入要素の相対価格に応じてそれぞれの投入要素の比率を変化させることによって利潤を最大化しています。(18-1)式は可変的な資本と労働投入量とによって生産物を生産する関係を一般的な形で表現しています。

いま、労働力1人当たりの労働時間は1か月当たり160時間と決まっているものとして、労働力1人1か月当たりの労働時間を投入労働量1単位とします。また、各投入要素を m 倍した場合生産量も m 倍になるという1次同次の性質を(18-1)式

人を喰うロボット

が満たすものとします。(18-1)式の右辺の各投入要素を$(1/L)$倍しますと，左辺の値も$(1/L)$倍になります。すなわち，

$$(18\text{-}2) \quad \frac{Y}{L}=F\left(\frac{K}{L},\ 1\right)$$

です。いま，改めてY/Lをyと置き，$K/L=k$，$F(\cdot,\ 1)=f(\cdot)$と置きますと，(18-2)式は，

$$(18\text{-}3) \quad y=f(k)$$

と書き改められます。(18-3)式は労働力1人（ないし労働量1単位）当たりの生産量は労働力1人（労働量1単位）当たりの資本量の関数になっていることを示しています。

いま，(18-3)式について次の2つの性質を仮定します。まず，kを増加させれば，yも増加すること，すなわち，(18-3)式のkによる1次の微分係数は正であることです。すなわち，

$$(18\text{-}4) \quad \frac{dy}{dk}=f'(k)>0$$

です。さらに，kを増加させるに従って，yの増加の程度は逓減すること，すなわち，(18-3)式のkによる2次の微分係数は負であることです。すなわち，

図18-1 新古典派の均衡資本労働比率

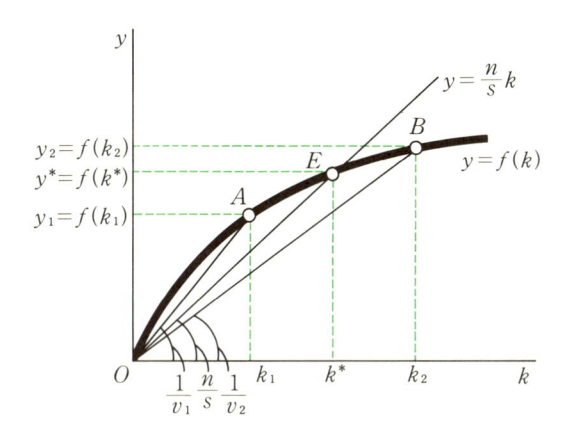

$(18-5)\quad \dfrac{d^2y}{dk^2}=f''(k)<0$

です。このような仮定を置くとき、(18-3)式は図18-1のように、横軸に k、縦軸に y をとったとき、原点から出る山なりのグラフになります。A 点で示されますように、1人当たり資本量 k が k_1 のときには1人当たりの生産量 y は y_1、また、E 点でのように、k が k^* に増加した場合には y は y^* に増加しますが、増加の程度は k が増加するにつれ逓減します。

コブ=ダグラス型生産関数を想定する場合には、(18-1)式に対応する関数形は次式のようになります。すなわち、

$(18-6)\quad Y=AK^{\alpha}L^{1-\alpha}$

です。ただし、A は技術水準を表す係数で、技術水準が向上して同一の資本量と労働量とで、より多くの生産物が生産できるようになる場合には、A の値は増加します。α は資本分配率で、生産物のうち資本に帰属する割合を表します。同様に、$1-\alpha$ は労働分配率で、生産物のうち労働に帰属する割合を表します。両者の合計は1次同次関数の場合には1になります。つ

まり，生産物は投入要素へすべて分配されます。いま，(18-6)式の両辺を L で割りますと，次式が求められます。すなわち，

(18-7) $\dfrac{Y}{L} = A\left(\dfrac{K}{L}\right)^{\alpha}$

です。これを書き直せば，

(18-8) $y = Ak^{\alpha}$

となります。ただし，$y = Y/L$，$k = K/L$ です。(18-8)式の k についての1次微分係数は正，2次微分係数は負であることが確認できます。

いま，A 点と原点とを結ぶ直線の傾きは $y_1/k_1 = (Y_1/L_1)/(K_1/L_1) = (Y_1/K_1) = (1/v_1)$，つまり，1人当たりの資本量が k_1 のときの資本産出係数 v_1 の逆数になっています。

2．均衡資本労働比率

定常的な均衡が成立するためには，次の2つの条件が成立する必要があります。まず第1に，資本労働比率 k が各時点で一定であることです。第2に，各時点ごとに，財市場の均衡が維持されることです。いま，労働力の成長率が年 n であるとします。資本労働比率が一定に維持されるためには，t 時点での1人当たりの資本量 k_t が n の割合で増加することが必要です。というのも，$k_t = K_t/L_t$ で分母の L_t が n の割合で増加するため $t+1$ 時点では $L_{t+1} = (1+n)L_t$ となります。k の値を一定に維持するためには，分子の K_t も n の割合で増加し，$K_{t+1} = (1+n)K_t$ となる必要があるからです。したがって，t 時点での1人当たりの資本量の増加分は $nK_t/L_t = nk_t$ になります。

第2の均衡条件が成立するためには1人当たりの投資 nk_t が1人当たりの貯蓄によって賄われる必要があります。つまり，t 時点での財市場の均衡が成立するための条件は次式で示

されます。すなわち,

(18-9) $nk_t = sf(k_t)$

です。ただし, s は各人の, したがって, 社会全体での貯蓄率です。(18-9)式の左辺は t 時点での1人当たり投資で,右辺は1人当たり貯蓄です。(18-9)式の両辺に労働力人口 L_t を掛ければ,左辺は nK_t,右辺は sY_t となって,(18-9)式は社会全体での投資が貯蓄と等しいという財市場の均衡条件を表す式になります。(18-9)式の辺々を k_t と s でそれぞれ割りますと,

(18-10) $\dfrac{n}{s} = \dfrac{f(k_t)}{k_t}$

となります。(18-10)式の右辺は資本産出係数の逆数で,原点と生産関数上の点を結ぶ直線の傾きです。左辺の値は労働人口成長率 n と貯蓄率 s の比率で仮定により一定です。(18-10)式が成立するような k の値 k^* が求められれば, k^* は上にあげた2つの均衡条件を満たす定常的な**均衡資本労働比率**になります。このような k の値は図の原点から,傾き n/s の直線を引き,生産関数 $y = f(k)$ との交点 E の横軸座標 k^* によって与えられます。E 点の縦軸座標 y^* は均衡での1人当たり生産量です。このとき $n/s = (1/v^*)$ [v^* は k^* のときの資本産出係数] が成立しますので,これを書き直せば, $n = s/v^*$ という技術進歩がない場合のハロッド=ドーマー条件が成立します。つまり,新古典派のモデルではハロッド=ドーマー・モデルにおいて偶然的にしか成立しない自然成長率=保証成長率という関係がモデルの均衡条件として求められることになります。しかも,次節で検討しますように,この均衡は安定的な関係になります。

───── 練習問題18-1 ─────

次の文章中の下線部に適切な語句を記入しなさい。

1　1次同次の生産関数について次の仮定を置く。すなわち,1人当たり資本量 k が増加すれば,1人当たり生産量 y

も __①__ する。つまり，生産関数の k に関する1次微分係数は __②__ である。しかし，その増加の程度は __③__ する。つまり，生産関数の k に関する2次微分係数は __④__ である。

2　労働力人口が n の割合で成長する際の均衡資本労働比率は，1人当たり資本量が一定になるように，1人当たり投資が __①__ だけ行われ，かつ，この投資が1人当たり貯蓄 __②__ と等しくなるときに実現する。均衡資本労働比率は原点から傾き __③__ の直線と生産関数 $y=f(k)$ との交点の __④__ 軸座標で与えられる。

3　新古典派成長モデルでは_____＝保証成長率というハロッド＝ドーマー条件が均衡で維持される。

実例演習18-1

コブ＝ダグラス型生産関数 $Y = TL^{0.6}K^{0.4}$〔Y，T，L，K はいずれも時間の関数，Y：生産量，T：技術進歩，L：労働量，K：資本量〕において，技術進歩率（$\Delta T/T$）および資本装備率の増大の速度（$\Delta K/K - \Delta L/L$）は表のとおりである。この場合において，第1期の経済成長率（$\Delta Y/Y$）が4.8%で与えられたとき，第2期の経済成長率はいくらになるか。ただし，労働の成長率は各期とも同じであるものとする。(元年度国家II種)

	$\Delta T/T$	$\Delta K/K - \Delta L/L$
第1期	3.0	2.0
第2期	3.5	3.0

1　約5.7%　　2　約6.3%　　3　約7.0%
4　約7.7%　　5　約8.5%

練習問題18-1の正答…1．①増加②正③逓減④負　　2．① nk_t ② $sf(k_t)$
　　　　　　　　　　　③ n/s ④横　　3．自然成長率

●解説　コブ゠ダグラス型生産関数の自然対数をとると，次式が求められます。すなわち，

$$\ln Y = \ln T + 0.6 \ln L + 0.4 \ln K$$

両辺を時間 t で微分しますと，

$$\frac{1}{Y}\frac{dY}{dt} = \frac{1}{T}\frac{dT}{dt} + 0.6 \cdot \frac{1}{L}\frac{dL}{dt} + 0.4 \cdot \frac{1}{K}\frac{dK}{dt}$$

となります。左辺の値は経済成長率 g，右辺の第1項は技術進歩率 λ，第2項の変数は労働成長率 n，第3項の変数は資本成長率 ϕ です。表よりそれぞれの値を代入しますと，第1期には次式が成り立ちます。すなわち，

$$4.8 = 3.0 + 0.6n + 0.4\phi \quad \text{かつ，} \quad \phi - n = 2.0$$

これより，$n = 1.0$，$\phi = 3.0$ です。第2期にも $n = 1.0$ は仮定により維持されますので，$\phi - 1.0 = 3.0$ より，$\phi = 4.0$ です。そこで，$g = 3.5 + 0.6 \times 1.0 + 0.4 \times 4.0 = 5.7\%$ となります。

正答　1

3．均衡資本労働比率の安定性とシフト

　均衡資本労働比率は安定的です。いま，A 点で示されますように，現実の k が k^* より小さい k_1 になったとします。この場合には $n/s < f(k_1)/k_1$ で，$nk_1 < sf(k_1)$ になっています。すなわち，1人当たりの資本量を k_1 の水準で同一に保つために必要な投資よりも，1人当たりの貯蓄が多くなっています。つまり，このような状況では1人当たり資本量 k は k_1 より増加し，k^* の方向に変化します。逆に，B 点で示されますように，$k_2 > k^*$ になったとします。この場合には $n/s > f(k_2)/k_2$ で，$nk_2 > sf(k_2)$ ですから，1人当たりの貯蓄は1人当たりの資本量を k_2 の同一の水準に維持するのに必要な量より少なくなります。ですから，k の値は k_2 より減少し，k^* の方向に変化します。k の値が k^* から離れた場合には k^* の方向へ k を戻

す復元力が働きますので、均衡資本労働比率は安定的です。

ところで、均衡資本労働比率は次の3つの要因によって変動します。第1は労働力成長率 n が低下すれば、原点からの傾き n/s の直線の傾きは小さくなりますので、均衡資本労働比率は大きくなります。第2に、貯蓄率 s が増加すれば、傾きが n/s の直線の傾きが小さくなりますので、やはり均衡資本労働比率は上昇します。第3に、労働生産性が上昇する場合には、投入労働量を効率性単位で測り直して考えます。すると、労働生産性の向上はあたかも労働人口成長率の上昇と同じになりますので、n の代わりに $n+\lambda$ (λ は労働効率の年上昇率)を代入した関係がそのまま成り立ちます。均衡資本労働比率は $(n+\lambda)/s=f(k)/k=1/v$ のときの k の値になります。ただし、k は資本と効率単位で測った労働との比率です。労働効率 λ の上昇は均衡資本労働比率を低下させます。図18-1に示しますように均衡点は E から、たとえば A へ移動し、効率単位で測った資本労働比率 k の値は低下します。

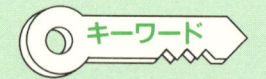

キーワード

▶**均衡資本労働比率** 各時点を通じて一定で、かつ、財市場の均衡が達成されるような資本労働比率。

▶**均衡資本労働比率の安定性** 現実の資本労働比率が均衡資本労働比率から乖離(かいり)する場合、投資が調整されて、均衡資本労働比率が回復されること。

●●●最近の実際問題●●●

No. 1 新古典派の経済成長モデルが,
$$y = \sqrt{k}$$
$$\Delta k = sy - nk$$
〔y:1人当たり産出量, k:1人当たり資本量, Δk:kの増分, s:貯蓄率, n:人口増加率(一定)〕
で示されるとする。当初,経済は定常状態にあるものとする。もし貯蓄率sが上昇すると,新たな定常状態の1人当たり資本量kと1人当たり産出量yの水準は,以前の定常状態と比べてどのようになるか。ただし,$k=0$,$y=0$となるような自明の定常状態は考えないものとする。(9年度地方上級全国型,関東型,経済専門タイプ)

1　kは低下し,yは上昇し,資本係数k/yは低下する。
2　kは上昇し,yは低下し,資本係数k/yは上昇する。
3　kとyはともに上昇し,資本係数k/yは低下する。
4　kとyはともに上昇し,資本係数k/yは上昇する。
5　kとyはともに低下し,資本係数k/yは上昇する。

●解説　定常状態にあるとき,kの変化はなく一定です。つまり,$\Delta k = 0$で,$sy = nk$が成立しています。これより,
(1)　$y = (n/s) k$
の関係が導き出されます。生産関数$y = \sqrt{k}$のグラフはkを横軸にとり,yを縦軸にとったとき,横軸を対称軸とする放物線の上半分になります(図18-1参照)。同じグラフ上で,(1)式は原点からの傾きn/sの直線になります。定常状態でのkとyの値は,生産関数と(1)式の直線との交点の座標で与えられます(図18-1,E点)。いま,貯蓄率sが上昇したとき(1)式の直線の傾きは小さくなり,生産関数との交点は右上方(図18-1,B点)に移動し,交点におけるkとyの値はともに上昇します。また,y/kは直線の傾きに等しく,低下しますので,その逆数である資本係数k/yは上昇します。

正答　4

第18話　新古典派成長論

No. 2　経済成長モデル

$Y = \min[0.2K, L]$
$Y = C + I + G$
$C = 0.8(Y - T)$
$G = T = 0.1Y$
$\Delta K = I$
$\Delta L = 0.01L$

〔Y：産出，K：資本，L：労働力，C：消費，I：投資，G：政府支出，T：租税，Δは増分を表す〕

のとき，この経済が最終的に到達する斉一経済成長経路において資本・労働比率K/Lはいくらか。ただし，初期の資本と労働はともに正とする。（12年度地方上級関東型）

1　10　　**2**　12　　**3**　14
4　16　　**5**　18

●解説　モデルの第1式の生産関数が特殊な形をしていますが，$0.2K$かLのいずれか小さいほうで，生産量が決まるということです。$Y = 0.2K$ないし$Y = L$が成立しています。均衡成長では資本労働比率が一定ですので，投資額はnKになります。ただし，nは労働力成長率で，問題文では$\Delta L/L = 0.01$です。つまり，

（1）　$I = nK = 0.01K$

です。第2式の財市場の均衡条件に第3式の消費関数，第4式の政府支出関数，および（1）式を代入して，次式が求められます。すなわち，

$Y = 0.8(Y - 0.1Y) + 0.01K + 0.1Y$

です。これをYについて整理しますと，

$Y(1 - 0.72 - 0.1) = 0.01K$

となります。これより，

$K/Y = 0.18/0.01 = 18$

となります。この関係は，

$Y = (1/18)K = 0.056K$

と書き直すことができます。この関係は問題文の生産関数 $Y = 0.2K$ より下回りますので，成立している生産関数は $Y = L$ です。Y, K, L それぞれが0.01の成長率で成長します。

正答　5

> **No. 3** ある経済の生産関数を
> $$Y = K^{0.2} N^{0.8}$$
> 〔Y：国内総生産，K：国内の資本，N：国内の労働力〕
> というコブ＝ダグラス型生産関数とし，労働成長率を0.02とした場合において，毎期の1人当たりの消費を最大にするような均斉成長率を達成するときの平均貯蓄性向はいくらになるか。ただし，国内総生産は民間消費と民間貯蓄の和として，資本減耗と技術革新はないものとする。**（10年度国家Ⅰ種経済）**
>
> **1** 0.05　　**2** 0.1　　**3** 0.2
> **4** 0.5　　**5** 0.8

●**解説**　新古典派の成長モデルでは，ハロッド＝ドーマーの保証成長率＝自然成長率を成立させる均衡成長率が安定的に実現されます。この問題では，さらに，このような均衡成長率のうち，毎期1人当たりの消費を最大にするような成長率を求めています。資本の増加はコブ＝ダグラス型生産関数により国内総生産を増加させますが，今期の生産物のうち資本にあまり多く割り当てると，今期の消費が減少します。生産量を増やしたくはあるけれども，消費を減らすほどには増やしても意味がないので，1人当たりの消費を最大化するような資本蓄積が望ましいことになります。問題文では，そのような資本蓄積を実現するような貯蓄率を求めることを要求しています。

いま，国内総生産 Y は民間消費 C と民間投資 I の和として定義されています。これを式で表現しますと，次式のようになります。すなわち，

$$Y = C + I$$

です。辺々を労働人口 N でそれぞれ割りますと，

第18話　新古典派成長論

（1） $y = c + i$

と1人当たりの生産量 y が1人当たりの消費 c と1人当たりの投資 i との和として定義されます。

問題文の生産関数を辺々労働人口 N で割りますと，次式のようになります。すなわち，

（2） $y = k^{0.2}$

です。ただし，$k = K/N$ で，1人当たりの資本，つまり，資本労働比率です。さて，資本労働比率 k が一定であるためには1人当たり資本 k は毎年 nk ずつ増加する必要があります。というのも労働成長率が n だからです。いいかえますと，資本の増分は nK，労働の増分は nN で，1年後の資本は $(1+n)K$，1年後の労働人口は $(1+n)L$ です。このとき $K/N = k$ が一定の値として維持されます。K の増分 nK を労働人口 N で割った値が nk になります。この資本の増加分を毎年の貯蓄で調達する必要がありますので，次式が成立します。すなわち，

（3） $nk = i = sy = sk^{0.2}$

です。ただし，（3）式の右辺の s は限界貯蓄性向です。

1人当たりの消費は（1）式より

（4） $c = y - i$
$= k^{0.2} - nk$

と書くことができます。ただし，（4）式の2行目は（2）式を

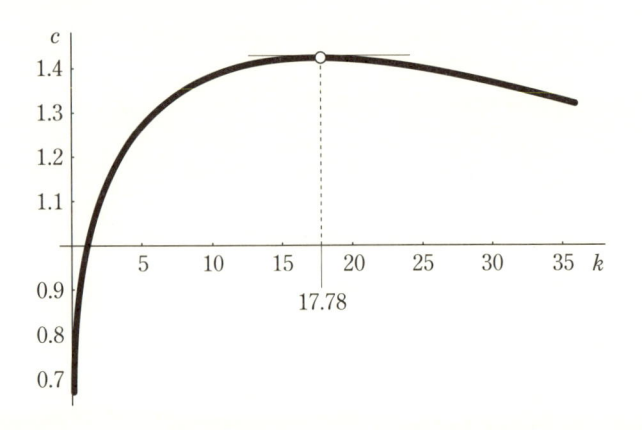

y に代入し,かつ,(3)式の最初の等号の関係を代入した結果です。(4)式の2行目は k の増加は第1項で生産量の増加をもたらしますが,第2項で,消費に当てられる分を減少させることが示されています。(4)式のグラフは図のように示されます。 c を最大化するような k の値は(4)式のグラフの頂点で与えられます。頂点では接線の傾きがゼロになります。そこで,(4)式を k で微分しますと,次式のようになります。すなわち,

(5) $dc/dk = 0.2k^{-0.8} - n$

です。(5)式の右辺をゼロと置いて,c のグラフの頂点における k の値を求めます。すなわち,

$1/k^{0.8} = n/0.2$

より,

(6) $k^{0.8} = 0.2/n = 0.2/0.02 = 10$

です。ただし,最後の等号は問題文より労働成長率 $n = 0.02$ を代入した結果です。(6)式を k について解きますと,$k = 17.78$ と求められます(図参照)。(3)式を変形して,

(7) $s = nk^{0.8}$

です。(7)式の右辺に(6)式を代入して,

$s = 0.02 \times 10 = 0.2$

と,c を最大にする限界貯蓄性向 s を求めることができます。

正答 3

はじめて学ぶ
マクロ経済学

第19話
総供給-総需要分析

　第16話まで検討してきましたIS-LM分析および第17話で検討しましたハロッド＝ドーマーの成長論では，物価水準は一定と仮定され，おもに生産量の変化が問題とされてきました。しかし，1973年の第1次石油危機の前後から物価水準の大幅な変動が生じて，インフレーションの問題が深刻化しました。また，1985年末以降は石油過剰によって生じた石油価格の低落と円高によって物価水準の低下ないし安定が日本経済に好ましい影響をもたらしました。ですから，経済モデルの面でも物価水準の変化を組み込んだモデルが必要です。総供給-総需要分析は，IS-LM分析で一定と仮定されていた物価水準を可変的なものと想定することによって求められる総需要関数と，企業の利潤最大化行動から導かれる一般物価水準と実質国内総生産との関係を示す総供給関数とから成り立っています。第1節では一般物価水準の増加関数としての総供給関数について検討します。第2節では，財市場での均衡条件から利子率を消去して導出される，物価水準と実質国内総生産との関係としての総需要関数について検討します。第3節では，総供給関数と総需要関数の同時均衡としての物価水準と実質国内総生産とその変化

生産性向上によるシフト

について検討します。

1. 総供給関数（AS曲線）

いま，一国の資本設備は一定水準$\overline{K}$で与えられているという意味で「短期」を考えます。そうしますと，一国の実質国内総生産は次の生産関数によって表現されます。すなわち，

(19-1)　$Y = F(\overline{K}, L)$

です。資本設備が一定の場合に，投下する労働量を増加させていくと，追加される生産量はだんだん減少していきます。つまり，労働の限界生産物は逓減します。これは資本設備が一定であるため，追加される労働があまり有効には活用されないためです。いいかえれば，(19-1)式をLについて微分して求められる微分係数の値は正ですが，2次微分の値は負になります。すなわち，$F_L = dY/dL > 0$，かつ，$F_{LL} = d^2Y/dL^2 < 0$です。

古典派の第1公準によれば，労働雇用量は労働の限界生産物が実質賃金に等しくなる水準に決まります。というのも，その

とき企業は利潤を最大化することになるからです。労働の限界生産物が実質賃金より大きい場合には、企業は労働雇用量を増加させることによって利潤を増加させることができます。また、労働の限界生産物が実質賃金より小さい場合には、企業は生産を縮小することによって利潤を増加させることができます。したがって、利潤を最大化できるのは、労働の限界生産物が実質賃金に等しいときになります。すなわち、

(19-2) $F_L = \dfrac{W}{P}$

です。ただし、F_Lは労働の限界生産物、Wは貨幣（ないし名目）賃金、Pは一般物価水準です。いま、ケインズの仮定に従って、貨幣賃金Wは一定とします。(19-2)式をPについての式に書き直しますと、

(19-3) $P = \dfrac{W}{F_L}$

となります。(19-3)式の右辺は国内総生産の限界費用を表しています。というのも労働の限界生産物の逆数$1/F_L$は限界生産物1単位当たりの労働量で、それと貨幣賃金Wとの積は限界生産物1単位当たりの労働費用になるからです。(19-3)式は企業の利潤最大化の条件は、生産物の限界費用が生産物の価格Pと等しくなるところまで生産を拡大することであることを示しています。

さて、Pがある値P_1のとき、(19-3)式を成立させるF_Lの値はW/P_1で一定になります。一定のF_Lに対応するLの値は一定で、また、Lの一定量に対応するYの値も一定で、Y_1になります。労働量Lの増加によって生産量Yの値が増加するとき、労働の限界生産物F_Lは減少します。そのため、生産物の限界費用は増加し、(19-3)式より、Pの値は上昇します。(19-3)式の関係を、Pを縦軸に、Yを横軸にとったグラフで表現しますと、図19-1の下の図の総供給曲線（Aggregate

図19-1 総供給曲線と総需要曲線の導出

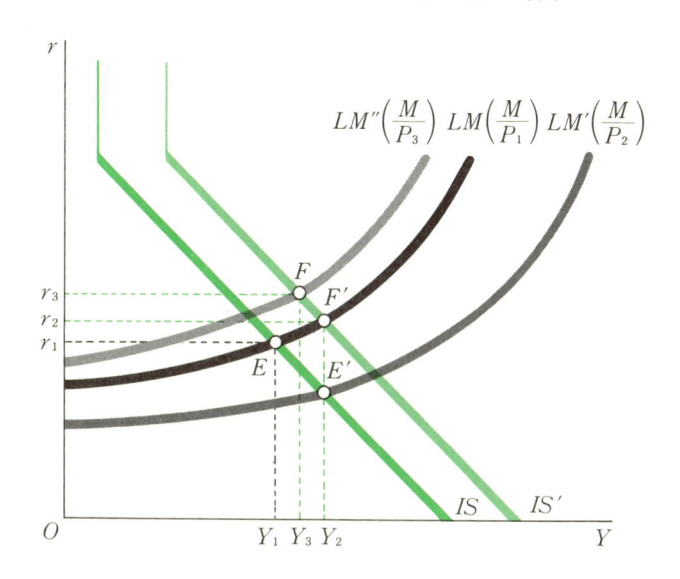

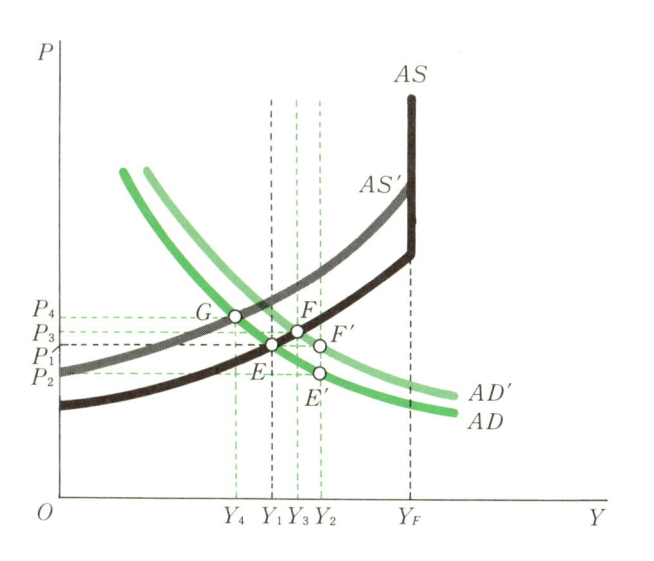

第19話 総供給-総需要分析

Supply, AS 曲線)のように右上がりの曲線になります。グラフが上に反っているのは資本設備が与えられている場合,生産物の限界費用の増加分は逓増すると考えられるからです。また, $Y=Y_F$ で AS 曲線が垂直になっているのは, Y_F は完全雇用国内総生産で,物価水準がどれほど上昇しても,それ以上は実質国内総生産を増加させることはできないからです。要するに,総供給関数は,企業の利潤最大化行動から導出される一般物価水準と実質国内総生産の組合せを示す関数で, AS 曲線で示されますように,実質国内総生産は一般物価水準の増加関数になります。

(19-3)式のグラフは貨幣賃金 W が上昇すれば, AS' のように,上方にシフトします。というのも,一定の実質国内総生産での労働の限界生産物 F_L は一定ですが, W が上昇する場合,生産物の限界費用は以前より高くなるからです。また,資本設備の損傷等による生産性の低下は一定の生産量における限界費用を増加させますので, AS 曲線をやはり上方にシフトさせます。逆に,貨幣賃金の低下,技術革新による生産性の向上は AS 曲線を下方にシフトさせます。

2. 総需要関数（AD 曲線）

第11話で検討しましたように,財市場の均衡は計画された総需要 E_p が総供給 Y と等しくなるときに実現されます。 IS 曲線は財市場の均衡が満たされるような利子率と実質国内総生産との組合せを示す曲線です。この均衡条件は次式のように表現されます。すなわち,

(19-4)　$C_0 + bY + E_{i0} - \alpha r = Y$

です。ただし,（19-4）式の左辺は計画された総需要 E_p で C_0 は国内総生産の関数としての消費関数の縦軸切片, E_{i0} は総独立支出で国内総生産の水準にも利子率の水準にも左右されない

投資 I_0，政府支出 G，および純輸出 $X-M$ の和です。すなわち，$E_{i0} = I_0 + G + (X-M)$ です。IS 曲線は図19-1の上の図の右下がりの直線として描けます。他方，貨幣市場の均衡は実質貨幣需要量と実質貨幣供給量とが等しくなるとき実現されます。すなわち，

$$(19\text{-}5) \quad \frac{M}{P} = l_0 + \frac{l_1}{r - r_a} + kY$$

です。(19-5)式の左辺は実質貨幣供給量，右辺の第1項と第2項は実質投機的動機貨幣需要量，第3項は実質取引動機貨幣需要量です。両者の和で与えられる実質総貨幣需要量が実質貨幣供給量に等しいとき，貨幣市場の均衡が実現します。LM 曲線は図19-1の上の図に示しますように右上がりの曲線として描けます。

IS-LM の同時均衡点 $E(Y_1, r_1)$ は一般物価水準が P_1 で一定のときの財市場と貨幣市場とを同時に均衡させる利子率と実質国内総生産を示しています。E 点の座標は(19-4)式と(19-5)式の連立方程式の解として与えられます。ところが，物価水準 P が変化する場合には，実質貨幣供給量が変化し，そのため，LM 曲線がシフトし，同時均衡点も変化します。いま，物価水準が P_1 から P_2 に低下したとしますと，LM 曲線は LM' へと右方にシフトします。その結果，IS-LM の同時均衡点は E' にシフトし，均衡国内総生産は Y_1 から Y_2 へ増加します。いま，一般物価水準と均衡国内総生産との関係を図19-1の下の図に示しますと，$E(Y_1, P_1)$ 点と $E'(Y_2, P_2)$ 点を通る右下がりの曲線 AD になります。これが総需要曲線(Aggregate Demand，AD 曲線) です。一般物価水準が低下しますと実質貨幣供給量が増加するため，投機的動機貨幣需要量と取引動機貨幣需要量に利用できる実質貨幣量が増加し，そのため，利子率が低下し，投資が増加し，その乗数倍だけ国内総生産が増加するわけです。AD 曲線を式で表現したものは総需

要関数で，(19-4)式と(19-5)式から r を消去して求められる P と Y との関係式になります。要するに，総需要関数は財市場と貨幣市場を同時に均衡させる物価水準と実質国内総生産との関係を示す関数です。

ところで，AD 曲線は，IS-LM の均衡点を変化させるような条件の変化によってシフトします。たとえば，政府支出 G の増加は，図19-1の上の図に示しますように，IS 曲線を IS' へと右方にシフトさせ，P_1 の物価水準の下での同時均衡点を E から $F'(Y_2, r_2)$ へシフトさせます。図19-1の下の図の AD' は $F'(Y_2, P_1)$ を通る新たな総需要曲線です。AD 曲線のシフト幅は IS-LM の均衡点での均衡国内総生産の増加幅に等しくなっています。純輸出（$X-M$）の増加，減税，名目貨幣供給量 M の増加も AD 曲線を右方にシフトさせます。逆に，政府支出の減少，純輸出の減少，増税，貨幣供給量の減少は AD 曲線を左方にシフトさせます。

―――――――― 練習問題19-1 ――――――――

次の文章中の下線部に適切な語句を記入しなさい。

1 総供給曲線 AS が右上がりであるのは労働の限界生産物が＿＿＿するためである。

2 総需要曲線 AD が右下がりであるのは物価水準の低下は実質貨幣供給量を ① させ，LM 曲線を ② にシフトさせ，IS-LM の同時均衡点での国内総生産を ③ させるからである。

3 政府支出の増加は総需要曲線 AD を ① にシフトさせるので，一定の物価水準での国内総生産は ② する。貨幣賃金の上昇は総供給曲線 AS を ③ にシフトさせるので，一定の物価水準での国内総生産は ④ する。

―――

練習問題19-1の正答…1．逓減　2．①増加②右方③増加　3．①右方②増加③上方④減少

3. マクロ均衡

　マクロの均衡は財市場と貨幣市場を同時に均衡させる利子率と実質国内総生産の組合せのうち，企業の利潤最大化行動と整合的な組合せによって与えられます。いいかえれば，図19-1の下の図のAD曲線とAS曲線との交点$E(Y_1, P_1)$が，一般物価水準が変化するものと仮定する場合のマクロの均衡点を示しています。AD曲線がたとえば，政府支出の増加によって，AD'のように，右方にシフトしますと，AS曲線との同時均衡点は$F(Y_3, P_3)$に移動します。本来，一般物価水準がP_1のままで一定の場合には，実質国内総生産はY_1からY_2まで増加したはずですが，物価水準がP_1からP_3へ上昇するため，均衡実質国内総生産はY_3に増加するのにとどまります。短期的には資本設備が与えられているため，政府支出が増加しても，企業は物価水準が上昇して実質賃金が低下しなければ，生産量を拡大できないからです。物価水準のP_1からP_3への上昇によって，実質貨幣供給量はM/P_1からM/P_3へ減少します。その結果，LM曲線は左方にLM''へシフトしますので，IS-LMの同時均衡点は物価水準の上昇がない場合のY_2よりも少ないY_3の実質国内総生産をもたらすにとどまります。(Y_2-Y_3)は，いわば，物価水準の上昇によるクラウディング・アウトです。

　第1節で検討しましたように，貨幣賃金の上昇はAS曲線を上方にシフトさせます。AD曲線に変化がない場合にはAS曲線とAD曲線との同時均衡点は$G(Y_4, P_4)$に移動します。実質国内総生産は減少し，物価水準は上昇します。賃金上昇などのコスト・プッシュは一般物価水準を上昇させると同時に，実質国内総生産を減少させる効果を持つといえます。

実例演習19-1

ある国の財市場が
$Y = C + I$
$C = 30 + 0.6Y$
$I = 50 - 100r$
貨幣市場が
$M/P = L$
$L = 2Y - 2000i$
で示されるとする。

〔Y：国民所得，C：消費，I：投資，r：実質利子率，M：貨幣供給量，P：物価水準，L：貨幣需要量，i：名目利子率〕

貨幣供給量が1000，予想物価上昇率が0.05であるとき，総需要関数を表す式はどれか。(10年度国家Ⅰ種法律，経済)

1 　$L = 10Y - 1700$
2 　$P = 500/(Y - 1000r - 50)$
3 　$P = 500/(Y - 1000r)$
4 　$P = 100/(Y - 160)$
5 　$P = 100/(Y - 170)$

●解説　第1式の財市場の均衡条件式に第2式の消費関数と第3式の投資関数を代入して，IS曲線を求めます。また，第4式の貨幣市場の均衡条件式に第5式の貨幣需要関数を代入して，LM曲線を求めます。IS曲線とLM曲線から実質利子率rを消去して物価水準PとYとの関係を求めれば総需要関数が求められます。ただし，実質利子率rと名目利子率iの間にはフィッシャーの定式化した次の関係があります。すなわち，

実質利子率＝名目利子率－予想物価上昇率

です。そこで，

（1）　$r = i - 0.05$

の関係が成り立ちます。

　IS曲線は第1式の財市場の均衡条件式に第2式の消費関数と第3式の投資関数を代入して,

　$Y = 30 + 0.6Y + 50 - 100r$

より,

　(2)　$0.4Y = 80 - 100r$

と求められます。他方, LM曲線は第4式の貨幣市場の均衡条件式に第5式の貨幣需要関数を代入して,

　(3)　$M/P = 2Y - 2000i$
　　　　　 $= 2Y - 2000(r + 0.05)$
　　　　　 $= 2Y - 2000r - 100$

と求められます。ただし, (3)式の2行目は i に(1)式の関係を代入したものです。(2)式より,

　$100r = 80 - 0.4Y$

これを(3)式の右辺の3行目に代入して,

　(4)　$M/P = 2Y - 20(80 - 0.4Y) - 100$

です。(4)式に$M = 1000$を代入したうえで, Yについて整理しますと,

　$10Y = 1700 + 1000/P$

となります。これをPについて解きますと,

　$P = 100/(Y - 170)$

と, 総需要関数が求められます。

正答　5

🗝️ キーワード

▶**総供給関数（AS曲線）** 企業の利潤最大化行動から導かれる一般物価水準と実質国内総生産の関係を示す関数。実質国内総生産は一般物価水準の増加関数になる。

▶**総需要関数（AD曲線）** 財市場と貨幣市場とを同時に均衡させる一般物価水準と実質国内総生産との組合せを示す曲線。実質国内総生産は一般物価水準の減少関数になる。

▶**マクロ均衡** 財市場と貨幣市場とを同時に均衡させる一般物価水準と実質国内総生産の組合せのうち，企業の利潤最大化行動を満たす組合せ。AS曲線とAD曲線との交点の座標により与えられる。

●●●最近の実際問題●●●

No.1 総供給関数に関する次の記述のうち，妥当なものはどれか。(11年度市役所上・中級C日程 [9/19])

1 総供給関数とは，利子率と国民所得の間の負の相関関係をいう。
2 総供給関数が垂直のとき，財政政策は国民所得に影響を与えることができない。
3 政府が財政支出を減少させると，総供給関数は右にシフトし，国民所得は減少する。
4 政府がマネーサプライを増加させると，総供給関数は左にシフトし，国民所得が減少する。
5 限界消費性向が高ければ，総供給関数は垂直に近くなる。

●解説 1．利子率と国民所得の負の相関関係を示すのはIS曲線です。2．総供給関数が垂直のとき，財政政策によってIS曲線を右方にシフトさせ，総需要関数を右方にシフトさせても，国民所得に影響を与えることはできません。正答。3．政府が財政政策を減少させると総需要関数は左方にシフトし，国民所得は減少します。総供給関数は影響を受けません。4．マネーサプライを増加させると総需要関数が右方にシフトし，国民所得が増加します。5．限界消費性向が高ければ，乗数が大きくなり，IS曲線の傾きは小さくなり，水平に近くなります。その結果，物価水準が変化し，LM曲線がシフトするときの国民所得の変化も大きくなり，総需要関数の傾きは小さくなり，平べったくなります。総供給関数は関係ありません。

正答　2

No.2 A国のマクロ経済変数が次のように与えられている。

消費関数：$C = 0.6Y + 80$
投資関数：$I = 0.2Y - 2r$
貨幣需要：$L = 0.2Y - 8r$

第19話　総供給-総需要分析

貨幣供給：$M/P = 200/P$
総供給関数：$P = (1/160)Y$
〔C：消費，Y：所得水準，I：投資，r：利子率，L：貨幣需要，M：名目貨幣供給，P：一般物価水準，$P > 0$〕
このときの均衡物価水準はいくらか。(10年度市役所上・中級C日程〔9/20〕)

1 1.0 **2** 1.5 **3** 2.0
4 2.5 **5** 3.0

●解説　IS曲線とLM曲線の均衡から総需要関数を導出し，総供給関数との均衡を求めることによって，均衡物価水準と所得水準を求めることができます。まず，財市場の均衡条件式$Y = C + I$に第1式の消費関数と第2式の投資関数を代入して，IS曲線が次式のように求められます。すなわち，

$Y = 0.6Y + 80 + 0.2Y - 2r$

です。これを整理しますと，

(1)　$0.2Y = 80 - 2r$

となります。第3式の貨幣需要と第4式の貨幣供給との均衡から，LM曲線が次式のように求められます。すなわち，

(2)　$200/P = 0.2Y - 8r$

です。(1)式と(2)式からrを消去するため，(1)式の辺々を4倍して(2)式の辺々を引きますと，

$0.8Y - 200/P = 320 - 0.2Y$

となります。上式をYについて整理しますと，

(3)　$Y = 200/P + 320$

となります。(3)式が総需要関数になります。総供給関数の右辺に(3)式を代入して，

$P = (1/160)(200/P + 320)$
　$= 5/(4P) + 2$

となります。これをPについて整理しますと，

$P^2 - 2P - 5/4 = 0$

となります。上式を2次方程式の根の公式に当てはめて，Pについて解きますと，

$$P = 1 \pm \sqrt{1 + 5/4} = 1 \pm 3/2 = 2.5, \ -0.5$$

となります。$P > 0$ ですので，$P = 2.5$ が求める答えになります。

正答　4

No. 3 ある経済で，IS 曲線が，

$r = 12 - Y$

LM 曲線が，

$Y/r = M/P$

マクロな生産関数が，

$Y = N^{\frac{1}{2}}$

によって与えられている。

〔r：利子率，Y：所得（生産量），M：名目貨幣量，P：物価水準，N：雇用量〕

名目貨幣供給量が 1，名目賃金率が 1/2 のとき，均衡所得と物価水準の組合せとして，妥当なものはどれか。(11年度国家Ⅰ種法律，経済)

	均衡所得	物価水準
1	2	1/2
2	2	2
3	2	3
4	3	1/2
5	3	3

●解説　総供給関数はマクロ生産関数を雇用量 N で微分して得られる労働の限界生産物が実質賃金率（＝名目賃金率/P）に等しいという関係から導き出されます。まず，労働の限界生産物は，生産関数を N について微分して，

（1）　$dY/dN = (1/2) N^{-\frac{1}{2}}$

と求められます。他方，実質賃金率 W/P は

（2）　$W/P = 1/(2P)$

です。(1)式と(2)式の左辺を等しいと置いて，

$(1/2) N^{-\frac{1}{2}} = 1/(2P)$

です。生産関数 $Y = N^{\frac{1}{2}}$ を代入して，

(3) $P = Y$

が総供給関数になります。他方，総需要関数はIS曲線とLM曲線から利子率rを消去して，次式のようになります。すなわち，

$12 - Y = Y/(M/P)$

です。$M = 1$を代入して，Pについて解きますと，

(4) $P = (12 - Y)/Y$

と，総需要関数が求められます。

(3)式を(4)式に代入して，

$Y = (12 - Y)/Y$

これをYについて整理しますと，

$Y^2 + Y - 12 = 0$

$(Y + 4)(Y - 3) = 0$

より，$Y > 0$ですので，

$Y = 3$

(3)式に代入して，

$P = 3$

と求められます。

正答 5

No. 4 次の図は，貨幣供給増加による金融緩和政策の後の主要なマクロ経済変数（産出量，利子率，物価，実質貨幣残高，実質賃金）の時間経路を表したものである。A～Dに当てはまるマクロ経済変数の組合せとして，妥当なものはどれか。(10年度地方上級，全国型，関東型，中部・北陸型，経済専門タイプ)

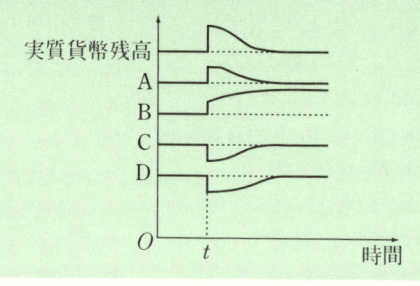

	A	B	C	D
1	利子率	産出量	実質賃金	物価
2	利子率	物価	実質賃金	産出量
3	物価	産出量	利子率	実質賃金
4	産出量	物価	利子率	実質賃金
5	産出量	利子率	実質賃金	物価

●**解説** 実質貨幣残高はマネーサプライ M/P です。その推移を図で見ますと、t 時点でジャンプして増加し、以降次第に元の水準に戻る動きをしています。IS-LM の枠組みで考えますと、t 時点で、名目貨幣供給量が増加し、LM 曲線が右方にシフトしますので、産出量が増加し、利子率が低下します。物価については、総需要 - 総供給の枠組みで考えますと、t 時点で、実質貨幣残高と同時に上昇しますが、当初の上昇幅は貨幣供給量の増加ほどではありません。当初の物価上昇の理由は、総需要の増加により、賃金が固定している状態で、総供給が増加し、限界生産性が低下するために、物価が上昇するためです。ここまでは、これまで学んでいる、IS-LM モデルと総需要 - 総供給モデルにおける、静学的な均衡の変化を示しています。しかし、図は時間的な経緯に応じてそれぞれの変数が推移する姿を示しています。このような変化は動学的な変化を示しています。モデルとしてこのような動学的な推移をモデル化するためには、各変数の時間的な推移を示すようなモデル化が必要になります。ここでは、モデルを数式として明示するのではなく、図を参考に、実質貨幣残高の推移に対応して、各変数がどのように対応するかを検討することにより、各変数の動学的な動向を検討します。図によりますと、実質貨幣残高は次第に元の水準に戻っていますので、物価水準が徐々に貨幣供給量の増加に比例する水準まで上昇することを図は示しています。そうしますと、賃金は当初固定していて実質的には低下しますが、その後次第に物価水準の上昇を是正するために上昇し、元の実質賃金を回復します。物価水準の貨幣供給量と比例的な上昇によって実質貨幣残高は元の水準に戻りますので、実質マネーサプライ M/P も元の水準に戻り、産出量も歩調を合わ

せて，元の水準に戻ります。利子率も当初低下しますが，実質貨幣残高が元の水準に戻るのに対応して，元の水準に戻ります。このような各変数の状況は，それぞれ以下のとおりになります。すなわち，実質貨幣残高と同方向に歩調を合わせているのはAで，これが産出量です。また，実質貨幣残高と逆方向に歩調を合わせているのはCで，これが利子率になります。これだけで実は4と答えが見つかります。賃金率が物価上昇に合わせて次第に上昇していく局面を考えますと，総供給関数が賃金率の上昇に対応して上方にシフトし続けますので，物価も最初のジャンプの後，次第に上昇していき，貨幣供給量の増加に比例する水準で固定されます。このような動向はBで示されています。実質賃金は賃金率を物価で割ったものですが，名目賃金率は硬直的ですので，当初の物価のジャンプに応じて下落しますが，名目賃金率が物価上昇分に対応して次第に上昇しますので，実質賃金率は次第に元の水準に戻ります。その動向は物価水準の動向を反映しますので，図では，利子率よりは遅れて，元の水準に戻ります。Dがこのような推移を示しています。

正答 4

No. 5　ある国の経済は以下の式で記述される。

$C = 5 + 0.6(Y-T)$

$I = 3 - 2r$

$Y = C + I$

$M/P = e^{0.1Y-r}$

〔C：消費，Y：GDP，T：税，I：投資，r：利子率，M：名目マネーサプライ，e：自然対数の底，P：物価〕

この国の総供給関数は$P = e^{0.1Y}$であるとすると，1の減税を行ったときのY，rに与える影響についての組合せとして，妥当なものはどれか。(11年度国家Ⅰ種経済)

	Y	r
1	+0.75	+0.15
2	+0.75	-0.15
3	-0.75	-0.15

| 4 | +1.5 | +0.30 |
| 5 | +1.5 | −0.30 |

●**解説** 減税はIS曲線を右方にシフトさせ、Yを増加させ、rを上昇させます。Yの増加はrの上昇によるクラウディング・アウトによって単純な乗数効果分よりは削減されるだけでなく、Pの上昇によるLM曲線の左方シフトによってさらに削減されます。具体的な大きさを求めるためには、総需要関数と総供給関数からYを税Tの関数として表現して、その効果を特定する必要があります。Yへの効果がわかれば、rへの効果もIS曲線ないしLM曲線から判明します。

まず、第1式の消費関数と第2式の投資関数を第3式の財市場の均衡条件式に代入して、次式を求めます。すなわち、

$$Y = 5 + 0.6(Y - T) + 3 - 2r$$

です。これをrについて解きますと、

$$2r = -0.4Y + 8 - 0.6T$$

より、

(1)　$r = -0.2Y + 4 - 0.3T$

となります。この関係を第4式のLM曲線に代入しますと、

(2)　$M/P = e^{0.1Y + 0.2Y - 4 + 0.3T}$
　　　　　$= e^{0.3Y - 4 + 0.3T}$

となります。(2)式のPに総供給関数を代入して、

$$M/e^{0.1Y} = e^{0.3Y - 4 + 0.3T}$$

となります。これをYについて整理しますと、

(3)　$M = e^{0.4Y - 4 + 0.3T}$

となります。(3)式の両辺の自然対数をとりますと、次式のようになります。すなわち、

(4)　$\ln M = 0.4Y - 4 + 0.3T$

です。いま、(4)式を全微分し、マネーサプライには変化がありませんので、$d\ln M = 0$とおくと、次式のようになります。すなわち、

$$0 = 0.4\,dY + 0.3\,dT$$

です。これより、

(5)　$dY/dT = -(3/4) = -0.75$

と，租税の変化のGDPに及ぼす影響が求められます。減税の場合にはdTはマイナスになりますので，(5)式の右辺の値もプラスになります。次いで，rへの影響はIS曲線より求められます。すなわち，(1)式のIS曲線を全微分して，

$dr = -0.2\,dY - 0.3\,dT$

です。上式の両辺をdTで割って，

(6)　$dr/dT = -0.2\,dY/dT - 0.3$
　　　　$= (-0.2)\cdot(-0.75) - 0.3 = -0.15$

と，Tの変化のrへの影響を求めることができます。減税の場合には，符号が反対になります。

正答　1

はじめて学ぶマクロ経済学

第20話 フィリップス曲線とスタグフレーション

　第19話で検討しましたように，総供給曲線と総需要曲線の位置によって，一般物価水準と実質国内総生産の組合せは種々のものになりえます。貨幣賃金が一定という仮定の下で，企業が利潤を最大化するところまで労働を雇用し，労働の限界生産物は逓減するために，総供給曲線は一般物価水準の増加関数になります。しかし，実際には貨幣賃金は必ずしも一定ではありません。むしろ好況期には上昇し，不況期には低下します。また，好況期には同時に失業率が低下し，逆に，不況期には失業率が上昇します。したがって，総供給曲線の傾きは，貨幣賃金が一定だと仮定した場合よりも急になります。このような事実関係を歴史的に検証したものがフィリップス曲線です。以下では，フィリップス曲線と最近の日本と米国でのスタグフレーションについて検討します。

1. フィリップス曲線

　フィリップス曲線は，フィリップス（A. W. Phillips, 1914～75）がイギリスの1861年から1957年までのおよそ100年間のデ

図20-1 フィリップスの発見したフィリップス曲線
(1861〜1913年)

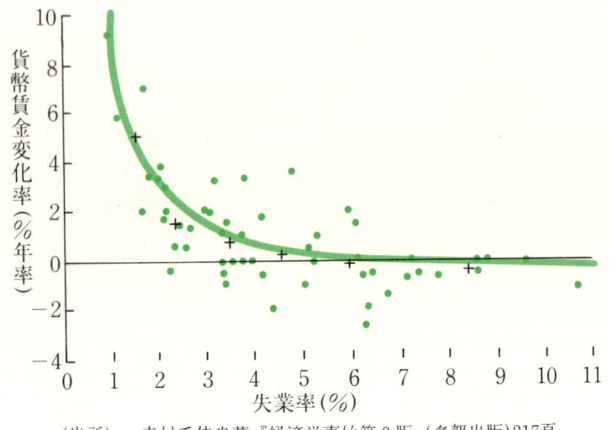

(出所) 幸村千佳良著『経済学事始第3版』(多賀出版)217頁

ータに基づいて抽出した関係で,貨幣賃金の変化率と失業率との間にトレード・オフ(二律背反,一方を立てれば他方が立たないこと)の関係があることを示しています。すなわち,図20-1に示しますように,貨幣賃金の年変化率のゼロの値には5.5%ほどの失業率が対応し,失業率がそれ以下になる場合には,賃金上昇率が次第に高くなり,失業率1%を漸近線とするかのように,曲線は反り上がっています。つまり,失業率が低くなればなるほど,賃金上昇率は高くなるという経験上の事実が示されています。逆に,失業率が5.5%より高くなる場合には,貨幣賃金の変化率はマイナスになり,貨幣賃金は低下します。しかし,低下の程度はわずかで,失業率が11%になっても,貨幣賃金の低下率は1%以下です。いわば,貨幣賃金には下方硬直性があったといえます。

好況期には,生産が拡大する結果,就業者数は増加します。そのため以前失業していた労働者も雇用され就業するようにな

図20-2　日本と米国のフィリップス曲線

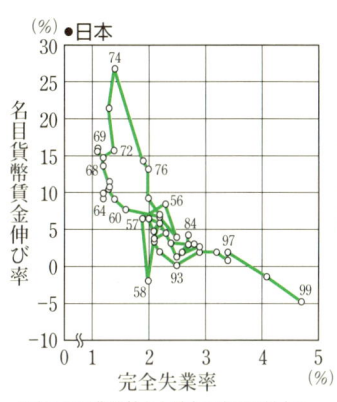

●日本

日本の名目貨幣賃金上昇率は常用労働者の1人平均現金給与（全産業，30人以上事業所）の前年比伸び率
出所：毎月勤労統計および労働力調査報告

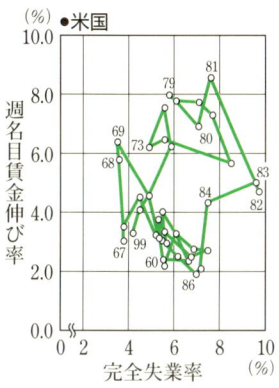

●米国

米国の週名目賃金上昇率は週平均所得（全産業民間）の前年比伸び率
出所：Economic Report of the President, February 2000

ります。**失業者**とは働く意思があり，実際に就職活動をしているにもかかわらず，就業できない労働力と定義され，失業率 U_r は（失業者数 U/労働力人口 L）と定義されます。労働力人口 L は失業者数 U と就業者数 W の和です。すなわち，

$$(20\text{-}1) \quad U_r = \frac{U}{L} = \frac{U}{U+W}$$

です。好況期には(20-1)式の分子の U が減少しますので，失業率 U_r も低下します。逆に，不況期には，生産が縮小し，そのため就業時間が縮小し，就業者が減少し，失業者が増加し，そのため失業率が上昇します。図20-1のフィリップス曲線は好況期と不況期の平均的な関係で，実際には，好況期には曲線より上側を通って，貨幣賃金変化率が上昇します。逆に，不況期には，曲線より下側を通って，貨幣賃金の変化がより急速に低下します。

さて，図20-2は1954～99年の日本のフィリップス曲線と1960～99年の米国のフィリップス曲線を示したものです。日本にお

けるフィリップス曲線は，1973年の第1次石油危機前後に一時的に60年代と80年代を通して見いだされる双曲線状のトレード・オフの関係から大きく外れていることがわかります。また，米国の場合には，第1次石油危機と1979，80年の第2次石油危機の前後に，1960年代と80年代後半を通して観測されるトレード・オフ関係から大幅に外れています。これらの現象は石油価格を中心とした原材料価格の大幅な上昇によって，総供給曲線が上方にシフトしたことを反映しています。一般物価水準の大幅な上昇は実質賃金を低下させるため，労働者は春闘などの労使交渉を通じて，貨幣賃金を一般物価水準の上昇に対応して大幅に上昇させてきました。そのため，1973年や74年における貨幣賃金の上昇率は図20-2に示しますように大幅なものになりました。また，将来の不確実性に伴う投資の減少により生産が減少し，失業率も増加しました。この現象を，マネタリストは次節のように説明します。

2．期待インフレ率（物価上昇率）で補強されたフィリップス曲線

マネタリストの論理的な枠組みは古典派の枠組みです。労働市場では，労働需要は古典派の第1公準に従います。すなわち，実質賃金が労働の限界生産物に等しくなるところまで労働需要があります。資本量が与えられている場合には，労働の限界生産物は逓減しますので，労働需要量が増加するためには実質賃金が低下しなければなりません。そこで，図20-3に示しますように，実質賃金を縦軸にとり，横軸に労働需要量をとった場合，労働需要曲線はD^Lのように右下がりの曲線になります。他方，労働供給は古典派の第2公準に従って，S^Lのように右上がりの曲線になります。第2公準によれば，労働供給は実質賃金が労働の限界不効用に等しいところまで行われます。

図20-3 労働市場

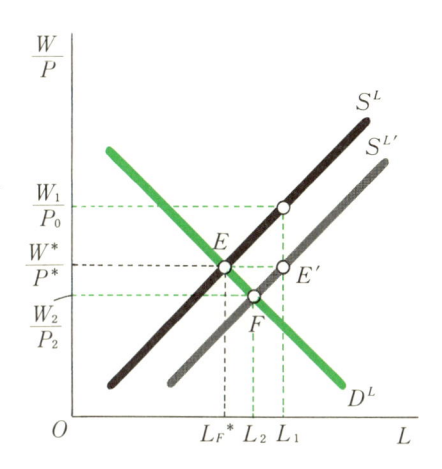

労働の限界不効用は労働供給時間が増加し，労働者の余暇時間が減少するにつれ，増加すると考えられますので，より多くの労働量を労働者が供給するためにはより高い実質賃金が提供される必要があるためです。

労働市場での均衡は労働需要曲線 D^L と労働供給曲線 S^L とが交わる E 点で実現されます。E点 $(L_F{}^*, W^*/P^*)$ では実質賃金 W^*/P^* で供給される労働量のすべてが雇用されているという意味で，完全雇用が実現されています。古典派の枠組みでは，実質賃金が自由に変動するため，完全雇用は常に実現されます。

このような枠組みの中に，フェルプス等のマネタリストは期待の役割を導入します。つまり，上のような均衡は実現される一般物価水準が予期された一般物価水準と等しいときに成立することで，期待値と実現値とが違っている場合には，実現される雇用量は完全雇用量 $L_F{}^*$ より多い場合も少なくなる場合もあります。いま，貨幣賃金が W_1 に上昇し，同時に一般物価水準も同率で P_1 に上昇しているにもかかわらず，労働者が一般

図20-4 期待インフレ率で補強されたフィリップス曲線

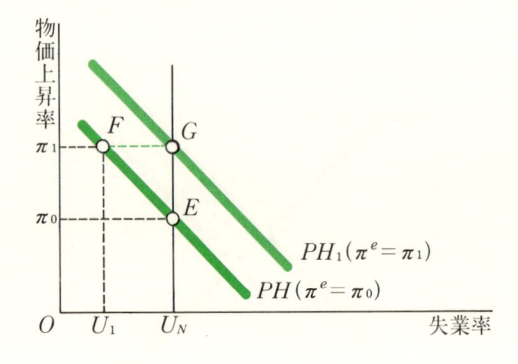

(縦軸: 物価上昇率、横軸: 失業率)
曲線: $PH_1(\pi^e = \pi_1)$、$PH(\pi^e = \pi_0)$
点: F、G(物価上昇率 π_1)、E(物価上昇率 π_0)
横軸上の点: U_1、U_N

物価水準の上昇率は貨幣賃金の上昇率以下であると認識していたとしますと、労働供給曲線は右方に $S^{L'}$ へシフトします。というのも、実現される実質賃金は $W_1/P_1 = W^*/P^*$ であるにもかかわらず、労働者は企業によって提示される貨幣賃金 W_1 をそれ以上に高い実質賃金、たとえば、W_1/P_0 とみなすため、より高い実質賃金 W_1/P_0 に対応する労働量 L_1 を W^*/P^* で供給するからです。W^*/P^* に対応する点は E 点ではなく、$E'(L_1, W^*/P^*)$ 点になります。そのため、労働者の認識のギャップが埋まるまで、労働市場での均衡は $F(L_2, W_2/P_2)$ 点で実現されます。つまり、完全雇用以上の雇用 L_2 が実現し、他方、均衡実質賃金は W_2/P_2 に低下します。そのため、失業率は完全雇用に対応する自然失業率以下に下がります。労働者が受け取った賃金で、生活物資を購入して一般物価水準の上昇が期待していた以上であることに気がついて初めて、労働供給曲線は S^L へ戻ります。このような労働市場で想定されうる現象をフィリップス曲線に取り込んだのが、期待インフレ率により補強されたフィリップス曲線です。ただし、インフレーションとは持続的な一般物価水準の上昇と定義されます。

図20-4は単純化したフィリップス曲線を示しています。縦軸には貨幣賃金の変化率ではなく，代わりに一般物価水準の変化率がとってあります。これは，米国での経験によると，貨幣賃金の変化率より一般物価水準変化率のほうがフィリップス曲線のトレード・オフ関係をより明確に表していたからです。貨幣賃金の変化率－生産性上昇率＝一般物価水準変化率，の関係がありますので，生産性上昇率が一定である場合には，貨幣賃金の変化率と一般物価水準変化率との差は定数になります。実際には，生産性は好況期に上昇し，不況期には低下しますから，一般物価水準の変化率のほうが貨幣賃金の変化率より安定的です。

　期待インフレ率で補強されたフィリップス曲線は図20-4に示されますように，期待インフレ率π^eが現実の物価上昇率π_0と等しいときに自然失業率U_Nの値をとる右下がりの直線PHになっています。これは，上で検討しましたように，現実の物価上昇率が予想したとおりである場合には，労働者が認識した実質賃金と実現された実質賃金との間に差がないため，労働供給曲線はS^Lで，完全雇用がE点で実現されるためです。労働市場（図20-3）でのE点が図20-4のE点に対応しています。期待物価上昇率がπ_0のとき，実際の物価上昇率がπ_1になりますと，労働市場での均衡はF点に移動し，雇用が完全雇用以上に拡大します。これは図20-4ではF点への移動によって示されています。失業率は自然失業率以下に低下します。しかし，π_1が実現しますと，労働者は期待物価上昇率をπ_0からπ_1に改訂します。つまり，G点で示しますように，実現される物価上昇率がπ_1のときに労働者の予想とのギャップがなく，完全雇用が実現され，自然失業率が達成されます。つまり，フィリップス曲線が上方にPH_1にシフトします。自然失業率を達成する物価上昇率はG点でのようにE点より高くなります。

　また，フリードマンは物価上昇率の変動が激しいときには，

実質賃金の変化率についての不確実性が増加するため、労働者の労働供給意欲が減退し、そのため、労働供給曲線が左方にシフトし、完全雇用水準そのものが以前より低下する可能性を指摘しています。その結果、自然失業率も以前より高まり、フィリップス曲線が全体に右上方にシフトします。そのような場合には、インフレーションと失業率の高まりとが同時に生じます。第1次石油危機後に見られた、大幅な物価上昇、すなわち、インフレーション(inflation)と高失業率ないし停滞(stagnation)とが共存する状態は**スタグフレーション**(stagflation)と呼ばれています。

練習問題20-1

次の文章中の下線部に適切な語句を記入しなさい。

1　フィリップス曲線は貨幣賃金の変化率と_____とのトレード・オフを示す曲線である。

2　好況期に失業率が低下するとき、貨幣賃金変化率は　①　し、逆に、不況期に失業率が上昇するときには貨幣賃金変化率は　②　する。

3　期待インフレ率で補強されたフィリップス曲線では、実際の物価上昇率が期待物価上昇率と等しいときに_____が実現される。

4　期待物価上昇率が上昇する場合には、フィリップス曲線は_____にシフトする。

練習問題20-1の正答… 1．失業率　2．①上昇②低下　3．自然失業率
　　　　　　　　　 4．上方

物価が高くてね…

実例演習20-1

下図は失業率をU_1にまで低下させようとしても，物価上昇率に関する企業家や労働者の期待が変化し，失業率は結局U_Nにとどまることを論証しようとしたものである。この図に関する次の記述のうち正しいものはどれか。（2年度地方上級京都市）

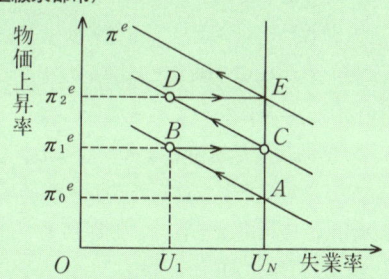

1 π^eの線は，100年にわたる失業率，物価上昇率を調査した研究者にちなんで，長期フィリップス曲線と呼ばれる。

2 BからCに向かう動きは，企業家が「貨幣錯覚」に陥っていることにも原因がある。

第20話　フィリップス曲線とスタグフレーション

3 AからBに向かう状況の中で,労働者は「貨幣錯覚」に陥っている。

4 BからCへの動きの中で,労働者は「相対賃金」を追求している。

5 AからBに向かう動きの中で,予想よりも低い物価上昇率になっているため,労働者はよりいっそう働こうとする。

●解説 **1**.長期フィリップス曲線は自然失業率U_Nでの垂線です。というのも,現実の物価上昇率が期待物価上昇率を上回る場合,労働者の期待物価上昇率は上方に改訂され,短期フィリップス曲線は上方にシフトし,長期均衡点はA,C,EのようにU_Nでの垂線上を移動するからです。**2**.BからCへの移動は労働者が「貨幣錯覚」を訂正する過程です。**3**.AからBへ向かうのは労働者が自分たちに提示された貨幣賃金上昇率を期待物価上昇率以上のものと錯覚するからで,いわば,「貨幣錯覚」に陥っているといえます。正答。**4**.「相対賃金」とは労働者が自分の賃金を他の労働者の賃金と比較した場合の相対的な賃金です。労働者は相対賃金によって労働供給量を決めるかもしれませんが,BからCの動きとは関係ありません。**5**.予想よりも低い物価上昇率になっている場合には,一定の実質賃金に対応する労働供給量は減少します。つまり,図20-3の労働供給曲線は左方にシフトします。そのため均衡雇用量は減少します。その結果,失業率は上昇し,問題図上では均衡点はA点よりB点とは反対方向の下方へ移動します。

正答 **3**

キーワード

▶**フィリップス曲線** 貨幣賃金変化率と失業率との間のトレード・オフを示す曲線。失業率が低下するとき，貨幣賃金変化率は上昇し，失業率が上昇するとき，貨幣賃金変化率は低下する。

▶**期待インフレ率で補強されたフィリップス曲線** 短期フィリップス曲線は期待物価上昇率が上昇すれば上方にシフトするため，長期フィリップス曲線は自然失業率で垂直になる。失業率が短期的に低下するのは労働者の期待物価上昇率が実際の物価上昇率より低いため，貨幣賃金の上昇を実質賃金の増加と認識するため。

●●●最近の実際問題●●●

No.1 図は，A国とB国のフィリップス曲線である。いま，A国において物価上昇率が0％であり，A国とB国の失業率はこのときまったく同じであったという。B国の物価上昇率は何％であるか。ただし，A国の生産性上昇率は1％，B国の生産性上昇率は2％であるとする。また，A国，B国ともに所得の分配率は一定であるとする。(10年度地方上級中部・北陸型)

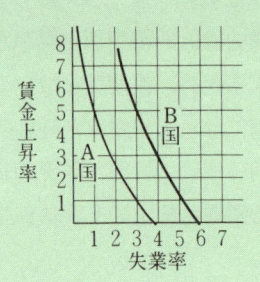

(グラフ：縦軸 賃金上昇率(1〜8)，横軸 失業率(1〜7)，A国とB国のフィリップス曲線)

| 1 | 2％ | 2 | 3％ | 3 | 4％ |
| 4 | 5％ | 5 | 6％ |

●**解説** 所得の分配率が一定の場合，物価上昇率 p，賃金上昇率 w，および生産性上昇率 ϕ の間には次のような関係があります。すなわち，

(1) $p = w - \phi$

です。これは生産物の価格の上昇の程度は1人当たりの賃金が上昇しても1人当たりの生産量の増加率分だけ抑えられることを示しています。この結果を明示的に求めますと，次のようになります。いま，一国の所得の労働分配率は次式で示されます。すなわち，

(2) $\theta = WL/PY$

です。ただし，W は労働者1人当たりの賃金，L は雇用労働者数，P は一般物価水準，Y は生産量です。全生産額のうち，労働者へ支払われた分が労働分配率です。変化率をとるためには（2）式の両辺の対数をとり，時間 t で微分します。いま，（2）式の両

290

辺の対数をとりますと,次式のようになります。すなわち,

(3) $\ln\theta = \ln W + \ln L - \ln P - \ln Y$
$= \ln W - \ln P - \ln Y/L$

です。(3)式の右辺の2行目の第3項は労働者1人当たりの生産量の対数で,労働生産性を表します。(3)式の両辺を時間 t で微分しますと,次式のようになります。すなわち,

(4) $(1/\theta)(d\theta/dt) = (1/W)(dW/dt) - \{1/(Y/L)\}\{d(Y/L)/dt\} - (1/P)(dP/dt)$

です。いま,労働分配率 θ が一定だとしますと, θ は不変で,その変化率はゼロですから,(4)式の左辺はゼロです。また,

$(1/W)(dW/dt) = w$
$\{1/(Y/L)\}\{d(Y/L)/dt\} = \phi$
$(1/P)(dP/dt) = p$

と置きますと,(4)式は次式のように書き換えられます。すなわち,

$p = w - \phi$

です。これは(1)式にほかなりません。また,問題文からははずれますが,(4)式から,労働分配率が高まる場合には,その分賃金上昇率が高まることが読み取れます。すなわち,

(4)′ $w = p + \phi + (1/\theta)(d\theta/dt)$

です。

さて,いま,問題文から,A国の物価上昇率がゼロで,生産性上昇率が1%,B国の生産性上昇率が2%ですので,A国とB国のそれぞれで生じている状態は,次式のように表現できます。すなわち,

(5) $0 = w_A - 1\%$
(6) $p_B = w_B - 2\%$

です。ただし,添え字の A, B はそれぞれの国の変数を示しています。A国の賃金上昇率は(5)式より, $w_A = 1\%$ になります。図のA国のフィリップス曲線より,賃金上昇率が1%のときのA国の失業率は3%です。問題文よりB国の失業率はA国の失業率と等しいので,B国の失業率も3%になります。B国のフィリップス曲線より失業率3%に対応する賃金上昇率 w_B は5%と読みとれます。そこで,この値を(6)式に代入して,B国の物価上

昇率は

$p_B = 5 - 2 = 3\%$

と求められます。

正答 2

> **No. 2** A.M.オークンは現実の国民所得を Y,完全雇用国民所得を Y_F,現実の失業率を u,自然失業率(完全雇用に対応する失業水準)を u_N とするとき,次の関係が成り立つことを指摘した。
>
> $\alpha(Y - Y_F) = -\phi(u - u_N)$
>
> 〔ただし,α,ϕ は正の定数〕
>
> オークンの法則といわれるこの関係式から導かれる結論として,妥当なものはどれか。(10年度市役所上・中級B日程[8/2])
>
> 1 $Y < Y_F$ のとき,労働の需給は逼迫する。
> 2 $Y < Y_F$ のとき,労働の需給に変化は生じない。
> 3 $Y > Y_F$ のとき,労働の需給は逼迫する。
> 4 $Y > Y_F$ のとき,労働の需給は緩和する。
> 5 Y と Y_F の関係とは独立に,労働の需給が決定される。

●解説 問題文の式が示していることは,失業率 u が自然失業率 u_N のときには国民所得 Y は完全雇用国民所得 Y_F に等しく,失業率 u が自然失業率 u_N よりも高くなる場合には,国民所得 Y は完全雇用国民所得 Y_F よりも減少するということです。あるいは,逆に,国民所得 Y が完全雇用国民所得 Y_F よりも低下する場合($Y < Y_F$)には,失業率 u が自然失業率 u_N よりも増加する($u > u_N$)ことを示しています。つまり,このような場合には,労働需給は緩和します。逆に $Y > Y_F$ の場合には,$u < u_N$ で,労働需給は逼迫します。オークン(Arthur M. Okun)は1973年の論文でアメリカの失業率を1%減少させるためには国民所得が3%成長する必要があることを実証研究で示しました。この係数の大きさをオークン係数といいます。クルーグマンの推定によれば,より最近の1980～95年にはオークン係数は2.0に低下しています。日本の場合には,1960～85年の時期に,完全雇用状態で高度成長が達成されていたため,オークン係数は36.9という異常に

高い値を示していましたが，1980〜98年には10.5に低下しています。また，失業率を変化させないためには3.9％の成長が必要だとされます。（黒坂佳央著『マクロ経済学と日本の労働市場』東洋経済新報社，昭和63年，127頁，113頁，同著「失業率上昇を考える」日本経済新聞1999年9月24，27日）。

正答　3

> **No. 3** ある国においては，トレンドとしての実質成長率が5％で一定であり，1996年の失業率は8％であるとする。97年，98年の実質成長率がそれぞれ7％，9％であるとき，成長率と失業率との間に経験的に成り立つオークン法則に従えば，98年の失業率はいくらと予想されるか。ただし，オークン係数は4である。（9年度国家Ⅰ種経済）
>
> 1　4％　　2　5％　　3　5.5％
> 4　6.5％　5　8％

●**解説**　前問でも解説されていますように，オークンはアメリカのデータに基づいて，失業率と国内総生産の間に負の相関があることを示しました。この関係は次式のようになります。すなわち，

$$u - u_n = -a(y - y_f)$$

です。ただし，y は現実の経済成長率，y_f は完全雇用経済成長率，u は現実の失業率，u_n は自然失業率（定数），$1/a$ はオークン係数です。オークンは失業率の1％の減少は3％の現実の成長率によってもたらされるとしました。いま，問題文では，y_f が5％，97年の y が7％です。オークン係数は4であるとされていますので，$1/a = 4$ で，$a = 1/4$ です。つまり，4％の現実の成長率により1％の失業率の減少がもたらされます。97年については失業率は

$$-(1/4)(7-5) = -0.5$$

ですので，0.5％減少します。また，98年については

$$-(1/4)(9-5) = -1$$

ですので，失業率は1％減少します。スタート時点の96年の失業率は8％ですので，98年の失業率は6.5％[= 8 − 0.5 − 1]になります。

正答　4

はじめて学ぶ
マクロ経済学
第21話
外国為替レートと国際収支

　これまで対外的な関係については輸出と輸入を通じた財貨・サービスの取引のみを考えてきました。しかし，実際には，資本の流出入もあります。そして，これらの財貨・サービスや資本取引の決済の多くは外国為替でなされています。以下では，まず外国為替の仕組みとその需給関係について検討し，次いで外国為替相場制度のあり方，すなわち，固定相場制度と変動相場制度について検討します。

1. 外国為替の需要と供給

　外国為替とは国際間の決済を現金を送付せずに外国通貨建ての預金の名義の移動を通じて行う方法のことです。転じて，より一般的に外国為替は外国通貨建ての預金（の名義）と現金（銀行券および鋳貨）のことをさします。たとえば，図21-1に示しますように，日本車を米国に輸出する自動車メーカー（①）は自動車の輸出代金（②）として100万ドル受け取ります。しかし，100万ドルの現金を取得するわけではありません。ニューヨークの銀行におけるドルでの預金口座の100万ド

図21-1 外国為替のしくみ

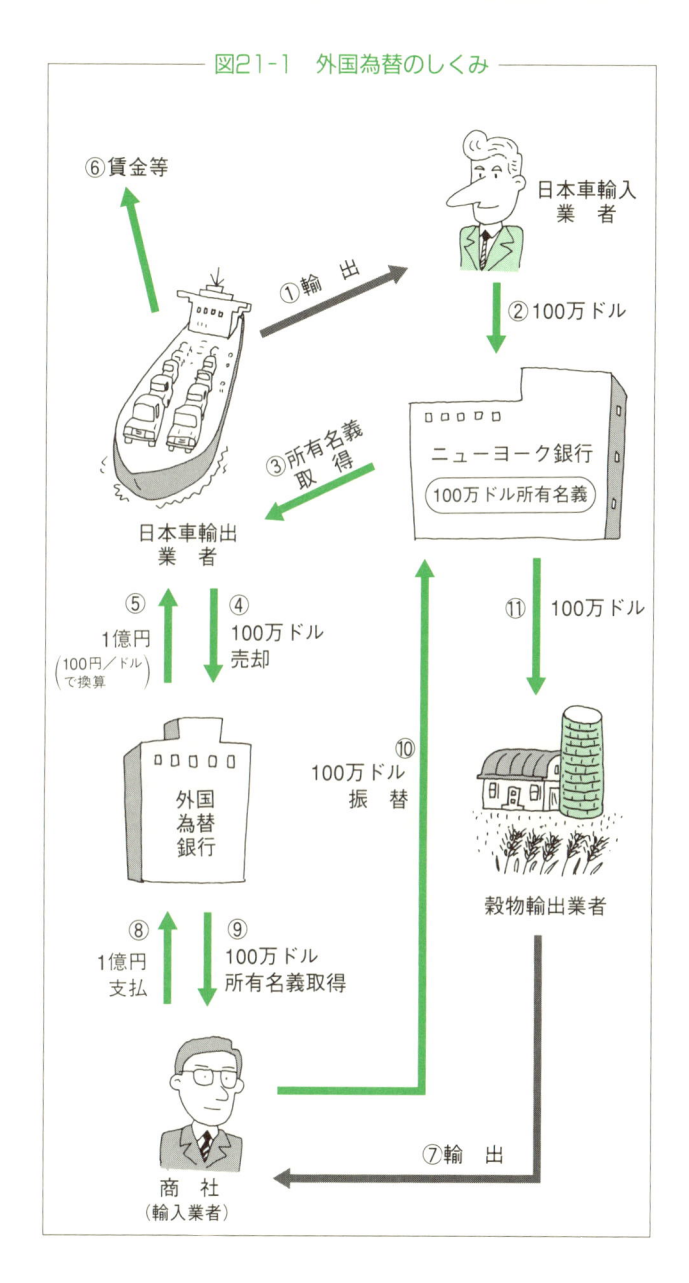

- ⑥ 賃金等
- 日本車輸入業者
- ① 輸出
- ② 100万ドル
- ニューヨーク銀行（100万ドル所有名義）
- ③ 所有名義取得
- 日本車輸出業者
- ⑤ 1億円（100円／ドルで換算）
- ④ 100万ドル売却
- 外国為替銀行
- ⑧ 1億円支払
- ⑨ 100万ドル所有名義取得
- ⑩ 100万ドル振替
- ⑪ 100万ドル
- 穀物輸出業者
- ⑦ 輸出
- 商社（輸入業者）

第21話 外国為替レートと国際収支

ルに対する所有名義を獲得します(③)。自動車メーカーは日本国内での賃金や材料費の支払いを円で行いますので(⑥),100万ドル(の所有名義)を日本の外国為替銀行に売却し(④),100万ドル相当の日本円1億円（100円/ドル）を受け取ります(⑤)。他方，日本の商社が海外の輸出業者に対して，たとえば穀物の支払い100万ドルが必要な場合(⑦),100万ドル相当の日本円1億円を外国為替銀行に支払うことによって(⑧)100万ドルの外国為替（の所有名義）を購入します(⑨)。商社はその100万ドルを米国の穀物の輸出業者の口座に振り替えます(⑩, ⑪)。この間，ニューヨークでの100万ドルの預金口座の名義は，米国の日本車の輸入業者から日本の自動車メーカー，外国為替銀行，商社，米国の穀物輸出業者へと移動します。こうすることで，2つの国際取引の決済が済まされます。

外国為替に対する需要者と外国為替の供給者が互いに取引を行う場が外国為替市場です。外国為替市場は外国為替銀行が外国為替の需要者と供給者の仲介をすることによって成立しています。

外国為替の価格は外国為替の自国通貨建ての価格（たとえば，100円/ドル）で，外国為替レートないし為替レートと呼ばれます。外国為替の需要者は海外への支払いを必要とする者で，財貨・サービスの輸入業者と海外への資本投資家から成り立っています。海外への投資は海外で債券，不動産，資本財などを購入するための送金ですから，外国為替を必ず必要とします。為替レートが高くなれば，たとえば，100円/ドルが110円/ドルになれば，外国為替に対する需要量は減少し，逆に，為替レートが低くなれば，外国為替に対する需要量は増加するものと考えられます。図21-2に示しますように，外国為替に対する需要曲線は外国為替の価格を縦軸，外国為替に対する需要量を横軸にとったとき，右下がりの曲線Dになるものと考えられます。財の価格が上がれば財に対する需要量は減少するという

図21-2　外国為替市場

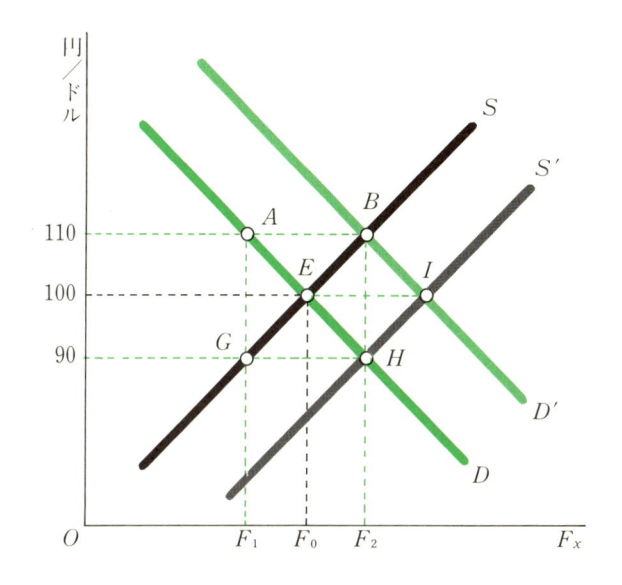

需要法則が外国為替についても成立すると考えられます。これは次のような理由によります。ドルが100円/ドルから110円/ドルへ上昇した場合，1ドルのボールペンの国内価格は100円から110円に値上がりします。その結果，日本国内での米国製ボールペンに対する需要量は減少します。したがって，ボールペンの輸入量は減少し，ボールペンのドル建て輸入額は減少します。同様のことが各種の輸入品について生じますので，日本のドル建て輸入額は全体として減少し，外国為替に対する需要量も減少します。

また，海外資本投資のうち直接投資の場合には，ドルが高くなるということは米国で資本財を購入するとき，また労働者を雇用するための賃金の支払いを行うために日本円で持ち出す金額が以前より多くなるということです。米国内で生産するより，日本で生産したほうが安上がりなものが出てきます。した

がって，直接投資は減少する傾向があります。

　海外資本投資のうちの証券投資については，内外での金利の差とともに，為替レートの将来の水準に関する期待のあり方が投資額を左右するものになります。一定額を投資したときの利回りが海外のほうが高いとき，たとえば，国内では国債に投資したとき2％の利回りしか得られないのに，米国では米国債に投資して6％の利回りが得られるとしますと，米国債に投資するほうが有利です。しかし，仮に，1年間投資するとして1年後のドル・レートが110円/ドルから100円/ドルに低下していれば，$(100-110)/110=-9.1％$の為替レートの変動による損失が発生します。これは証券利回りの4％（＝6－2）の有利さ以上の損失になります。国内で投資していれば，2％が得られたのに，米国で投資した場合には$6-9.1=-3.1％$の損失を被ることになります。投資をする時点では，将来の為替レートは不明ですから，投資家がどのような為替レートの予想を立てるかによって投資態度が変わります。要するに，証券投資については，内外の金利差と為替レート予想が投資量を左右する主たる要因です。将来の為替レートの予想の期待値は現在の為替レートであるとしますと，証券投資は為替レートの変動とは独立であることになるでしょう。外国為替市場全体では，ドルが上がればドルに対する需要量は減少するものと考えられます。

　外国為替の供給者は財貨・サービスの輸出業者と海外の日本国内への資本投資家から成り立っています。外国為替についても，為替レートが上昇すれば外国為替の供給量は増加するという供給法則が成立すると考えられます。たとえば，ドルが100円/ドルから110円/ドルへ高くなった場合，100万円の日本車のドル価格は従来の1万ドルから9,091ドルへ低下します。もし，米国における日本車に対する需要が価格弾力的であれば，日本車の輸出量の増加率は価格の低下率を上回ります。したがって，日本車の輸出金額は増加します。また，海外からの日本

への投資は日本での生産費用が海外におけるより相対的に安くなりますので,直接投資は増加する傾向があります。証券投資については,金利差と為替レートの将来の動向に関する予想に左右されます。全体としては外国為替の供給量はドル・レートが上昇すれば増加するでしょう。ですから,図21-2に示しますように,外国為替の供給曲線は右上がりの曲線 S になります。

均衡為替レートは外国為替に対する需要量と供給量とが一致するところで決まります。図21-2に示しますように,100円/ドルのとき,ドルの需要量と供給量はいずれも E 点での横軸座標 F_0 で一致します。為替レートが110円/ドルに上昇しますと,需要量は F_1 へ減少しますが,供給量は F_2 へ増加します。外国為替の供給超過が生じますから,為替レートは低下します。逆に,為替レートが90円/ドルに低下した場合,需要量は F_2 へ増加しますが,供給量は F_1 へ減少します。外国為替に対する需要超過になっていますから,為替レートは上昇します。需要量と供給量とが F_0 で一致する100円/ドルが市場での均衡為替レートになります。

外国為替需要曲線を右方にシフトさせる要因は,同一の価格水準でも外国からの輸入を増加させる要因,たとえば,国内の所得の増加,国内での災害による輸入代替品の生産の縮小や,海外への資本投資を増加させる要因,たとえば,米国における利潤率の上昇,規制の解除などの投資環境の改善,米国における金利の上昇,などです。逆の場合には,需要曲線は左方にシフトします。

外国為替供給曲線を右方にシフトさせる要因は,以前と同一の価格でも日本の輸出を増加させる要因,たとえば,米国の所得の増加,米国車への信任の低下による日本車需要の増加,日本国内における景気後退に伴う輸出ドライブ,また,日本への海外からの資本投資を増加させる要因,たとえば,日本における利潤率の向上,規制の緩和,金利の上昇,などです。逆の場

合には供給曲線は左方にシフトします。

ところで、外国為替の需給の均衡は国際収支上は経常収支と資本収支の総和と通貨当局の外貨準備増減とによってもたらされます。経常収支は貿易・サービス収支、所得収支および経常移転収支から成り立っています。貿易収支は財の輸出額と輸入額の差です。サービス収支は輸送、旅行、保険、通信、建設、金融などのサービスの輸出額と輸入額との差です。所得収支は居住者・非居住者間の雇用者報酬および投資収益の受取り・支払いを計上します。経常移転収支は財貨・サービス等の反対給付を伴わない一方的な支出と受取りの差で、相手国の経常支出になる部分で、相手国の資本形成に貢献する部分は資本収支の中の資本移転に含まれます。最近の日本の場合、経常収支は黒字で、貿易収支の黒字がサービス収支と経常移転収支の赤字を大幅に上回っています。資本収支は本邦資本の海外への流出と海外資本の日本国内への流入の差額です。資本収支は経常収支の黒字に対応して大幅の赤字で、資本の流出超過になっています。つまり、経常収支の黒字が対外債権の累積となって積み上がっています。経常収支と資本収支の和は以前は総合収支と呼ばれていましたが、現在は直接、通貨当局の外貨準備増減に反映されます。たとえば、経常収支の黒字が資本収支の赤字を上回る場合、民間部門の取得した外貨がすべては対外投資に向けられないで、上回る分だけ、外貨を通貨当局に売却し、円に転換していることを意味しています。通貨当局が民間から購入した外貨は通貨当局によって資本輸出されたものとしてマイナス計上されます。外貨準備増減に反映されない部分は、誤差脱漏として把握されます。

―――――― 練習問題21-1 ――――――

次の文章中の下線部に適切な語句を記入しなさい。

1 外国為替の需要者は国内の輸入業者と海外への資本の　①　である。外国為替の供給者は国内の　②　と海外の国内への

資本の投資家である。
2　米国の好況により米国の所得が増加したとき，外国為替の　①　曲線が　②　方にシフトする。その結果，ドル為替レートは　③　する。日本国内の所得が増加するとき，外国為替の　④　曲線が　⑤　方にシフトする。その結果，ドル為替レートは　⑥　する。
3　経常収支は　①　，所得収支，および経常移転収支からなり，その黒字は　②　の赤字をもたらす。

2．固定相場制と変動相場制

　これまで外国為替の需要曲線と供給曲線のシフトに応じて為替レートが変動するものとしてきましたが，このように為替レートの自由な変動を許す体制は変動相場制と呼ばれています。このような体制は1971年8月に米国が最終的にドルの金との兌換を停止した後に各国が採用した外国為替制度のあり方です。日本では1973年2月に本格的に変動相場制に移行しました。しかし，それ以前，第二次大戦後の時期にはいわゆるブレトン・ウッズ（Bretton Woods）体制と呼ばれる固定相場制度が採用されていました。固定相場制の下では中央銀行が1ドル＝360円という一定の為替レートを維持するように外国為替市場に介入します。たとえば，図21-3のE点が360円/ドルであるとします。需要曲線がDで供給曲線がSであれば，360円/ドルは均衡為替レートになります。しかし，いま，米国の所得が増加したため日本から米国への輸出が増加し，外国為替供給曲線がSからS'へシフトしたとします。変動相場制の下であれば，均衡為替レートはH点での縦軸座標，340円/ドルへ低下し，外国為替の均衡需給量はF_2になります。しかし，固定相場制

練習問題21-1の正答…1．①投資家②輸出業者　2．①供給②右③低下④需要⑤右⑥上昇　3．①貿易・サービス収支②資本収支

下では360円/ドルの為替レートが維持されます。そこで外国為替の需要量はE点の横軸座標F_0で与えられるのに、供給量はS'上の360円に対応するI点の横軸座標F_3で与えられます。そこで、$EI = F_3 - F_0$だけの外国為替の供給超過が生じます。固定相場制の下では360円/ドルを通貨当局が維持するために、外国為替の供給超過分EIを中央銀行が購入しなければなりません。その結果、国内へは外国為替と交換に円資金が供給されます。また、外国為替特別会計にはドル資金が累積します。国内への円資金の供給は国内の経済活動を活発化させ、輸入を増加させ、その結果、外国為替需要曲線をDからD'へ右方にシフトさせ、再び、I点で示しますように、360円/ドルの均衡為替レートを回復します。

逆に、需要曲線がD'のときに、供給曲線がS'からSへ戻りますと、変動相場の下では均衡為替レートはS曲線とD'曲線の交点Bの縦軸座標380円/ドルになり、均衡需給量はB点の横軸座標F_2になります。しかし、固定相場制下では360円/ドルが維持されますので、需要量はD'曲線上の360円/ドルに対応するI点の横軸座標F_3にとどまり、他方、供給量はS曲線上の360円/ドルに対応するE点の横軸座標F_0にとどまります。そこで、360円/ドルでは$EI = F_3 - F_0$の外国為替の需要超過が発生します。中央銀行は$EI = F_3 - F_0$だけの外国為替を円と交換に供給しなければなりません。その結果、外国為替特別会計の保有する外貨準備、ドル残高は減少し、国内の金融は引き締められます。その結果、輸入の国内需要は減少し、外国為替需要曲線は再びDに戻ります。ただし、このような金融の引締めは国内経済の景気後退を引き起こし、国内では企業利潤の減少、失業率の上昇等の痛みを伴います。

図21-3 固定相場制下の外国為替市場

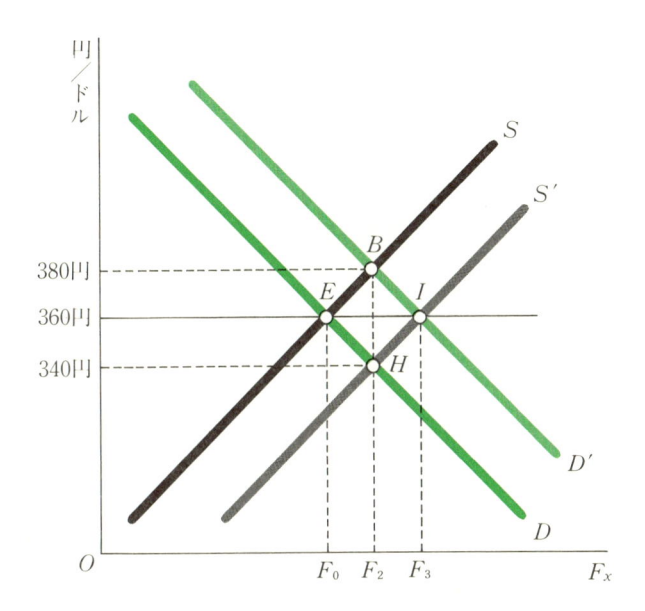

```
円/ドル
        S
         S'
       B
380円 ── ─ ─ ─○
       E   I
360円 ──○── ─○
340円 ── ─ ─ ─○
          H
              D'
                D
O    F₀ F₂ F₃        Fx
```

───── 実例演習21-1 ─────

国際金融制度の歴史に関する次の記述のうち，妥当なものはどれか。（3年度地方上級関東型，中部・北陸型，経済専門タイプ）

1 金本位制の下では，為替レートがある一定範囲を超えて変動すると金の流出入が起こり，価格が調整された。

2 ブレトン・ウッズ体制の下では為替レートは完全に固定されており，第二次大戦後，先進主要国通貨は1971年のニクソン・ショックまで単一の為替レートが維持された。

3 ブレトン・ウッズ会議によって創設されたIMFは，国際通貨制度の安定を使命とし，ある国が流動性困難に陥った場合には，通常その国に対し経済拡張政策を提案

する。
4　IMFの発行するSDRは，主要通貨との兌換が保証されており，第二次大戦後，金に代わる国際通貨として国際取引に広く用いられてきた。
5　1973年以降，多数の国により採用されている変動相場制は各国のファンダメンタルズの変化に応じた為替レートの迅速な調整を可能とし，世界貿易の拡大に貢献してきた。

●解説　1．金の流出入によって国際収支が調整されました。ただし，金本位制の自動調節作用という場合には金の流出入が貨幣価値，したがって，価格を変動させ，国際収支を調整する次のような連鎖をいいます。すなわち，国際収支の赤字は国内価格が世界価格に比較して相対的に高いために生じます。金の流出は国内の貨幣量を減少させ，貨幣価値を高め，国内物価を低下させます。国内物価の低下は自国製品の輸出を増加させ，輸入を減少させ，国際収支を黒字にします。そうしますと，今度は金が流入し，その結果，国内貨幣供給量が増加します。貨幣価値は低下し，価格は上昇します。すると，今度は輸入が増加し，輸出が減少し，国際収支は赤字に転換します。2．ブレトン・ウッズ体制の下では基礎的な不均衡が生じた場合には為替レートの変更が承認されてきました。現に，西独マルクは度々切り上げられてきましたし，ポンドは切り下げられてきました。3．ある国が流動性困難に陥って，IMFに借入れを要請する場合，通常，IMFは財政・金融政策の引締めを勧告します。4．SDRは各国に割り当てられた額について，各国が使用できますが，国際取引に広く用いられているわけではありません。5．変動相場制の下では為替レートの変更は連続的に行われますので，固定為替レートの大幅な変更を期待した投機と一時的な貿易の停滞という固定相場制の弊害が除去されまし

た。ただ，通貨当局は為替レートの乱高下を回避するために外国為替市場に折に触れ介入し，為替レートの変動をスムーズにならしています。その結果，世界貿易の拡大に貢献したといえます。正答。

正答　5

> 🔑 **キーワード**
>
> ▶**外国為替**　国際間の決済を現金の送付によらず，外国通貨預金の名義の移動によって行う方法。より一般的には，外国通貨建ての預金（の名義）と現金（銀行券および鋳貨）のことをさす。
>
> ▶**外国為替市場**　外国為替の取引市場。主にドル預金の所有名義の変更によって取引が行われる。
>
> ▶**外国為替レート**　ある国の通貨と他の国の通貨との交換比率。ドル価格を自国通貨建てで表示することが多い。
>
> ▶**固定相場制度**　外国為替のレートが通貨当局によって一定水準に固定されている制度。その代表例は第二次大戦後1971年まで継続したブレトン・ウッズ体制。
>
> ▶**変動相場制度**　外国為替レートが市場の需給に応じて変動する制度。1973年以降の主要国通貨間の体制。

●●●最近の実際問題●●●

No.1　第二次大戦後の世界経済に関する次の記述のうち，妥当なものはどれか。(10年度国家Ⅱ種)

1　1950年代の後半に，第二次大戦後の通貨の混乱を収拾するために，主要各国においてブレトン・ウッズ協定が結ばれ，それまでの金本位制を改め，ドル本位制を採用し，また，為替の安定を図ることなどを目的にIMFが設立された。

2　1960年代当初に，東南アジアの経済発展等を目的にタイ，インドネシア，シンガポールの3か国でASEANを結成した。その後，マレーシア，フィリピン等が参加し，1980年代には自由貿易協定(AFTA)を発効させた。

3　1970年代当初のイギリスは，サッチャー政権の下で，拡張的な財政政策を行ったことにより，財政赤字が拡大したものの，その後，同年代のイギリスの実質経済成長率はフランス，西ドイツ等他のヨーロッパ各国と比べて高い伸び率を示した。

4　1970年代前半にはオイルショックが起きると，世界的に経済が混乱したことから，主要先進国の間でスミソニアン合意が結ばれた。これにより，アメリカ，イギリス，西ドイツ等はそれまでの固定相場制を1970年代を通して維持することができた。

5　1980年代のアメリカは，減税による総需要拡大政策を行ったため，財政赤字が拡大し，国内金利が上昇するとともに，ドル高が進み，貿易収支の赤字も拡大した。そのため，同年代に先進各国はドル高是正を目的としたプラザ合意を結んだ。

●解説　1．第二次大戦中から連合国の間では国際通貨体制の設立の重要性が認識され，1944年7月にアメリカのブレトン・ウッズ (Bretton Woods) においてIMF (International Monetary

Fund）協定が締結されました。**2．**ASEAN（The Association of Southeast Asian Nations, 東南アジア諸国連合）は1967年にインドネシア，マレーシア，フィリピン，シンガポール，およびタイの5か国で設立され，その後，1984年にブルネイ，1995年にベトナム，1997年にラオスとミャンマー，1999年にカンボジアが加入しました。地域紛争を避け，メンバー諸国の政治・経済の協力を追求することを目的としています。ただし，経済発展段階が国により異なることや，紛争の当事国であること，文化的背景が異なることなどのため，地域経済統合という考え方は初めから排除されていました。しかし，1992年にはアセアン自由貿易地域（AFTA：ASEAN Free Trade Area）の設立に合意しました。その目的は，域内の関税率を引き下げ，地域全体の工業および輸出競争力をつけ，海外からの直接投資を呼び込みやすくするためです。1994年に関税および非関税障壁の自由化（輸入関税率を0〜5％にする）の期限を2003年に早めました。**3．**サッチャー（Margaret Thatcher, 1925〜）は保守党の党首として1979年に首相に就任し，それまでの労働党の社会保障充実政策によって肥大化した財政支出を削減し，規制緩和，マネーサプライ・コントロールによるインフレ抑制を目標としました。イギリスの実質成長率は1980，81年にそれぞれ，−2.6％，−0.6％とマイナスを記録しましたが，その後は80年代に欧州の他国よりは総じて高めの順調な拡大を続けました。**4．**スミソニアン体制は1971年8月のいわゆるニクソン・ショックによるドルの金との交換制停止を受けて，1971年12月に，各国通貨の為替レート調整が行われた後の体制をさします。為替レートの変動幅も上下1％から2.25％へ拡大されました。日本円は16.88％切り上げられて，308円／ドルになりました。1973年2月に本格的な変動相場制に移行するまでの体制です。**5．**プラザ合意は1985年9月にG5により，ドル高是正のための為替市場への協調介入・内需拡大を決めたものです。その後，予想外にドルの減価，円の増価が進み，日本では円高不況を避けるために後のいわゆるバブルにつながる景気刺激策がとられました。

正答　5

はじめて学ぶマクロ経済学

第22話 開放経済下のIS-LMモデル

　これまで*IS-LM*モデルで考慮してきた対外関係は財貨・サービスの輸出入だけでした。しかし，第21話で検討しましたように，外国為替市場での需要と供給には資本移動も含まれます。マンデル（Robert Mundell）とフレミング（J. Marcus Fleming）による，いわゆるマンデル=フレミング・モデルでは，資本移動や外国為替市場における通貨当局の介入を考慮に入れた場合の財政政策や金融政策の効果を検討しています。以下では，まず，国際収支を均衡させる利子率と実質国内総生産との組合せを示す国際収支均衡線について検討し，次いで，資本の流出入を考慮した場合に財政政策と金融政策が固定相場制と変動相場制の下でそれぞれどのような効果をもたらすかを検討します。

1. 国際収支均衡線

　固定相場制の時代には多かれ少なかれ資本移動には種々の制約があり，資本移動がまったく自由にできるわけではありませんでした。たとえば，企業は海外から自由に資金を調達するこ

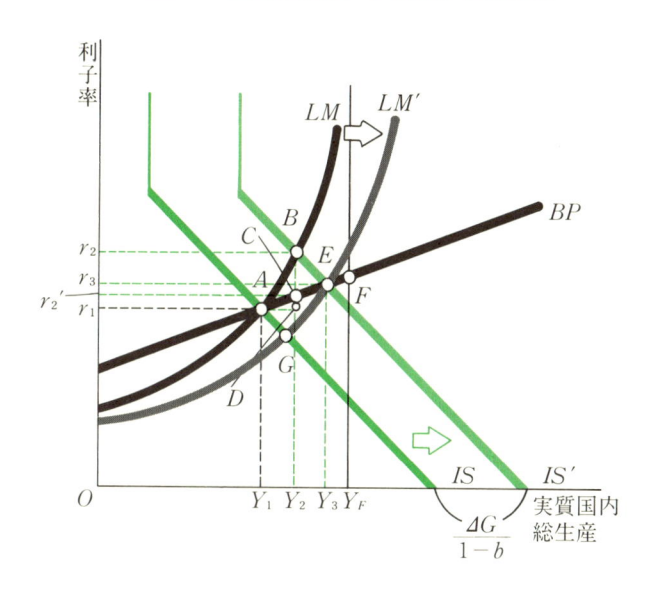

図22-1 固定相場制下での財政・金融政策

とができませんでした。ですから,内外の金利差による資本の移動額には制約がありました。このような条件の下で国際収支を均衡させる利子率と実質国内総生産との組合せを示す曲線は図22-1に示しますように,右上がりの曲線(単純化して直線 BP)になります。それは次のような理由によります。いま,A 点で国際収支が均衡し,経常収支も資本収支も均衡しているとします。ただし,輸出額 X は一定で,輸入額 M は実質国内総生産 Y の1次関数であるとします。すなわち,$M = M_0 + mY$ です(M_0 は定数,m は正の係数)。A 点の横軸座標である実質国内総生産 Y_1 での輸入額は $M_1 = M_0 + mY_1$ になります。いま,国内総生産が Y_2 へ $\varDelta Y$ 増加するとき輸入額は $m\varDelta Y$ 増加しますから,経常収支が赤字になります。もし,資本収支が従来どおりであると,国際収支は赤字になります。この赤字を資本収支の黒字によって帳消しにするには,国内の利子率が上昇

水をくれたらダイヤ発掘権を認めるよ

する必要があります。利子率の上昇幅 $\varDelta r$ はそれによって一定期間の資本流入がちょうど $m\varDelta Y$ だけ増加する幅になります。$C(Y_2, r_2')$ がこのような新たな国際収支の均衡を表す点になっています。つまり、国内総生産が増加する場合、利子率が上昇することによって国際収支の均衡が維持されます。つまり、国際収支均衡線は図22-1のBP線で示しますように、右上がりの直線で近似できます。

国際収支均衡線BPより上方の利子率と実質国内総生産の組合せは国際収支を黒字にします。これは次のような理由によります。たとえば、国内総生産が Y_1 から Y_2 に $\varDelta Y$ だけ増加した場合、経常収支の赤字は $m\varDelta Y$ になりますが、それだけの資本収支の黒字をもたらすためには利子率は Y_2 に対応する国際収支均衡線上のC点での利子率 r_2' に上昇する必要があります。ところが、B点（Y_2, r_2）では、$r_2 > r_2'$ ですから、資本収支の黒字は経常収支の赤字 $m\varDelta Y$ を上回るからです。逆に、国際収支均衡線BPの下方では国際収支は赤字になります。というのも、たとえば、国内総生産 Y_2 のときに、D点でのように、r_2' より低い r_1 の利子率では資本収支は均衡のままで、

図22-2 変動相場制下での財政・金融政策

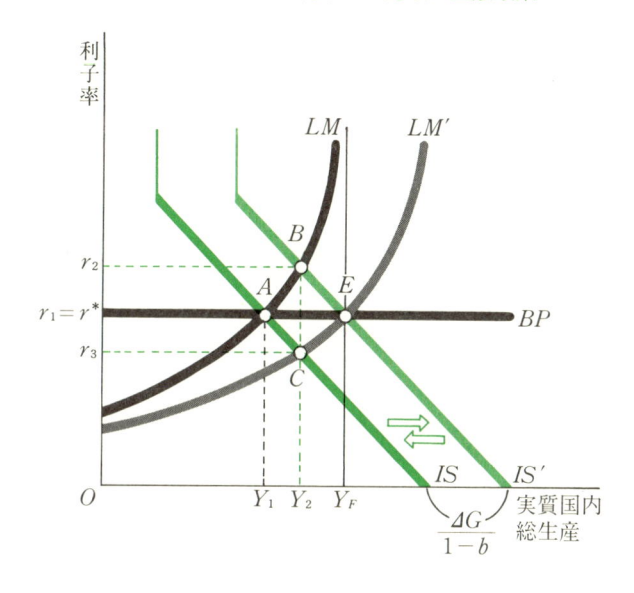

経常収支の赤字は解消されず、その結果、国際収支は赤字にとどまるからです。

1980年の新外為法によって海外への送金、海外からの資金の取入れは原則自由になりました。以降、変動相場制の下では資本移動は自由になり、企業は資金を調達する際にも、内外で調達費用の安いところから行うようになっていますし、余裕資金を運用する際にも内外を問わず有利な場所で運用するようになっています。また、1998年4月からは、一層の自由化が実施され、外国為替公認銀行制度がなくなり、内外での外国為替の保有と取引が自由化されました。そのような状況では、図22-2のBP線で示しますように、小国にとっては国際収支均衡線は海外の金利水準で水平になります。というのも、国内総生産がY_1からたとえば、Y_2に増加した場合、経常収支は$m\Delta Y$だけ赤字になりますが、r_1よりほんのわずかの利子率の上昇が無

限に多くの資本流入をもたらしますので,経常収支の赤字を解消するにはわずかの利子率の上昇ですむからです。BPより上の利子率,たとえば,r_2では資本収支は大幅に黒字になり,経常収支の赤字を上回ります。ですから,国際収支は黒字になります。逆に,国際収支均衡線BPの下方では資本の流出が非常に大きくなりますので,国際収支は赤字になります。

2. 固定相場制の下での財政・金融政策

図22-1に示しますように,いま,IS曲線とLM曲線がA点で交わっているものとしますと,A点での利子率r_1と国内総生産Y_1は財市場,貨幣市場,および国際収支の均衡を同時に達成していることになります。というのも,IS曲線上の利子率と実質国内総生産の組合せは財市場の均衡を実現し,LM曲線上の利子率と実質国内総生産の組合せは貨幣市場の均衡を実現し,国際収支均衡線BP上の利子率と実質国内総生産の組合せは国際収支の均衡を実現するからです。A点での実質国内総生産Y_1は完全雇用国内総生産Y_Fよりも小さいので,財政・金融政策は完全雇用を達成するために景気刺激的な政策を展開する必要があります。

いま,政府支出をΔGだけ増加させたとします。IS曲線は右方に$\Delta G/(1-b)$だけ平行にシフトします。そうしますと,IS-LMの同時均衡点はB点に移動します。B点では利子率はr_2に上昇し,国内総生産はY_2に増加します。しかし,利子率r_2は国内総生産がY_2のときに国際収支を均衡させる利子率r_2'より高くなっています。ということは資本収支が経常収支の赤字を解消する以上に黒字で,そのため国際収支は黒字になっています。いいかえますと,外国為替市場では固定為替レートでは外国為替の供給超過が生じています。固定相場制の下では通貨当局は固定された外国為替レートを維持する必要があり

ますので，中央銀行は外国為替の供給超過分を固定レートで購入します。その結果，国内には円が供給されます。そのためLM曲線は右方にシフトします。このシフトはIS-LMの同時均衡点での利子率が国際収支均衡線より上方にある限り続きます。というのも，その場合には国際収支は黒字にとどまり，中央銀行は外国為替の供給超過分を購入し，同額分の国内通貨を供給し続けるからです。IS-LMの同時均衡点がE点でのように，再び，国際収支均衡線BP上に位置したとき，外国為替市場における供給超過はなくなり，円の供給もなくなります。ですから，LM曲線のシフトもなくなります。E点では再び，財市場，貨幣市場，および国際収支が均衡しており，しかも以前のY_1より高い実質国内総生産Y_3が実現されています。つまり，財政政策は有効に機能したことになります。完全雇用を実現するためには，BP線とY_Fでの垂線との交点FをIS曲線が通るところまでIS曲線をシフトさせればよいことになります。

さて，積極的金融政策の場合には，国内でのマネーサプライを増加させLM曲線をLMからLM'へシフトさせます。IS曲線とLM曲線との交点は当初のA点からBP線の下のG点に移動します。G点での利子率はG点での国内総生産に対応するBP線上の利子率より低いので，資本は海外へ流出し，資本収支は赤字になります。G点での国内総生産はA点での国内総生産Y_1より大きいので，経常収支も赤字になります。その結果，国際収支は赤字になります。外国為替に対する需要超過が生じます。この需要超過分を日本銀行が供給し，交換に円を取得しますので，国内の金融政策で増加させたマネーサプライが再び吸収されます。LM'曲線とIS曲線との交点がBP線の下方にある限り，外国為替市場を通じた国内貨幣量の吸収が継続されますので，結局，LM'曲線は元のLM曲線に戻らざるをえません。IS-LMの交点がA点に戻ったとき，資本流出は停止し，外国為替市場を通じたマネーサプライの縮小も停止しま

す。結局，金融政策は利子率の低下による資本流出が，外国為替市場を通じて国内マネーサプライの供給量を減少させるため無効です。

3．変動相場制の下での財政・金融政策

　変動相場制の下では中央銀行は外国為替市場に介入する必要はありません。外国為替レートが市場での需給の変動に応じて変動しますので，市場均衡外国為替レートでの供給超過や需要超過は生じないからです。もちろん，現実には，為替レートの乱高下をならすための介入は行っていますが，ここでは，そのような介入についても捨象して考えます。図22-2のA点で，当初，BP線，IS曲線，およびLM曲線が交わっています。A点で与えられる利子率r_1と実質国内総生産Y_1では国際収支，財市場，および貨幣市場が同時に均衡しています。ただし，Y_1は完全雇用国内総生産Y_Fよりも左側に位置しており，完全雇用が達成されていません。そこで，積極的な財政・金融政策が必要です。

　いま，財政政策により，IS曲線を$\varDelta G/(1-b)$だけ右方にシフトさせたとします。IS-LMの同時均衡点はB点（Y_2, r_2）に移動します。B点では利子率r_2が均衡利子率$r_1=r^*$よりも高く，そのため海外からの資本流入が生じます。資本収支の黒字は経常収支の赤字を上回り，その結果，国際収支も黒字になっています。現行の為替レートでは外国為替の供給超過が生じますので，外国為替レートが低下し，当該国の為替レート，たとえば，円レートが上昇します。その結果，輸出財の価格が上昇し，輸出財の輸出数量は必ず減少し，円での輸出金額は必ず減少します。また輸入財の国内価格は低下し，輸入量が増加します。その結果，純輸出は減少し，IS曲線は左方にシフトします。つまり，財政政策による景気刺激効果が純輸出の

減少によって削減されることになります。IS曲線とLM曲線との交点がBP線の上方にある限り,国際収支の黒字は存在し,為替レートの低下,円レートの上昇は継続しますので,結局,IS曲線が元のISの位置に戻るまで純輸出の減少が継続し,純輸出の減少($\Delta X - \Delta M$)が政府支出の増加ΔGと等しくなったとき,利子率は国際収支を均衡させるr^*の水準に戻ります。そのとき,再びA点で国際収支,財市場,および貨幣市場での同時均衡が回復されます。実質国内総生産は元のY_1の水準に逆戻りしており,財政政策は無効です。

他方,積極的な金融政策によりマネーサプライを増加させ金融を緩和する場合,LM曲線はLM′へ右方へシフトします。IS-LMの同時均衡点はA点からC点(Y_2, r_3)へ移動します。利子率r_3は国際収支を均衡させる利子率r^*より低いので,資本が海外に流出します。その結果,外国為替に対する需要超過が生じます。外国為替レートは上昇し,円レートは低下します。その結果,輸出が増加し,輸入が減少し,純輸出は増加します。その結果,IS曲線は右方にシフトします。IS曲線がIS′までシフトしたとき,利子率はr^*の水準に戻り,資本の海外流出も停止します。このとき,E点で再び,国際収支,財市場,および貨幣市場の同時均衡が回復されており,国内生産はY_Fへ増加しています。つまり,金融政策は外国為替レートの上昇による純輸出の増加を通じて国内総生産の拡大に寄与し,完全雇用国内総生産を達成することができます。つまり,変動相場制の下では金融政策は有効に機能します。

――――― 実例演習22-1 ―――――

開放経済下における金融緩和政策の効果に関する次の文の空欄A~Cに当てはまる語句の組合せとして,妥当なのはどれか。(10年度市役所上・中級C日程 [9/20])

マンデル=フレミングのモデル(資本移動は完全である。為替は変動相場制である。小国である)においては,

金融緩和政策によってLM曲線は右にシフトし，それとともに利子率は下がる。開放経済下においては利子率の格差が資本の移動を引き起こすので，金利格差がある限り，資本の移動が生じる。この場合は，海外の金利のほうが高いので，資本の（A）が生ずる。同時に自国の為替は（B）する。その結果，輸出ドライブが生じ，IS曲線が（C）にシフトすることになる。最後は，自国の金利が海外のそれに等しくなるところで，均衡することになる。

	A	B	C
1	流入	増価	左
2	流入	減価	左
3	流出	増価	右
4	流出	減価	右
5	流出	減価	左

●解説　マンデル＝フレミングのモデルでは，小国を仮定し，資本移動が完全に自由で，内外の金利差が少しでも生じると，金利の低いほうから金利の高いほうへ資本移動が生じ，結果的には，内外の金利差が生じません。しかし，資本移動は為替レートに影響を及ぼし，小国の輸出入に影響を及ぼします。小国が金融緩和をする場合，LM曲線は右方にシフトし，国内金利は低下します。そのため，海外の高い金利をめざして，資本流出が生じ，外国為替需要が増加しますので，外国為替レートは上昇し，自国の通貨価値は低下します。その結果，輸出は増加し，輸入は低下します。つまり，輸出ドライブが生じ，IS曲線は右方にシフトし，LM曲線との交点で決まる国内金利も元の水準に戻ります。そこで，資本の「A：流出」が生じ，自国の為替は「B：減価」し，純輸出が増加する結果，IS曲線が「C：右」方にシフトします。

正答　4

キーワード

- ▶**国際収支均衡線** 国際収支を均衡させる利子率と実質国内総生産の組合せを示す曲線。資本移動が不完全な場合は右上がりになり，資本移動が完全な場合には水平になる。
- ▶**固定相場制の下での財政・金融政策** 財政政策は有効で，金融政策は無効。拡張的な財政政策は利子率の上昇，資本流入，国内通貨供給量の増加を通じて，実質国内総生産を増加させる。
- ▶**変動相場制の下での財政・金融政策** 資本移動が完全な場合，小国では財政政策は無効で，金融政策は有効。拡張的金融政策は利子率低下，資本流出，当該国の為替レートの低下，純輸出の増加を通じて，実質国内総生産を増加させる。

●●●最近の実際問題●●●

No. 1 図は，資本移動が完全な場合におけるマンデル＝フレミング・モデル（小国モデル）を表したものである。世界市場において金利水準が r^* で決まっているとすると，当初 A 点で均衡していたこの国の財政政策と金融政策に関する次の記述のうち，妥当なものはどれか。ただし，Y はGDPであり，r は金利である。また，物価水準は一定であるものとする。(10年度国家Ⅱ種)

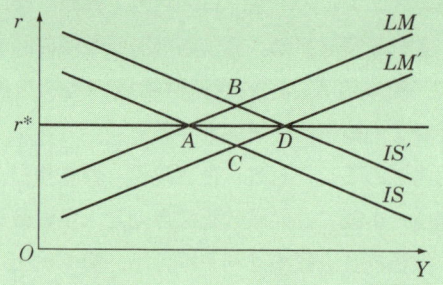

1 固定相場制においては，財政拡大により IS 曲線を IS' にシフトした場合の長期的な均衡点は A 点である。
2 固定相場制においては，財政拡大により IS 曲線を IS' にシフトした場合の長期的な均衡点は B 点である。
3 固定相場制においては，金融緩和により LM 曲線を LM' にシフトした場合の長期的な均衡点は C 点である。
4 変動相場制においては，財政拡大により IS 曲線を IS' にシフトした場合の長期的な均衡点は D 点である。
5 変動相場制においては，金融緩和により LM 曲線を LM' にシフトした場合の長期的な均衡点は D 点である。

●解説　固定相場制の下で，財政政策により，IS 曲線を IS' に右方にシフトさせた場合の長期的な均衡点は D 点です。というのも，IS' と LM 曲線との交点 B では，国内金利が国際的な金利水準 r^* を上回るため，資本が流入し，固定相場制の下では，海

外から流入した資本は国内通貨に変えられ，国内のマネーサプライが増加し，LM曲線をLM'までシフトさせるからです。また，固定相場制の下で，金融緩和を行い，LM曲線をLM'にシフトさせたときには，IS曲線との交点Cでは国内金利がr^*を下回るため，資本が海外へ流出し，国内通貨が吸収されて，LM'は元のLMまで戻って，再び均衡が回復されます。つまり，固定相場制の下での金融緩和の際の長期的な均衡点はA点です。他方，変動相場制の下で，財政拡大により，IS曲線をIS'にシフトさせた場合，LM曲線との交点はB点に移動しますが，B点では国内金利がr^*を上回るため，資本が海外から国内に流入し，そのため，外国為替レートが低下し，そのため，小国の通貨価値は上昇し，輸出が減少し，輸入が増加し，純輸出が減少するため，IS曲線がIS'からISに戻ります。したがって，A点が長期均衡点になります。変動相場制の下で，金融緩和を行う場合，LM曲線はLM'にシフトし，その結果，IS曲線との交点はC点に移動し，国内金利はr^*より低下します。そのため，資本が海外へ流出し，外国為替レートが上昇し，小国の通貨価値は低下します。その結果，小国の輸出は増加し，輸入は減少し，純輸出は増加し，IS曲線は右方にIS'にシフトし，D点で長期的均衡が達成されます。

正答 5

No. 2 資本移動が完全な変動相場制下において，小国の仮定を満たす開放マクロ経済が，以下のモデルで示されている。

$Y = D + G + BC$
$D = 30 + 0.8(Y - T)$
$BC = -50 + 3E - 0.4Y$
$BK + BC = 0$

〔Y：国民所得，D：民間需要，G：政府支出，BC：純輸出，T：税収，E：為替レート（内国通貨建て），BK：資本収支〕

このときなんらかの要因により，外国への独立的な資本流出があり，資本収支が5減少（赤字化）した。その効果に関

する次の記述のうち，妥当なものはどれか。ただし，政府支出と税収は一定であるものとする。(10年度国家Ⅰ種経済)

1 自国為替レートが5減価し，国民所得が5増加する。
2 自国為替レートが5減価し，国民所得が10増加する。
3 自国為替レートが5減価し，国民所得が25増加する。
4 自国為替レートが10減価し，国民所得が10増加する。
5 自国為替レートが10減価し，国民所得が25増加する。

●解説　為替レートは内国通貨建てになっていますので，外国為替レートを内国通貨で表示したもので，たとえば，105円/ドルという表示になっています。第3式の純輸出式は外国為替レートが高くなり，自国通貨価値が減価するとき，純輸出が増加することを示しています。資本収支が外国の独立の要因で5の赤字になりますので，第4式の国際収支の均衡条件式から，純輸出$BC=5$となります。第3式の純輸出式から，BCの0から5への変化は為替レートEと国民所得Yの変化によってもたらされますので，次式が成り立ちます。すなわち，

（1）　$5 = 3\Delta E - 0.4\Delta Y$

です。ただし，ΔEは為替レートEの変化分，ΔYは国民所得Yの変化分を表します。

国民所得Yの変化はBCが5に変化したことによって，第1式の財市場の均衡条件が変化したことによってもたらされます。第1式に第2式の民間需要式と第3式の純輸出式を代入しますと，次式のようになります。すなわち，

$Y = 30 + 0.8(Y - T) + G - 50 + 3E - 0.4Y$

です。上式の変化分について成り立つ式は，定数項，T，およびGには変化はありませんので，それぞれの変化分はゼロで，次式のようになります。すなわち，

（2）　$\Delta Y = 0.8\Delta Y + 3\Delta E - 0.4\Delta Y$

です。（1）式と（2）式を連立して，ΔEとΔYについて求めることができます。（1）式を（2）式の右辺の第2項以下に代入して，

$\Delta Y = 0.8\Delta Y + 5$

となります。これより，

$\Delta Y = 5[1/(1-0.8)] = 5 \cdot 5 = 25$

となります。この値を（1）式に代入して，

$5 = 3\Delta E - 0.4 \cdot 25$

$\Delta E = (5+10)/3 = 5$

と求められます。外国為替レートが5高くなり，自国通貨の為替レートが5減価することになります。

正答　3

No. 3　開放経済において，A：資本移動が完全に硬直的な場合，B：資本移動が完全に伸縮的な場合について，財政・金融政策の長期的均衡における効果の相違に関する次の記述のうち，妥当なものはどれか。ただし，物価は一定とし，固定相場制の場合は不胎化政策はとらないものとする。（11年度国家Ⅰ種経済）

1　Aにおいて，固定相場制の下で行う財政政策は有効だが，金融政策は無効である。

2　Aにおいて，変動相場制の下で行う財政政策は無効だが，金融政策は有効である。

3　Aにおいて，変動相場制の下で行う財政政策・金融政策はともに無効である。

4　Bにおいて，固定相場制の下で行う財政政策は無効だが，金融政策は有効である。

5　Bにおいて，変動相場制の下で行う財政政策は無効だが，金融政策は有効である。

●解説　5つの解答に目を通せば，本文での議論に従って，5が正解であることは直ちに判明します。以下では，それぞれの場合の政策効果を個別に検討します。1．固定相場制の下で，資本移動が完全に硬直的な場合，図1に示しますように，財政政策により IS 曲線が右方に IS′ にシフトしますと，LM 曲線との交点は右上方（E 点から F 点）に移動し，国内金利は上昇し，国民所得は増加します。このとき，資本移動がありませんので，当初経

常収支がバランスしていたとしますと,国民所得の増加による輸入の増加は,経常収支を赤字にして,その分,外国為替を政府が供給しますので,それと交換に国内通貨を吸収し,マネーサプライをその分削減し,LM曲線を左方にLM'へシフトさせます。そのため,財政政策の効果は削減され,国内金利はさらに上昇します。経常収支の赤字が続く限り,国内通貨は吸収され続けますので,LM曲線の左方への移動は,結局,LM曲線とIS曲線の交点が元の国民所得に戻るまで(図1のLM'へ,国民所得はY_0へ)続きます。結局,長期的には財政政策は無効です。他方,金融政策によって,マネーサプライを増加させ,LM曲線を右方にシフトさせたとき,IS曲線との交点は右下方に移動し,国民所得は増加し,金利は低下します。しかし,資本移動がありませんので,国民所得の増加による純輸出の減少による経常収支の赤字と政府による外国為替の売却は国内通貨を吸収し,マネーサプライをその分削減します。経常収支が赤字である限り,マネーサプライの減少は続きますので,結局,LM曲線は元の位置まで戻ります。したがって,金融政策は無効です。**2,3.** 変動相場制の場合には,財政政策の結果,IS曲線が右方にシフトしますと,LM曲線との交点は右上方に移動し,国民所得は増加し,金利は上昇します。しかし,資本移動がないので,経常収支の赤字は外国為替レートの上昇,自国通貨の下落によって調整されます。国内マネーサプライは影響を被りません。その結果,純輸出が増加し,IS曲線は右方に図1のIS''へシフトし(IS曲線の中に取り込まれています),経常収支が均衡するまで続きます(均衡点はLMとIS''の交点 H へ,YはY_2へ)。財政政策の効果は強められることになります。他方,金融政策によりマネーサプライを増加させ,LM曲線を右方にシフトさせたとき,IS曲線との均衡点は右下方に(図2,F点へ)移動し,国民所得はY'へ増加し,金利は低下します。国民所得の増加は純輸出を減少させます。経常収支の赤字化は外国為替レートを上昇させ,自国の通貨為替レートを減価させます。その結果,純輸出は増加し,経常収支は均衡します。IS曲線はIS'へシフトし,国民所得はさらにY_1へ増加します。

図1 資本移動が完全に硬直的な場合の財政政策の効果

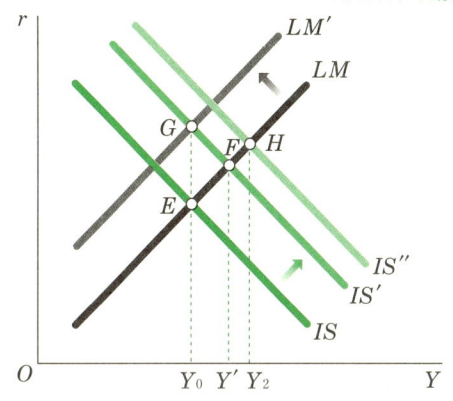

図2 資本移動が完全に硬直的な場合の金融政策の効果

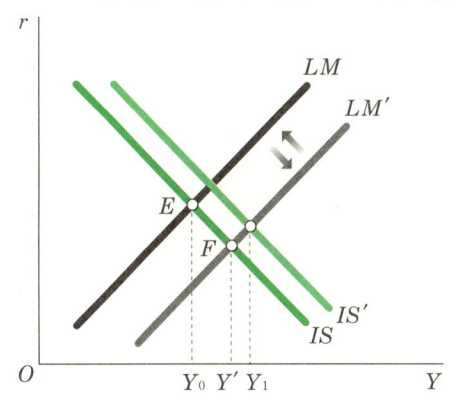

つまり、この場合にも、金融政策の効果は自国為替レートの減価による純輸出の増加により強化されます。4と5はマンデル＝フレミング・モデルの仮定である、資本移動が完全な場合です。

4. 固定相場制の下で、財政政策により IS 曲線を右方にシフトさせた場合、LM 曲線との交点は右上方に移動します。国内金利が外国の金利よりも高くなりますが、資本移動が完全に伸縮的なので、資本が流入します。その場合、固定相場制の下では、政府

が固定為替レートで，外国為替を国内通貨に変えて供給するため，マネーサプライが増加します。したがって，LM曲線は右方にシフトし，このシフトは国内金利が外国の金利と等しくなるまで続きます。最終的には，財政政策の効果はマネーサプライの供給の増加によって増幅されて，国民所得を増加させるものになります。金利は世界市場金利に戻ります。金融政策の場合には，LM曲線の右方シフトの結果，金利が低下し，国民所得が増加しますが，金利の低下は資本の流出をもたらし，これがマネーサプライを減少させますので，LM曲線は元の位置に戻ります。したがって，金融政策は無効です。**5．**変動相場制の場合には，財政政策によりIS曲線が右方にシフトした場合，国民所得が増加し，金利が上昇します。その結果，資本が流入し，外国為替レートが低下し，自国通貨の為替レートが上昇します。その結果，純輸出が減少し，IS曲線が再び元の位置まで戻ります。つまり，財政政策は無効です。他方，金融政策により，マネーサプライを増加させ，LM曲線を右方にシフトさせた場合，国内金利が低下し，資本の流出が生じ，その結果，外国為替レートが上昇し，自国通貨の為替レートは低下します。その結果，純輸出は増加し，IS曲線は右方にシフトします。このシフトは国内金利が世界市場金利と等しくなるまで続きます。つまり，金融政策の効果は自国通貨の為替レートの低下により増幅されますので，金融政策は有効です。

正答　5

はじめて学ぶマクロ経済学 数学付録

Ⅰ．逆行列とクラメールの公式

1．代入法による連立 1 次方程式の解法

いま，次式のような 3 つの未知数 x_1, x_2, x_3 を持つ 3 つの 1 次方程式が与えられているとします。すなわち，

(Ⅰ-1)　$a_{11}x_1 + a_{12}x_2 + a_{13}x_3 = d_1$

(Ⅰ-2)　$a_{21}x_1 + a_{22}x_2 + a_{23}x_3 = d_2$

(Ⅰ-3)　$a_{31}x_1 + a_{32}x_2 + a_{33}x_3 = d_3$

です。これら 3 つの方程式を連立させ，未知数 x_1, x_2, x_3 を解くことを考えます。このような連立方程式は一般に，代入法により解くことができます。たとえば，(Ⅰ-1) 式と (Ⅰ-2) 式から x_3 を消去して，x_1 と x_2 とからなる式を作り，また，(Ⅰ-2) 式と (Ⅰ-3) 式からやはり x_3 を消去して，x_1 と x_2 とからなる式を作ります。この両方の式から x_1 と x_2 の解を求め，これらの解を (Ⅰ-1) 式に代入して x_3 を求めます。(Ⅰ-1)〜(Ⅰ-3) 式のいずれかが他の式の一定倍である場合には，解は不定になります。また 2 つの式の左辺は同じ

で，右辺の定数項だけが違っている場合には解は存在しません。これらの場合を除けば，上の連立方程式には単一の解が存在します。

2．逆行列を利用した解法

さて，（I-1）〜（I-3）式を行列を使って表現しますと次式のようになります。すなわち，

（I-4）　$Ax = d$

です。ただし，

$$A = \begin{bmatrix} a_{11} & a_{12} & a_{13} \\ a_{21} & a_{22} & a_{23} \\ a_{31} & a_{32} & a_{33} \end{bmatrix} \quad x = \begin{bmatrix} x_1 \\ x_2 \\ x_3 \end{bmatrix} \quad d = \begin{bmatrix} d_1 \\ d_2 \\ d_3 \end{bmatrix}$$

です。A は（I-1）〜（I-3）式の係数をまとめた行列で，係数行列と呼びます。x は3つの未知数を列ベクトルで表現したもので変数ベクトルと呼びます。また d は3つの定数項を列ベクトルで表現したもので，定数ベクトルと呼びます。

さて，（I-4）式は3つのことを示しています。第1番目は A の1行目（1番上の横並び）の各要素と x の列（縦並び）の各要素をそれぞれ掛け合わせて足したものが d の1番目の値 d_1 になることを意味しています。それは，すなわち，（I-1）式にほかなりません。同様に，（I-4）式の2番目は A の2行目の各要素と x の列の各要素の積和が d_2 に等しいことを意味しています。つまり，これは（I-2）式にほかなりません。同様に，（I-4）式の第3番目は（I-3）式になります。ですから，（I-4）式は行列の形で（I-1）〜（I-3）式を一度に表現したものになっています。

いま，行列 A （$n \times n$）が非特異である場合，つまり，それぞれの行や列が独立で，ある行（または列）が他の行（または列）の線形結合になっていない場合には，以下に詳しく検討しますように，行列式 $|A|$ はゼロとは違う値をとり，次式を満

たすような行列 A^{-1} が存在します。これを行列 A の逆行列といいます。すなわち，

（I-5） $A^{-1}A = I$

です。ただし，I は単位行列で，i 行 i 列の要素（$i = 1, 2, \cdots, n$）が 1 で，他の各要素はすべて 0 であるような行列です。すなわち，

$$I = \begin{bmatrix} 1 & 0 & 0 & \cdots & 0 \\ 0 & 1 & 0 & \cdots & 0 \\ \vdots & \vdots & \vdots & & \vdots \\ 0 & 0 & 0 & \cdots & 1 \end{bmatrix}$$

です。このような逆行列 A^{-1} を利用しますと，（I-4）式の解は A^{-1} を（I-4）式の辺々に前方から掛けて，次のように求められます。すなわち，

（I-6） $A^{-1}Ax = A^{-1}d$

です。（I-5）式の関係を（I-6）式の左辺に代入すれば，（I-6）式の左辺は $Ix = x$ になります。つまり，x は

（I-6）′ $x = A^{-1}d$

と求められます。ですから，形式上は行列による解法はきわめて簡便です。問題は A^{-1} が複雑な方法で計算されることです。以下では，逆行列の求め方を検討します。

一般に，行列 A の行列式（determinant）$|A|$ は次のように計算することができます。すなわち，行列 A の第 i 行について展開しますと，

（I-7） $|A| = \sum_{j=1}^{n} a_{ij} |C_{ij}|$ （$i = 1, 2, \cdots, n$）

となります。また行列 A の第 j 列について展開しますと，

（I-7）′ $|A| = \sum_{i=1}^{n} a_{ij} |C_{ij}|$ （$j = 1, 2, \cdots, n$）

となります。ただし，$|C_{ij}|$ は i 行 j 列の余因子と呼ばれ，行列 A から i 行と j 列を取り除いた行列の行列式 $|M_{ij}|$ と

$(-1)^{i+j}$ の積です。つまり,

(Ⅰ-8) $\quad |C_{ij}| = (-1)^{i+j} |M_{ij}|$

です。いま,行列 A として3行3列の場合を考えてみます。$i=1$ のとき (Ⅰ-7) 式は次のようになります。すなわち,

(Ⅰ-9) $\quad |A| = a_{11}|C_{11}| + a_{12}|C_{12}| + a_{13}|C_{13}|$
$= a_{11}|M_{11}| - a_{12}|M_{12}| + a_{13}|M_{13}|$

です。また,M_{11} は行列 A の1行と1列を取り除いた2行2列の行列で,その行列式は右斜めの対角線上の要素の積から左斜めの対角線上の要素の積を引いたものです。すなわち,

$$|M_{11}| = \begin{vmatrix} a_{22} & a_{23} \\ a_{32} & a_{33} \end{vmatrix} = a_{22}a_{33} - a_{23}a_{32}$$

です。同様に,

$$|M_{12}| = \begin{vmatrix} a_{21} & a_{23} \\ a_{31} & a_{33} \end{vmatrix} = a_{21}a_{33} - a_{23}a_{31}$$

$$|M_{13}| = \begin{vmatrix} a_{21} & a_{22} \\ a_{31} & a_{32} \end{vmatrix} = a_{21}a_{32} - a_{22}a_{31}$$

です。したがって,

(Ⅰ-10) $\quad |A| = a_{11}(a_{22}a_{33} - a_{23}a_{32}) - a_{12}(a_{21}a_{33}$
$- a_{23}a_{31}) + a_{13}(a_{21}a_{32} - a_{22}a_{31})$
$= a_{11}a_{22}a_{33} + a_{12}a_{23}a_{31} + a_{13}a_{21}a_{32}$
$- a_{11}a_{23}a_{32} - a_{12}a_{21}a_{33} - a_{13}a_{22}a_{31}$

となります。これは付図1に示しますように,右斜めの3つの要素の積和から左斜めの3つの要素の積和を引いたものになっています。ただし,$n \geq 4$ の場合には,付図1のようなやり方で $|A|$ を求めるわけにはいきません。(Ⅰ-7) 式の計算式に戻って計算する必要があります。

ところで,余因子 $|C_{ij}|$ を i 行以外の行ないし j 列以外の列で展開した場合,その値は常にゼロになります。すなわち,

(Ⅰ-11) $\quad \sum_{\substack{j=1 \\ (k \neq i)}}^{n} a_{kj}|C_{ij}| = 0 \qquad (i=1, 2, \cdots, n)$

付図 1

─の方向　　　　　　　　　　　　　　　＋の方向

(I−12) $\sum_{\substack{i=1 \\ (l \neq j)}}^{n} a_{il} |C_{ij}| = 0 \quad (j = 1, 2, \cdots, n)$

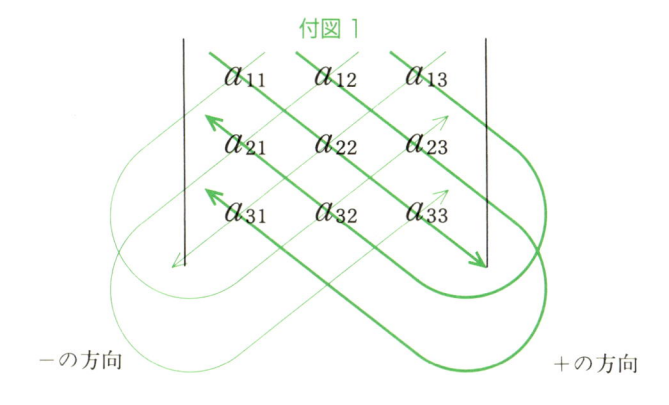

です。(I−11) 式は i 行の要素の代わりに k 行の要素を置き換えた，つまり，行列 A の k 行が k 行と i 行の両方にある行列についての行列式になっています。この場合には i 行と k 行が独立ではありませんから，行列式の性質により行列式の値はゼロになります。また，(I−12) 式は j 列の要素の代わりに l 列の要素を置き換えた，行列 A の l 列が l 列と j 列の両方にある行列についての行列式になっています。この場合には，行列の j 列と l 列が独立ではありませんから，行列式の値はやはりゼロになります。

A の逆行列 A^{-1} は次式のように求められます。すなわち，

(I−13) $\quad A^{-1} = \dfrac{1}{|A|} [\,|C_{ij}|\,]'$

です。ただし，(I−13) 式の右辺の $[\,|C_{ij}|\,]'$ は i 行 j 列の要素がその余因子であるような行列の転置行列になっています。(I−13) 式が行列 A の逆行列になっていることは，(I−13) 式の右辺と行列 A の積が単位行列 I になることを示すことで証明されます。いま，A と $[\,|C_{ij}|\,]'$ との積を求めますと次式のようになります。すなわち，

(Ⅰ-14) $\quad A\,[\,|\,C_{ij}\,|\,]' = A[\,|\,C_{ji}\,|\,]$

$$= \begin{bmatrix} a_{11} & a_{12}\cdots a_{1n} \\ a_{21} & a_{22}\cdots a_{2n} \\ \vdots & \vdots \quad\vdots \\ a_{n1} & a_{n2}\cdots a_{nn} \end{bmatrix} \begin{bmatrix} |\,C_{11}\,| & |\,C_{21}\,| & \cdots & |\,C_{n1}\,| \\ |\,C_{12}\,| & |\,C_{22}\,| & \cdots & |\,C_{n2}\,| \\ \vdots & \vdots & & \vdots \\ |\,C_{1n}\,| & |\,C_{2n}\,| & \cdots & |\,C_{nn}\,| \end{bmatrix}$$

$$= \begin{bmatrix} \Sigma a_{1j}\,|\,C_{1j}\,| & \Sigma a_{1j}\,|\,C_{2j}\,| & \cdots & \Sigma a_{1j}\,|\,C_{nj}\,| \\ \Sigma a_{2j}\,|\,C_{1j}\,| & \Sigma a_{2j}\,|\,C_{2j}\,| & \cdots & \Sigma a_{2j}\,|\,C_{nj}\,| \\ \vdots & \vdots & & \vdots \\ \Sigma a_{nj}\,|\,C_{1j}\,| & \Sigma a_{nj}\,|\,C_{2j}\,| & \cdots & \Sigma a_{nj}\,|\,C_{nj}\,| \end{bmatrix}$$

$$= \begin{bmatrix} |\,A\,| & 0 & 0 & \cdots & 0 \\ 0 & |\,A\,| & 0 & \cdots & 0 \\ \vdots & \vdots & \vdots & & \vdots \\ 0 & 0 & 0 & \cdots & |\,A\,| \end{bmatrix}$$

です。(Ⅰ-14) 式の3番目の等号が成立するのは, 行列 A の i 行と行列 $[\,|\,C_{ji}\,|\,]$ の i 列の積は $|\,A\,|$ になり, それ以外の列との積は A の i 行の要素と i 行と異なる行に関する余因子との積和になりますのでゼロになるためです。たとえば, 1行について見ますと, $\Sigma a_{1j}\,|\,C_{1j}\,| = |\,A\,|$ で, それ以外の $\Sigma a_{1j}\,|\,C_{2j}\,|$ などの値はゼロになります。そこで, (Ⅰ-14) 式を $|\,A\,|$ で割ったものは単位行列 I になります。

3. クラメールの公式

　クラメール(Cramer)の公式は, 未知数が3つの場合に限らず一般に, 連立1次方程式を(Ⅰ-4)式のように表現したとき, 連立方程式の解 x_i $(i=1,\ 2,\ \cdots,\ n)$ は係数行列 A の i 列を定数列 d で置き換えた行列 A_i の行列式 $|\,A_i\,|$ を A の行列式 $|\,A\,|$ で割ったものに等しいというものです。すなわち,

（Ⅰ−15) $\quad x_i = \dfrac{|\boldsymbol{A}_i|}{|\boldsymbol{A}|} \quad (i = 1, 2, \cdots, n)$

です。ただし，

（Ⅰ−16) $\quad |\boldsymbol{A}_i| = \begin{vmatrix} a_{11} \cdots d_1 \cdots a_{1n} \\ a_{21} \cdots d_2 \cdots a_{2n} \\ \vdots \quad \vdots \quad \vdots \\ a_{n1} \cdots d_n \cdots a_{nn} \end{vmatrix}$

$\qquad\qquad\qquad\quad\ i$ 列

です。この公式は逆行列を使った解の式（Ⅰ−6)′から次のようにして導き出せます。（Ⅰ−6)′式に（Ⅰ−13) 式を代入しますと，次式のようになります。すなわち，

（Ⅰ−17) $\begin{bmatrix} x_1 \\ x_2 \\ \vdots \\ x_n \end{bmatrix} = \dfrac{1}{|\boldsymbol{A}|} \begin{bmatrix} |\boldsymbol{C}_{11}| & |\boldsymbol{C}_{21}| & \cdots & |\boldsymbol{C}_{n1}| \\ |\boldsymbol{C}_{12}| & |\boldsymbol{C}_{22}| & \cdots & |\boldsymbol{C}_{n2}| \\ \vdots & \vdots & & \vdots \\ |\boldsymbol{C}_{1n}| & |\boldsymbol{C}_{2n}| & \cdots & |\boldsymbol{C}_{nn}| \end{bmatrix} \begin{bmatrix} d_1 \\ d_2 \\ \vdots \\ d_n \end{bmatrix}$

です。（Ⅰ−17)式より，x_1 は次式のようになります。すなわち，

（Ⅰ−18) $\quad x_1 = \dfrac{1}{|\boldsymbol{A}|} \cdot \sum\limits_{i=1}^{n} d_i |\boldsymbol{C}_{i1}|$

です。$\sum\limits_{i=1}^{n} d_i |\boldsymbol{C}_{i1}|$ は行列 $\boldsymbol{A}$ の1列の i 番目の余因子 $|\boldsymbol{C}_{i1}|$ に定数項の i 番目の値 d_i を掛けたものの和になっています。つまり，

（Ⅰ−16)′ $\quad |\boldsymbol{A}_1| = \sum\limits_{i=1}^{n} d_i |\boldsymbol{C}_{i1}| = \begin{vmatrix} d_1 & a_{12} \cdots a_{1n} \\ d_2 & a_{22} \cdots a_{2n} \\ \vdots & \vdots \quad \vdots \\ d_n & a_{n2} \cdots a_{nn} \end{vmatrix}$

です。ですから，x_1 は次式のようになります。すなわち，

（Ⅰ−19) $\quad x_1 = \dfrac{|\boldsymbol{A}_1|}{|\boldsymbol{A}|}$

です。x_2 以下についても同様の表現ができます。そこで，解は一般的に，（Ⅰ−15) 式のように表現されます。

II. ラグランジュ乗数法

経済学上の問題は多くの場合，一定の制約の下で何らかの目的関数の値を最大（小）化する問題になります。たとえば，消費者の場合には，一定の予算の制約の下で，効用を最大化するように各財の消費量を決めます。また，企業の場合には，一定の生産量を生産するのに費用を最小にするような生産要素の組合せを選択します。このような問題を解くときに有力な数学上の手法がラグランジュ（Lagrange）（未定）乗数法です。

1. 最大化問題の代入法による解法

いま，ある消費者の効用関数が，

(II－1) $U = xy$

と表現されるものとします。ただし，U は消費者の効用水準で，x は消費者の消費する x 財，たとえば，牛肉の数量，y は同じく y 財，たとえば，豚肉の数量であるとします（これは拙著『はじめて学ぶミクロ経済学〔第2版〕』〈実務教育出版〉第3話で検討した問題に対応しています）。消費者の消費する x 財と y 財の数量が多くなればなるほど，消費者の効用水準，つまり，満足度は高まります。しかし，実際には，消費者はいくらでも消費できるわけではなく，x 財と y 財の消費に割り当てられる予算 M には一定の制限があります。たとえば，1月に牛肉と豚肉に使用できる金額は4,500円だとします。いま，牛肉の価格 P_x は1kg当たり2,250円で，豚肉の価格 P_y は1kg当たり1,000円だとします。そうしますと，この消費者の予算制約は次式で示されます。すなわち，

(II－2) $4500 = 2250x + 1000y$

です。消費者にとっての問題は（II－2）式で与えられる予算の制約の下で，効用を最大化するためにはそれぞれどれだけの牛肉と豚肉を消費すればよいかということです。この場合（II

付図2

$U = -2.25(x-1)^2 + 2.25$

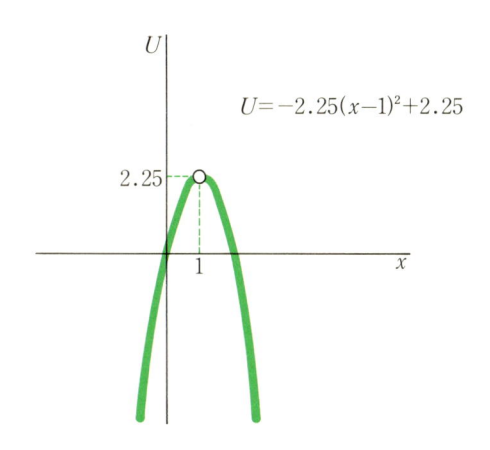

−1)式のUが目的関数で，(Ⅱ−2)式が予算制約式になります。

ラグランジュ乗数法でこの問題を解く前に，まず代入法によって解を見つけてみます。(Ⅱ−2)式を変形しますと，

(Ⅱ−2)′ $y = 4.5 - 2.25x$

と書き直すことができます。(Ⅱ−2)′式を(Ⅱ−1)式に代入しますと，

(Ⅱ−3) $U = x(4.5 - 2.25x)$
$= -2.25x^2 + 4.5x$
$= -2.25(x-1)^2 + 2.25$

となります。$(x-1)^2$の前には−2.25という負の係数がついていますから，Uの最大値は，$x=1$で右辺の第1項が0になるとき，求められ，効用Uの最大値は2.25になります。また，このときのyの値は(Ⅱ−2)′の右辺に$x=1$を代入して，$y=2.25$と求められます。(Ⅱ−3)式のグラフは付図2に示しますように，$x=1$のときに最大値2.25をとる，上に凸の放物

線になります。$x=1$ のとき,放物線の接線の傾きはゼロで横軸に平行になっています。極大値でも極小値でも,いずれの場合にも接線の傾きはゼロになりますが,極大値の場合には,接線の傾きがプラスからマイナスへ変化します。逆に,極小値の場合には,接線の傾きはマイナスからプラスへ変化します。この場合には $x=1$ の前後で接線の傾きはプラスからマイナスへ変化します。これは放物線が上に凸であることの別の表現です。

2. ラグランジュ乗数法による解法

さて,ラグランジュ乗数法による場合には,(Ⅱ-2)式の制約式をまず次式のように書き直します。すなわち,

(Ⅱ-2)″ $4500 - 2250x - 1000y = 0$

です。そして,(Ⅱ-2)″式に未定係数 λ(ラムダ)を掛けたものを目的関数である(Ⅱ-1)式に付け加えた関数を考えます。すなわち,

(Ⅱ-4) $V = xy + \lambda(4500 - 2250x - 1000y)$

です。λ はラグランジュ未定乗数と呼ばれます。というのも,さしあたって λ の値は未定だからです。ラグランジュ乗数法は制約条件付きの最大化ないし最小化問題を λ を導入することによって,制約条件のない目的関数 V の最大化ないし最小化問題に直して考える方法です。つまり,(Ⅱ-4)式では V は x,y,および λ の関数になっており,制約条件は右辺の( )の中に吸収されています。制約条件が満たされるとき,( )内の値はゼロになり,(Ⅱ-4)式の第2項は消滅します。つまり,このとき,(Ⅱ-4)式の V は(Ⅱ-1)式の U と等しくなります。

いま,V を x,y,および λ の関数と考え,これらの変数についての制約なしの最大(小)化問題を考えます。U の最大(小)値を与える x と y の組合せを求めるためには,まず1階の必要条件を解きます。1階の必要条件は V の各変数につい

ての偏微分係数がゼロに等しいことで，次の3式を満たすことです。すなわち，

(Ⅱ-5) $\dfrac{\partial V}{\partial x} = y - 2250\lambda = 0$

(Ⅱ-6) $\dfrac{\partial V}{\partial y} = x - 1000\lambda = 0$

(Ⅱ-7) $\dfrac{\partial V}{\partial \lambda} = 4500 - 2250x - 1000y = 0$

です。(Ⅱ-5)～(Ⅱ-7)式を満たす x, y の中に最大（小）値を与える x と y の組合せがあります。(Ⅱ-7)式は(Ⅱ-2)式の制約条件そのもので，(Ⅱ-5)～(Ⅱ-7)式から得られる解が(Ⅱ-2)式の予算制約を満たすことを保証しています。(Ⅱ-7)式を満たす x と y の値は(Ⅱ-2)式の予算制約式を満たしつつ効用 U を最大化するものになります。(Ⅱ-5)式の右辺より，

(Ⅱ-8) $y = 2250\lambda$

です。また，(Ⅱ-6)式の右辺より，

(Ⅱ-9) $x = 1000\lambda$

となります。(Ⅱ-8)式の辺々を(Ⅱ-9)式の辺々で割って，

(Ⅱ-10) $y = 2.25x$

となります。(Ⅱ-10)式を(Ⅱ-7)式に代入しますと，

(Ⅱ-11) $4500 - 2250x - 1000 \cdot 2.25x = 0$

となります。(Ⅱ-11)式を x について解きますと，$x=1$ と求められます。また，このときの y の値は，(Ⅱ-10)式の右辺に $x=1$ を代入して，$y=2.25$ と求められます。これらの値は先に代入法によって求めた値と同じです。また，このときの λ の値は(Ⅱ-9)式に $x=1$ を代入して，$\lambda=0.001$ と求められます。

さて，1階の必要条件から導かれた x, y の組合せが U の最大（小）値を与えるか否かは必ずしも保証されません。そのた

付図3 効用関数の凸性と最適解

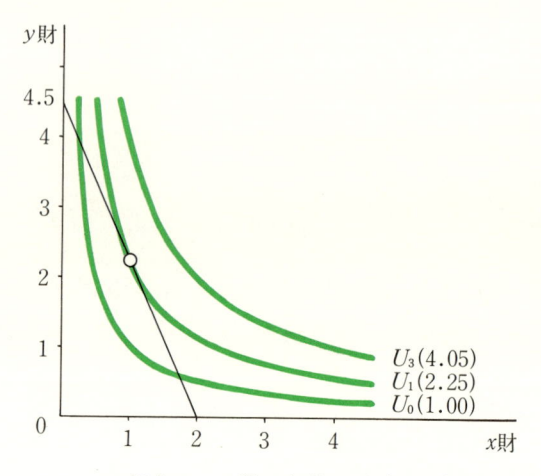

め，この x, y の組合せは2階の条件と呼ばれる条件を満たさなければなりません。最大化のための2階の条件は効用関数 U が付図3に示しますように，x と y について原点に対して凸であることによって保証されています。公務員試験の場合には2階以上の条件は必ず満たされる問題しか出題されませんので，1階の必要条件を満たす x, y の組合せが答えです。以下では，2階の条件が成立するための厳密な数式上の条件を記載します。この部分は暗記する必要もありませんし，実際問題で利用する必要もありません。

（Ⅱ−5）〜（Ⅱ−7）式の右辺を各変数でさらに偏微分して求められる次のような行列式を考えます。すなわち，

$$
(\mathrm{II}-12) \quad \begin{vmatrix} \dfrac{\partial^2 V}{\partial x^2} & \dfrac{\partial^2 V}{\partial x \partial y} & \dfrac{\partial^2 V}{\partial x \partial \lambda} \\ \dfrac{\partial^2 V}{\partial y \partial x} & \dfrac{\partial^2 V}{\partial y^2} & \dfrac{\partial^2 V}{\partial y \partial \lambda} \\ \dfrac{\partial^2 V}{\partial \lambda \partial x} & \dfrac{\partial^2 V}{\partial \lambda \partial y} & \dfrac{\partial^2 V}{\partial \lambda^2} \end{vmatrix}
$$

この行列式は縁付きのヘシアン（Hessian）またはヘッセ行列式と呼ばれています。縁付きと呼ばれるのは3行目と3列目がλについてのVの2階偏微分で，3行3列目は制約式をラグランジュ乗数で1階偏微分したもので必ずゼロになります。あたかも2行2列の行列に縁が付いたような形になっているからです。最大化のための2階条件は1階の必要条件で得られたx, yに対し，（II-12）式の値が正になることです。いま，（II-5）〜（II-7）式の右辺についてヘシアン行列式を求めてみますと，次式のようになります。

（II-13）　$\begin{vmatrix} 0 & 1 & -2250 \\ 1 & 0 & -1000 \\ -2250 & -1000 & 0 \end{vmatrix}$

このヘシアン行列式の値は正になります。ですから，最大化のための2階の条件が満たされます。

より一般的に，最大化のための2階の条件は次のように書けます。すなわち，目的関数を一般に変数$x_1, \cdots, x_n$の関数$U(x_1, x_2, \cdots, x_n)$と表現し，制約式を一般に$g(x_1, x_2, \cdots, x_n) = 0$と表現したとき，次の条件を満たすことです。すなわち，

（II-14）　$g_1 dx_1 + g_2 dx_2 + \cdots + g_n dx_n = 0$

を満たす$dx_i = 0$以外のすべての$dx_1, dx_2, \cdots, dx_n$について，

（II-15）　$\sum_{i=1}^{n} \sum_{j=1}^{n} U_{ij} dx_i dx_j < 0$

となることです。ただし，（II-14）式のg_iは制約式gのx_i（$i = 1, 2, \cdots, n$）についての偏微分係数です。またdx_iはx_iの変化分，U_{ij}は関数Uのx_iとx_jについての2階偏微分です。

この2階の条件は，関数

$V = U(x_1, x_2, \cdots, x_n) + \lambda g(x_1, x_2, \cdots, x_n)$

の全微分の値が，最大値を与える$\boldsymbol{x} = (x_1, x_2, \cdots, x_n)'$の

前後でプラスからマイナスへ変化することを意味しています。つまり、2階の全微分の値が負となることです。これは次の縁付きヘシアン行列 H が負値定符号となることを意味しています。すなわち、

$$(\text{II}-16) \quad H = \begin{vmatrix} U_{11} & U_{12} & \cdots & U_{1n} & g_1 \\ U_{21} & U_{22} & \cdots & U_{2n} & g_2 \\ \vdots & \vdots & & \vdots & \vdots \\ U_{n1} & U_{n2} & \cdots & U_{nn} & g_n \\ g_1 & g_2 & \cdots & g_n & 0 \end{vmatrix}$$

について、

$$x' H x < 0$$

がベクトル x の如何にかかわらず成り立つことです。ただし、$x' = (x_1, x_2, \cdots, x_n)$ で、x の転置ベクトルです。これは縁付きヘシアン行列 H の縁付き主小行列式の値が2行2列の主小行列式から始まって、正、負、正と符号を変えることによって保証されます。すなわち、

$$\begin{vmatrix} U_{11} & U_{12} & g_1 \\ U_{21} & U_{22} & g_2 \\ g_1 & g_2 & 0 \end{vmatrix}$$

$$\begin{vmatrix} U_{11} & U_{12} & U_{13} & g_1 \\ U_{21} & U_{22} & U_{23} & g_2 \\ U_{31} & U_{32} & U_{33} & g_3 \\ g_1 & g_2 & g_3 & 0 \end{vmatrix}$$

などが正、負、正と符号を変えることです。

また、最小化のための2階の条件は2階の全微分の値が正となることで、これは上の縁付きヘシアン行列の縁付きの主小行列の行列式の値がすべて負となることによって保証されます。

3．ラグランジュ乗数の意味

ところで，（Ⅱ−5）〜（Ⅱ−7）式で求めた λ の値は実は予算制約式の制約である予算 M の変化が最適解での目的関数 U の値，つまり，効用 U に及ぼす影響の度合を示しています。このような λ の値は予算制約が効用水準に対して及ぼす影響の度合を示しており，シャドウ・プライス（shadow price），影の価格ないし潜在価格と呼ばれています。このことは次のようにして示されます。すなわち，まず，（Ⅱ−5）〜（Ⅱ−7）式の最適解 x^*, y^*, λ^* を予算 M の関数として考え，つまり，$x^* = x^*(M)$, $y^* = y^*(M)$, $\lambda^* = \lambda^*(M)$ として，（Ⅱ−4）式に代入し，V を M だけの関数にします。次いで，この関数を M で微分しますと，V の任意の M についての微分係数が求められます。この値は実は必ず λ^* になります。上の例では $\lambda^* = 0.001$ は予算が1単位増加したときの効用の増加分を示しています。

より一般的には，dV/dM が λ^* になることは次のようにして示されます。最適解を代入したときの V の式は次式のようになります。すなわち，

（Ⅱ−17） $V = U^* + \lambda^*(M - P_x x^* - P_y y^*)$

です。ただし，U^* は効用関数に最適解 x^* と y^* を代入したときの U の値です。（Ⅱ−17）式を M で微分しますと，次式が得られます。すなわち，

（Ⅱ−18） $\dfrac{dV^*}{dM} = U^*_x \cdot \dfrac{dx^*}{dM} + U^*_y \cdot \dfrac{dy^*}{dM} + \dfrac{d\lambda^*}{dM} \cdot$

$(M - P_x x^* - P_y y^*) + \lambda^* \left(1 - P_x \cdot \dfrac{dx^*}{dM} - P_y \cdot \dfrac{dy^*}{dM}\right)$

です。ただし，$U^*_x = \partial U^*/\partial x^*$, $U^*_y = \partial U^*/\partial y^*$ です。U^* を M で微分することによって，U^* が M の変化によってどのように変化するかが示されますが，これは M の変化によって x^* が変化するために U^* が変化する効果と，M の変化によって

y^* が変化するために U^* が変化する効果との合計になります。これが（II－18）式の右辺の第2項までの部分です。（II－17）式の右辺の第2項の微分は λ^* の M による微分と予算制約式との積に λ^* と予算制約式を M で微分したものとの積を加えたものになります。（II－18）式の右辺を整理しますと，

(II－18)′ $\quad \dfrac{dV^*}{dM} = (U^*_x - \lambda^* P_x)\dfrac{dx^*}{dM} + (U^*_y$

$- \lambda^* P_y) \cdot \dfrac{dy^*}{dM} + \lambda^*$

となります。ただし，$d\lambda^*/dM$ と予算制約式の積の項は予算制約式が満たされる場合にはゼロになっています。（II－18）′式の右辺の第1項と第2項の（ ）内の値は最大(小)化の1階条件が成立する場合にはゼロに等しくなります。上の例の場合には $U^*_x - \lambda^* P_x$ は（II－5）式の右辺に相当します。また，$U^*_y - \lambda^* P_y$ は（II－6）式の右辺に相当します。それぞれ1階条件によりゼロに等しくなっています。したがって，

(II－19) $\quad \dfrac{dV^*}{dM} = \lambda^*$

が成立します。つまり，ラグランジュ乗数 λ^* は予算 M が変化した場合の V^* の変化の割合を示しています。V^* は予算制約式が満たされる場合には目的関数 U^* に等しくなりますから，予算制約額の変化が効用水準をどの程度変化させるかを示すものになっています。

III. 対数とその微分

1. 対数とは？

3の2乗は9で、$3^2 = 9$ と書きます。これと同じ情報を対数を使った表現では、

(III-1)　　$\log_3 9 = 2$

と書き表します。(III-1)式の左辺は「3を底とする9の対数」と読みます。それは3を何乗かして9にする場合の乗数を示しています。乗数は2ですから、(III-1)式の右辺のとおりになります。そこで(III-1)式の全体は「3を底とする9の対数は2」と読みます。あるいは9の位置にある数を真数（しんすう）と呼んで、「3を底とする2の真数は9」と読みます。底として10を利用した対数を常用対数、e を底として利用した対数を自然対数と呼びます。たとえば、

　　$\log_{10} 1000 = 3$

は $10^3 = 1000$ を対数表現したものです。

　　$\log_{10} 0.01 = -2$

は $10^{-2} = 0.01$ を対数表現したものです。また、

　　$\log_{10} 1 = 0$

ですが、これは $10^0 = 1$ と約束しているからです。

自然対数の底である e は次の値です。すなわち、

(III-2)　　$e = \lim_{m \to \infty} \left(1 + \frac{1}{m}\right)^m$

で、$e = 2.71828\cdots\cdots$ です。また、

　　$\log_e e = 1$

です。というのも、$e^1 = e$ だからです。自然対数は ln で表現します。すなわち、

　　$\log_e x = \ln x$

です。自然対数を利用しますと、微分をする場合に、計算が楽

になるという特徴があります。そこで，経済学のモデルで対数表現が必要になる場合には，自然対数が利用されています。

2．対数の微分

e の t 乗，e^t を t で微分しますと，e^t になります。すなわち，

(Ⅲ－3) $\dfrac{d(e^t)}{dt}=e^t$

です。また，e の rt 乗，e^{rt} を t で微分しますと，re^{rt} になります。すなわち，

(Ⅲ－4) $\dfrac{d(e^{rt})}{dt}=re^{rt}$

です。より一般的に，関数 $f(t)$ が e の乗数になる，$e^{f(t)}$ を t で微分しますと，$f'(t)\,e^{f(t)}$ となります。すなわち，

(Ⅲ－5) $\dfrac{d(e^{f(t)})}{dt}=f'(t)\,e^{f(t)}$

です。

また，対数関数 $\ln x$ を x で微分しますと，$1/x$ になります。すなわち，

(Ⅲ－6) $\dfrac{d(\ln x)}{dx}=\dfrac{1}{x}$

です。より一般的に，$\ln f(t)$ を t で微分しますと，$f'(t)/f(t)$ となります。すなわち，

(Ⅲ－7) $\dfrac{d(\ln f(t))}{dt}=\dfrac{d(\ln y)}{dt}=\dfrac{d(\ln y)}{dy}\cdot\dfrac{dy}{dt}=\dfrac{1}{y}f'(t)$

です。(Ⅲ－7) 式は合成関数についての導関数の公式，すなわち連鎖規則（chain rule, チェイン・ルール）を利用して，$\ln y$ を y で微分した $1/y$ と，$y=f(t)$ を t で微分した $f'(t)$ を掛け合わせた結果，求められます。以上は自然対数の微分の結果をいわば公式的に示したものですが，以下では，なぜこのような結果になるのかを検討します。

まず,(Ⅲ-6)式が成立することを微分することの定義にそって検討します。$y=f(x)=\ln x$の$x=x_0$での微分係数は次式によって定義されます(拙著『はじめて学ぶミクロ経済学〔第2版〕』〈実務教育出版〉の数学付録参照)。すなわち,

(Ⅲ-8) $\quad y'=f'(x_0)=\lim_{\Delta x \to 0}\dfrac{f(x_0+\Delta x)-f(x_0)}{\Delta x}$

$\qquad =\lim_{\Delta x \to 0}\dfrac{\ln(x_0+\Delta x)-\ln x_0}{\Delta x}=\lim_{\Delta x \to 0}\dfrac{\ln \dfrac{x_0+\Delta x}{x_0}}{\Delta x}$

です。いま,$m=x_0/\Delta x$と置きますと,$1/\Delta x=m/x_0$となります。mを使って,対数の真数部分を表現しますと,次式のようになります。すなわち,

$$\dfrac{x_0+\Delta x}{x_0}=1+\dfrac{\Delta x}{x_0}=1+\dfrac{1}{m}$$

です。そこで,(Ⅲ-8)式の右辺の最後の式は次式のように書き直すことができます。すなわち,

(Ⅲ-9) $\quad \lim_{\Delta x \to 0}\dfrac{\ln \dfrac{x_0+\Delta x}{x_0}}{\Delta x}=\lim_{m \to \infty}\left[\left(\dfrac{m}{x_0}\right)\ln\left(1+\dfrac{1}{m}\right)\right]$

$\qquad =\lim_{m \to \infty}\left[\left(\dfrac{1}{x_0}\right)\ln\left(1+\dfrac{1}{m}\right)^m\right]=\dfrac{1}{x_0}\ln e=\dfrac{1}{x_0}$

(Ⅲ-9)式は任意の$x_0>0$の値について成立しますので,$\ln x$のxについての導関数は(Ⅲ-6)式に示しますように$1/x$になります。

次いで,(Ⅲ-3)式の結果は次のようにして求められます。いま,$y=e^t$と置きますと,対数の定義により$t=\ln y$です。いま,両辺をtで微分しますと,

$$1=\dfrac{d(\ln y)}{dt}=\dfrac{d\ln y}{dy}\cdot\dfrac{dy}{dt}=\dfrac{1}{y}\cdot\dfrac{dy}{dt}$$

となります。ただし,最後の等号では(Ⅲ-6)式の関係が利

用されています。したがって，

(Ⅲ-10) $\dfrac{dy}{dt} = y = e^t$

となります。そこで，(Ⅲ-3) 式の結果が得られます。

より一般的に，(Ⅲ-5) 式は次のようにして求められます。

いま，$x = f(t)$ と置きますと，(Ⅲ-5) 式の左辺はチェイン・ルールを使って，次のように変形できます。すなわち，$y = f(t)$ と置くと，

(Ⅲ-11) $\dfrac{d(e^{f(t)})}{dt} = \dfrac{d(e^y)}{dy} \cdot \dfrac{dy}{dt} = e^y \cdot f'(t)$
$= e^{f(t)} \cdot f'(t)$

です。これは (Ⅲ-5) 式にほかなりません。

Ⅳ. 階差（定差）方程式と解の性質

1．1階の階差方程式

経済変数の値は多くの場合，前期の値と高い相関を持っています。ですから，今期の値は前期の値の一定倍に定数を加えた水準に決まります。たとえば，t 期の GDP の成長率を g_t としますと，

（Ⅳ－1）　$g_t = 0.8 g_{t-1} + 1.3$

という関係式が成立します。このような関係を過去にさかのぼっていきますと，次のような関係が成立します。すなわち，

（Ⅳ－2）　$g_t = 0.8(0.8 g_{t-2} + 1.3) + 1.3$
$= 0.8^2 g_{t-2} + 1.3(1 + 0.8)$
$= 0.8^2 (0.8 g_{t-3} + 1.3) + 1.3(1 + 0.8)$
$= 0.8^3 g_{t-3} + 1.3(1 + 0.8 + 0.8^2)$
$\vdots$
$= 0.8^t g_0 + 1.3(1 + 0.8 + \cdots + 0.8^{t-1})$
$= 0.8^t g_0 + \dfrac{1.3(1 - 0.8^t)}{1 - 0.8}$

です。最後の等号の右辺の第2項は右辺の第2項の（　）の中の値を P と置いて，それから P を0.8倍した $0.8P$ を引いて求められます。すなわち，

$P = 1 + 0.8 + \cdots + 0.8^{t-1}$
$0.8P = 0.8 + 0.8^2 + \cdots + 0.8^t$
$P - 0.8P = 1 - 0.8^t$

となりますので，$P = (1 - 0.8^t)/(1 - 0.8)$ が求められます。

いま，$g_t = g_{t-1}$ となる定常状態を考えますと，（Ⅳ－1）式より，

（Ⅳ－3）　$g_t = \dfrac{1.3}{1 - 0.8}$

となります。この値は（Ⅳ－2）式で $g_t = g_0$ と置いた場合にも求められます。このような値は（Ⅳ－1）式を成立させる特殊な解ですので，特殊解と呼ばれます。（Ⅳ－2）式の最後の表現はこの特殊解と補助関数の和として，次のように書き直すことができます。すなわち，

$$(Ⅳ-4) \quad g_t = \left(g_0 - \frac{1.3}{1-0.8}\right)0.8^t + \frac{1.3}{1-0.8}$$

です。（Ⅳ－4）式の右辺の第2項が特殊解，第1項が補助関数です。

　一般に，1階の階差方程式は次式のように表現されます。すなわち，

$$(Ⅳ-5) \quad y_t + a\, y_{t-1} = c$$

です。特殊解 y_p は（Ⅳ－5）式を満たす特定の解ですが，次のようにして求められます。まず $y_p = k$（すべての t について）と置きます。$y_t = y_{t-1} = k$ を（Ⅳ－5）式に代入して，$k(1+a) = c$ となります。これより，$k = c/(1+a)$ [$a \neq -1$] と求められます。$a = -1$ の場合には特殊解 y_p は t に依存するものとして，$y_p = kt$ と置いてみます。この関係を（Ⅳ－5）式に代入しますと，

$$(Ⅳ-6) \quad kt + ak(t-1) = c$$

より，$kt(1+a) - ak = c$ となります。$a = -1$ ですから，$k = c$ になります。したがって，$y_p = ct$ が特殊解になります。つまり，特殊解をまとめますと次のようになります。すなわち，

$$(Ⅳ-7) \quad y = \frac{c}{1+a} \quad (a \neq -1)$$

$$(Ⅳ-8) \quad y_p = ct \quad (a = -1)$$

です。

　次いで，補助関数 y_c は（Ⅳ－5）式の右辺をゼロと置いた同次式の一般解です。すなわち，

(Ⅳ-9)　　$y_t + a y_{t-1} = 0$

の一般解は，$y = A b^t$ で与えられます。$y = A b^t$ を（Ⅳ-9）式に代入して，

$$A b^t + a A b^{t-1} = A b^{t-1}(b + a) = 0$$

となります。これより，$A b^{t-1} \neq 0$ なので $b = -a$ となります。すなわち，（Ⅳ-9）式の一般解は $y_t = A(-a)^t$ となります。この一般解が（Ⅳ-5）式の一般解 y_t のための補助関数 y_c になります。

（Ⅳ-5）式の一般解は特殊解 y_p と補助関数 y_c の和として求められますので，次式のようになります。すなわち，

(Ⅳ-10)　　$y_t = \dfrac{c}{1+a} + A(-a)^t$　　　$(a \neq -1)$

(Ⅳ-11)　　$y_t = c t + A(-a)^t = c t + A$　　$(a = -1)$

いま，初期条件が y_0 で与えられますと，y_0 を（Ⅳ-10）式に代入して，

$$y_0 = \dfrac{c}{1+a} + A(-a)^0 = \dfrac{c}{1+a} + A \quad (a \neq -1)$$

$$y_0 = c \cdot 0 + A(-a)^0 = A \quad (a = -1)$$

となります。これより，

$$A = y_0 - \dfrac{c}{1+a} \quad (a \neq -1)$$

$$A = y_0 \quad (a = -1)$$

が求められます。これらの値を代入して，（Ⅳ-10）式と（Ⅳ-11）式の一般解は次のように書き直すことができます。すなわち，

(Ⅳ-12)　　$y_t = \left(y_0 - \dfrac{c}{1+a} \right)(-a)^t + \dfrac{c}{1+a}$　　$(a \neq -1)$

(Ⅳ-13)　　$y_t = y_0 + c t$　　　　　　$(a = -1)$

です。

$a \neq -1$ の場合，$|a| < 1$ のとき，y_t の値は収束し，

$|a|>1$ のとき，y_t の値は発散します。$a=-1$ の場合には y_t は毎期 c ずつ増加します。

2．2階の階差方程式

　経済変数の値は前期の値だけでなく前々期の値にも依存する場合が多く見られます。たとえば，サムエルソンの乗数加速度係数モデルのように，消費が前期の所得に比例し，投資が今期の消費と前期の消費との差に比例するような場合，今期の所得は前期の所得と前々期の所得に依存するようになります（第10話参照）。2階の階差方程式は一般的に次式で与えられます。すなわち，

　（Ⅳ－14）　$y_t + a y_{t-1} + b y_{t-2} = c$

です。この方程式の一般解は1次の階差方程式の場合と同じように，特殊解と補助関数の和として与えられます。まず，特殊解は $y_t = y_{t-1} = y_{t-2} = k$ を（Ⅳ－14）式に代入して，$k(1+a+b) = c$ より，

　（Ⅳ－15）　$k = \dfrac{c}{1+a+b}$　　$(1+a+b \neq 0)$

と求められます。$1+a+b = 0$ の場合には，$y_p = kt$ の関係を（Ⅳ－14）式に代入して，

　$kt + ak(t-1) + bk(t-2) = c$

より，

　$kt(1+a+b) + k(-a-2b) = c$

となります。$1+a+b = 0$ ですから，

　$k = c/(-a-2b) = c/(2+a)$　　$(a \neq -2)$

となります。最後の変形は $b = -1-a$ を代入して得られます。そこで，この場合の特殊解は，

　（Ⅳ－16）　$y_p = \left(\dfrac{c}{2+a}\right) t$　　$(1+a+b = 0,\ a \neq -2)$

となります。

補助関数は（Ⅳ－14）式の右辺をゼロと置いた，

(Ⅳ－17)　　$y_t + a\,y_{t-1} + b\,y_{t-2} = 0$

の式の一般解です。1階の階差方程式の場合のように，$y_c = A h^t$ と置いて，（Ⅳ－17）式に代入しますと，次式が得られます。すなわち，

(Ⅳ－18)　　$A h^t + a A h^{t-1} + b A h^{t-2} = 0$

です。$A h^{t-2} \neq 0$ ですので，（Ⅳ－18）式は，

(Ⅳ－19)　　$h^2 + a h + b = 0$

のように変形できます。これは h についての2次方程式で，（Ⅳ－14）式ないし（Ⅳ－17）式の特性方程式と呼ばれています。y_t の解の性質は特性方程式の h の解の性質によって決まります。（Ⅳ－19）式の解は次式で与えられます。すなわち，

(Ⅳ－20)　　$h = \dfrac{-a \pm \sqrt{a^2 - 4b}}{2}$

です。$\sqrt{}$ の中の式を D としますと，解の性質は D の値によって3つのケースに分かれます。すなわち，$D > 0$ の場合には h は2実根になります。$D = 0$ の場合には実数の重根になります。また，$D < 0$ の場合には $\sqrt{}$ の値は虚数になり，h は2虚根になります。

【ケース1】　$D = a^2 - 4b > 0$ の場合

2つの実数根を h_1 および h_2 と置きますと，（Ⅳ－17）式の一般解は次式で与えられます。すなわち，

　　$y_c = A_1 h_1{}^t + A_2 h_2{}^t$

です。y_t の一般解は特殊解と補助関数の和で，次式のように与えられます。すなわち，

(Ⅳ－21)　　$y_t = \dfrac{c}{1 + a + b} + A_1 h_1{}^t + A_2 h_2{}^t$

$(1 + a + b \neq 0)$

(Ⅳ-22) $\quad y_t = \dfrac{ct}{a+2} + A_1 h_1{}^t + A_2 h_2{}^t$

$$(1+a+b=0, \ a \neq -2)$$

です。A_1 と A_2 の値が特定化されるためには2つの初期条件が必要です。いま、y_0 と y_1 が与えられれば、$1+a+b \neq 0$ のとき、

(Ⅳ-23) $\quad y_0 = \dfrac{c}{1+a+b} + A_1 h_1{}^0 + A_2 h_2{}^0$

$\qquad\qquad = \dfrac{c}{1+a+b} + A_1 + A_2$

(Ⅳ-24) $\quad y_1 = \dfrac{c}{1+a+b} + A_1 h_1 + A_2 h_2$

の2式から A_1 と A_2 が求められます。(Ⅳ-23) 式の辺々に h_2 を掛けて、(Ⅳ-24) 式を引けば、

$$y_0 h_2 - y_1 = \dfrac{(h_2-1)c}{1+a+b} + A_1(h_2 - h_1)$$

となります。いま、$h_1 > h_2$ としますと、$h_2 - h_1 = -\sqrt{D}$ です。これより、

$$A_1 = \dfrac{y_0 h_2 - y_1 - \dfrac{(h_2-1)c}{1+a+b}}{-\sqrt{D}}$$

です。また、(Ⅳ-23) 式の辺々に h_1 を掛けて、(Ⅳ-24) 式の辺々を引けば、

$$y_0 h_1 - y_1 = \dfrac{(h_1-1)c}{1+a+b} + A_2(h_1 - h_2)$$

$h_1 - h_2 = \sqrt{D}$ ですから、

$$A_2 = \dfrac{y_0 h_1 - y_1 - \dfrac{(h_1-1)c}{1+a+b}}{\sqrt{D}}$$

となります。これらの値を (Ⅳ-21) 式にそれぞれ代入すれば

$1+a+b \neq 0$ のときの一般解が求められます。$1+a+b=0$ の場合の A_1 と A_2 の値も同様の手続きを経て求めることができます。y_t が発散するか収束するかは特性方程式の解 h_1 の絶対値の大きさが1より大きいか小さいかによります。というのも，$h_1 > h_2$ で，h_1 の動向が y_t の値を支配するからです。$|h_1| > 1$ のとき，y_t は発散します。$|h_1| = 1$ の場合には特定の値，$c/(1+a+b) + A_1$（$1+a+b \neq 0$ のとき），ないし，$ct/(a+2) + A_1$（$1+a+b=0$，$a \neq -2$ のとき）に収束します。ただし，後者の場合には収束する先は傾向線になります。また，$|h_1| < 1$ のときには $c/(1+a+b)$ または $ct/(a+2)$ に収束します。

【ケース2】 $D = a^2 - 4b = 0$ の場合

この場合には $h_1 = h_2 = -a/2$ になります。この場合には（Ⅳ-17）式を成立させる解には $y_t = A_3 h^t$ と $y_t = A_4 t h^t$ の両方があります。いずれもそれぞれ（Ⅳ-17）式の左辺に代入し，$h = -a/2$ および $b = a^2/4$ を利用すると，それぞれゼロになることが確認できます。そこで，（Ⅳ-17）式を成立させる一般解は，

(Ⅳ-25) $\quad y_c = A_3 h^t + A_4 t h^t$

になります。（Ⅳ-25）式は特性方程式の根が重根の場合の補助関数になります。そこで，（Ⅳ-14）式の解は（Ⅳ-15）式ないし（Ⅳ-16）式の特殊解と（Ⅳ-25）式の和として次式のように与えられます。すなわち，

(Ⅳ-26) $\quad y_t = \dfrac{c}{1+a+b} + A_3 h^t + A_4 t h^t$

$(1+a+b \neq 0)$

(Ⅳ-27) $\quad y_t = \dfrac{ct}{a+2} + A_3 h^t + A_4 t h^t$

$(1+a+b=0,\ a \neq -2)$

です。

この場合にも，y_t の動向は重根 h の絶対値の大きさに依存し，$|h| \geqq 1$ のとき，y_t は発散します。また，$|h| < 1$ のとき y_t はそれぞれ $c/(1+a+b)$ ないし $ct/(a+2)$ に収束します。

【ケース 3】 $D = a^2 - 4b < 0$ の場合

この場合には特性方程式の根は次のような対の虚根になります。すなわち，

$$h_1, h_2 = u \pm vi$$

ただし，$u = -a/2$，$v = \sqrt{4b-a^2}/2$，$i = \sqrt{-1}$ です。したがって，補助関数は

$$(\text{IV}-28) \quad y_c = A_5 h_1{}^t + A_6 h_2{}^t$$
$$= A_5 (u+vi)^t + A_6 (u-vi)^t$$

です。ド・モワブル（De Moivre）の定理によりますと，複素数の t 乗は次のような三角関数表現に直すことができます。すなわち，

$$(\text{IV}-29) \quad (u \pm vi)^t = R^t (\cos \theta t \pm \sin \theta t)$$

ただし，

$$R = \sqrt{u^2 + v^2} = \sqrt{\frac{a^2 + 4b - a^2}{4}} = \sqrt{b}$$

で，虚根の絶対値になっています。また，θ はラジアンで測った $[0, 2\pi)$ の角度の表現です。ただし，ラジアンによる角度の表現は360度が 2π で，180度が π になります。θ の範囲は 0 から 2π まで，ただし，0 は含み 2π は含まない範囲です。θ は次の条件を満たす値です。すなわち，

$$\cos \theta = \frac{u}{R} = \frac{u}{\sqrt{b}}, \quad \sin \theta = \frac{v}{R} = \frac{v}{\sqrt{b}}$$

です。そこで，補助関数は（IV-29）式で示される 2 根の和として次式のように示されます。すなわち，

(Ⅳ－30) $\quad y_c = A_5 R^t (\cos \theta t + i \sin \theta t) + A_6 R^t (\cos \theta t - i \sin \theta t) = R^t [(A_5 + A_6) \cos \theta t + (A_5 - A_6) i \sin \theta t] = R^t (A_7 \cos \theta t + A_8 i \sin \theta t)$

です。ただし，$A_7 = A_5 + A_6$，$A_8 = A_5 - A_6$ です。そこで，特性方程式(Ⅳ－17)式の根が虚根になる場合，(Ⅳ－14)式の一般解は(Ⅳ－15)式ないし(Ⅳ－16)式の特殊解と補助関数(Ⅳ－30)式の和として次のように表現されます。すなわち，

(Ⅳ－31) $\quad y_t = \dfrac{c}{1+a+b} + R^t (A_7 \cos \theta t + A_8 i \sin \theta t)$

$$(1 + a + b \neq 0)$$

(Ⅳ－32) $\quad y_t = \dfrac{ct}{a+2} + R^t (A_7 \cos \theta t + A_8 i \sin \theta t)$

$$(1 + a + b = 0,\ a \neq -2)$$

です。A_7 と A_8 の値は2つの初期条件 y_0，y_1 を（Ⅳ－31）式および（Ⅳ－32）式に当てはめることによって求められます。この場合の y_t の値は虚根の絶対値 R が1より大きいときには発散振動し，1より小さいとき収束振動し，1に等しいとき循環振動運動をします。

索　引
太字は「キーワード」に掲載した用語を表す。

【あ行】

IS-LM 均衡　234
IS-LM の同時均衡　200
IS-LM の同時均衡点　201, 210, 265
IS-LM モデル　152
IS 曲線　152, 162
　IS 曲線と LM 曲線の交点　204
　IS 曲線と LM 曲線のシフト　204
　IS 曲線のシフト　157, 160, 162, 205, 265
　IS 曲線の導出　156
IS バランス式　84
IMF 協定　306
ASEAN　307
アニマル・スピリット　107
安定的な振動　145
安藤　99
e　341
一時的な消費　95
一時的な所得　95
1 次同次　122
　1 次同次生産関数　247
　1 次同次の性質　247
1 階の階差方程式　345
1 階の必要条件　334
一般解　346
一般政府　23
一般物価水準変化率　285
意図せざる在庫　46
インフレ圧力　241
インフレ・ギャップ　49, 53
インフレーション　284
AS (Aggregate Supply) 曲線　261, 264, 270

永久国債　167
営業余剰　22
AD (Aggregate Demand) 曲線　264, 265, 270
　AD 曲線のシフト　266
SDR　304
LM 曲線　152, 189, 199
　LM 曲線の傾き　221
　LM 曲線のシフト　194, 199, 208, 265
　LM 曲線の導出　192
遅れ (ラグ)　235
オークン　292
　オークン係数　292

【か行】

海外からの要素所得　20
海外資本投資　297, 298
海外への要素所得　20
外貨準備増減　300
外国為替　294, 305
　外国為替に対する需要曲線　296
　外国為替に対する需要量　296
　外国為替の供給曲線　299
　外国為替の供給超過　302, 112
　外国為替の均衡需給量　301
　外国為替の需要超過　302
外国為替供給曲線を右方にシフトさせる要因　299
外国為替市場　296, 305
外国為替需要曲線を右方にシフトさせる要因　299
外国為替特別会計　302
外国為替レート　296, 305
階差 (定差) 方程式　345

外生需要　3
外生的ショック　223
革新　138
家計等の消費　44
家計の貯蓄　77
影の価格　339
貸出　180
貸出額　181
可処分所得　29
　家計の可処分所得　32, 64, 77
加速度原理　114, 117
価値尺度　164
貨幣　163
貨幣供給量　170, 190, 221
　貨幣供給量が変化する場合
　　　　　　　　　　　　194
貨幣錯覚　288
貨幣市場の均衡条件　193, 265
貨幣需要　189
　貨幣需要が変化した場合　195
　貨幣需要の動機　166
　貨幣需要の利子弾力性　197
貨幣乗数　176, 182, 185, 190
貨幣賃金の変化率　280, 285
貨幣の所得流通速度　170
貨幣の3つの機能　174
下方硬直性　280
為替レート　296
間接税－補助金　22
完全雇用　49
完全雇用国内総生産　48, 53, 219
企業家の血気　107
企業総貯蓄　32, 64, 77
企業の市場価値　129
技術　4
技術進歩率　236
基礎貨幣　176
基礎的な不均衡　304
期待インフレ率　153, 282
期待収益　109
キッチン　137
　キッチン・サイクル　137, 149

キッチン循環　149
逆行列　8, 327
供給超過　46, 224
行列　8, 326
行列式 (determinant)　327
極小値　334
極大値　334
均衡為替レート　302
銀行券　164
均衡国内総生産　43, 44, 53, 66,
　　　　　　　　　　235, 239
均衡資本労働比率　251, 254
　均衡資本労働比率の安定性
　　　　　　　　　　253, 254
銀行準備　176, 180
均衡条件　66
均衡への調整過程　223, 227
均衡予算乗数　86, 87, 88
金本位制の自動調節作用　304
金融政策　218, 220, 308
　金融政策の有効性　227
クズネッツ　93, 95
クズネッツ循環　141
クーポン利子　167
93SNA　20, 21
クラウディング・アウト　197,
　　　　　206, 210, 219, 267
クラメール (Cramer)　330
クラメールの公式　8, 330
クレジット・カード　178
クロスセクション　95
計画された総需要関数　47
計画された総独立支出　44, 81,
　　　　　　　　　　　　155
計画された投資　44
景気後退　138
景気循環　137
景気の谷　138
景気の山　138
計算単位　164
経常移転収支　300
経常収支　300

係数行列　8, 326
ケインズ　166
　ケインズの仮定　262
限界消費性向　30, 40
　短期的な限界消費性向　98
　長期的な限界消費性向　98
限界生産物価値　127
限界税率　63, 70
限界貯蓄性向　40, 78, 235
限界の q　130
限界費用　262
限界輸入性向　62, 70
減価償却　235
　減価償却分　18
現金　180
　現金通貨　164
　現金保有額　181
現在価値　109
現実の経済成長率　236
建築循環　141
交換方程式　169
好況　138
恒常所得　102
恒常所得仮説　94, 96, 102
恒常的な消費　95
更新投資　127
更新費用　108
合成関数についての導関数の公式
　　　　　342
構造的失業　49
効用関数の凸性　336
小切手　165
国際収支　294, 300, 309
国際収支均衡線　308, 310, 311, 317
国内純生産（NDP）　19, 26
国内総支出　22, 24, 26
国内総資本形成　23, 26
国内総生産（GDP）　17, 21, 20, 22, 26
国民　17
国民経済全体の限界貯蓄性向　88

国民所得（NI）　17, 21, 26
国民所得決定　66
国民総可処分所得　32
国民総生産（GNP）　17, 19, 20, 21, 26
コスト・プッシュ　267
固定資本減耗　19, 22, 23, 26
固定相場制　301
　固定相場制の下での外国為替市場
　　　　　301
　**固定相場制の下での財政・
　　金融政策**　309, 312, 317
　固定相場制の下での政策割当
　　　　　297
固定相場制度　301, 305
古典的な貨幣数量説　169
古典派の第1公準　261, 282
古典派の第2公準　282
コブ・ダグラス型生産関数　122, 123, 249, 253
雇用者所得　22
コンドラチェフ　138
　コンドラチェフ・サイクル
　　　　　138, 149
　コンドラチェフ循環　149

【さ行】

在庫循環　137, 141
在庫循環モデル　149
在庫品増加　23
在庫理論アプローチ　171, 174
財市場均衡，財市場の均衡　79, 250, 264
財市場の供給超過　224
財市場の均衡条件　80, 235, 251
最終需要　2, 4, 5, 10
最小化のための2階の条件　338
財政・金融政策　48
財政政策　218, 219, 313, 314, 315
　財政政策の有効性　227

最大化のための2階の条件　336
最大化問題　332
最大値　333
最適解　336
サッチャー　307
サムエルソン　141, 149
産業連関表　1, 11, 12
産出　10
産出額　7
産出量　1
三面等価の原則　21, 24
CD　165
時系列データ　97
資産選択理論　169, 174
市場価格表示　22
市場利子率　112, 167
自然失業率　284, 288
自然成長率　237, 240, 241, 243
自然対数　253, 341
　自然対数の底　341
失業者　281
失業率　280
実質生産量　170
実質利子率　153
篠原三代平　147
支払手段　163, 164
支払い準備　176
資本係数　114, 236
資本減耗　25
資本財　121
　資本財投入量　124
　資本財の供給価格　107
　資本財の限界生産物価値　127
　資本財の更新価値　129
　資本財の使用者費用　122
　資本財の賃貸費用　124
資本産出係数　114, 251
　現実の資本産出係数　238, 239
　望ましい資本産出係数　236, 239
資本収支　300, 309
資本集約的　247

資本成長率　253
資本損失（capital loss）　167
資本投入量　247
資本の限界効率　108, 117
資本の収益率　107
資本分配率　249
資本利得（capital gain）　168
資本労働比率　250
シャドウ・プライス　339
自由金利　165
重根　351
収束　142
　循環しつつ収束　142
　単調に収束　143
ジュグラー　138
ジュグラー・サイクル　138, 149
ジュグラー循環　147, 149
需要超過　46, 47, 224
需要法則　297
純資産　99, 100
準通貨　165
純付加価値総額　19
シュンペーター　138
純輸出　23, 24, 44
生涯所得仮説　93, 99, 100, 102
償却率　127
証券投資　298
乗数　36, 38, 40, 61, 236
　輸入と租税が国内総生産の1次関数である場合の乗数　70
乗数・加速度係数モデル　141, 149
乗数・加速度モデル　143
乗数効果　36
譲渡可能預金証書　165
消費関数　29
　ケインズ型の消費関数　43, 100
　短期的な消費関数　101
単純な消費関数　29, 40
　長期消費関数　101

ジョーゲンソン　122
所得収支　300
新外為法　311
新古典派　249
新古典派成長論　246
新古典派モデル　246
人的資産　99
信用乗数　182
信用創造　179, 185, 223
　信用創造過程　181
スタグフレーション　279, 286
スミソニアン体制　307
ストック調整原理　126, 131
生産関数　247
生産性上昇率　285, 290
生産物販売総額　18, 26
生産要素価格比率　4
政府最終消費支出　23, 26
政府支出　23, 24, 44
政府純租税　32, 37
制約条件付きの最大化ないし
　最小化問題　334
設備投資循環のモデル　141
戦後の景気循環の日付　148
潜在価格　339
潜在的な成長率　237
全微分　338
総貨幣需要量　169
総供給関数　260, 261, 270
総供給曲線　262
　総供給曲線の導出　263
総供給-総需要分析　260
総合収支　300
総固定資本形成　23
総需要　44
総需要関数　260, 264, 270
総需要曲線　265
　総需要曲線の導出　263
相対価格　121
　資本財とその他の投入要素との
　　相対価格　121
相対賃金　288

総貯蓄　78, 88, 156
総貯蓄関数　76, 81, 156, 158
　総貯蓄関数の傾き　82
総独立支出　154
総独立支出関数　155, 162
租税関数　62
粗投資　127
粗付加価値総額　17, 18, 26

【た行】

体系は不安定　240
対数　341
　対数とその微分　341
代入法　332, 333
単位行列　327
タンス預金　76
チェイン・ルール　342
蓄蔵手段　163
鋳貨　164
中間財購入総額　18, 26
中間需要　1, 2, 3, 9
中間投入　2, 3, 6
中間投入額　7
中期循環　138
中期的な景気循環　138
調整係数　127
調整費用　111
直接投資　297
貯蓄　235
　貯蓄のパラドックス　55
　貯蓄率　251, 254
貯蓄・投資のバランス式　84
賃金上昇　267
　賃金上昇率　290
賃金率　124
賃貸費用　122
底　341
定期性預金　165
定常的な均衡　250
定数ベクトル　326
適正成長率　236

デフレ・ギャップ　49, 53
手許の金庫に保有する現金　176
手許現金　176
転置行列　329
投機的動機　167
投機的動機貨幣需要　168, 174, 192
統計上の不突合　22
投資　24, 107, 236
投資の限界効率　107, 111, 117
投資の限界効率表　111, 112
投資の二重性　235, 243
投資関数　107, 117
単純な投資関数　152, 154, 162
同時均衡点の移動　208
投入係数　2, 4, 11
投入係数表　3, 10, 14
投入要素の相対価格　247
投入要素の比率　247
等費用曲線　123, 131
等量曲線　122, 123, 131
特殊解　346
特性方程式　143, 349
トービン　128, 171
トービンの q　128, 131
ドーマー　235
ド・モアブル (De Moivre) の定理　352
取引動機　166
取引動機貨幣需要　166, 167, 174, 193
取引動機貨幣需要関数　193
トレード・オフ　280

【な行】

内外の金利差　298
ナイフの刃の上での均衡　238
2 階の階差方程式　348
2 階の全微分の値　338
2 階の定差方程式　142
日銀預け金　176

望ましい資本ストック　127

【は行】

ハイパワード・マネー　176, 181, 182, 185
波及効果　37
発散　142
　循環させつつ発散　142
　振動しつつ発散　145
　単調に発散　143
ハロッド　235
ハロッド=ドーマー条件　237, 244, 251
ハロッド=ドーマー・モデル　235, 247
非特異　326
微分係数　343
不安定性原理　238, 243
不安定な経済　143
フィッシャー　169, 268
フィリップス　279, 280
フィリップス曲線　279, 280, 281, 282, 289
期待インフレ率で補強されたフィリップス曲線　282, 284, 289
　長期フィリップス曲線　288, 289
　日本のフィリップス曲線　281
　米国のフィリップス曲線　281
フェルプス　283
付加価値額　7
復元力　254
双子の赤字　85
縁付き主小行列式　338
縁付きのヘシアン (ヘッセ) 行列式　337
負値定符号　338
物価上昇率　290
物価水準　170
物量表　1, 2

プラザ合意　307
ブランバーグ　99
フリードマン　94, 285
ブレトン・ウッズ
　（Bretton Woods）体制　302
フレミング　308
平均消費性向　31, 40, 95
平均の q　130
ヘシアン行列式　337
変数ベクトル　326
変動相場制　302
変動相場制の下での財政・
　金融政策　311, 314, 317
変動相場制度　305
貿易・サービス収支　300
貿易収支　300
法定準備率　176
保証成長率　236, 239, 240, 241, 243
ポートフォリオ　171, 174
ボーモル　171
本源的預金　180

【ま行】

マクロ均衡　267, 270
摩擦失業　49
マーシャル　170
　マーシャルの k　170
マネーサプライ　176, 181, 182
　マネーサプライ M_1　165
　マネーサプライ M_2+CD　165, 176
マネタリスト　282, 283
マンデル　308
マンデル=フレミング・モデル
　　　308, 315, 318, 323
民間最終消費支出　22, 26
メッツラー　141, 144, 149
モジリアーニ　99
模倣者　139

【や行】

輸入額　309
輸入関数　62
余因子　327, 328
要求払預金　165
要素所得　19
予期しなかった在庫　145
預金　179
預金通貨　165
預金保有額　181
予備的動機　166
45度線　31

【ら行】

ライフサイクル仮説　93, 99, 100, 104
ラグランジュ（未定）乗数法
　　　332, 334
ラジアン　352
利潤最大化　262
利潤を最大化　112
利回り　167
流動性　166
　流動性のわな　168, 174, 193
レオンチェフ逆行列　12, 13
連鎖規則　342
連立方程式　325
労働時間　247
労働市場　283
労働者の認識のギャップ　284
労働集約的　247
労働所得　99
労働人口成長率　251
労働生産性　237, 254
労働成長率　253
労働節約的な技術　124
労働賃金　124
労働投入量　124, 247
労働の限界生産物　261, 262

労働の限界不効用　282
労働分配率　249
労働力成長率　254
労働力の成長率　236

【わ行】

割引率　108

著者紹介

幸村 千佳良（こうむら　ちから）
成蹊大学経済学部教授
昭和17年　北海道月寒に生まれる
　　42年　東京大学経済学部卒業
　　45年　東京大学大学院経済学研究科修士
　　48年　㈱芙蓉情報センター総合研究所（現在富士総合研究所）入社
　　54年　Pennsylvania State University, Ph.D., 上記研究所復職
　　55年　成蹊大学経済学部助教授
　　58年　一橋大学経済研究所非常勤講師
　60～62年　University of Minnesota 客員研究員
平成7～9年　法政大学経済学部非常勤講師
平成8～11年　成蹊大学アジア太平洋研究センター所長
　　現在に至る

論文："Money, Income, and Causality: The Japanese Case", *Southern Economic Journal* 49, July 1982.
"Is the Interest Differential Exogenous in Interest Rate Parity?: the Japanese Experience, 1979-1983", *Economic Letters* 21, 1986, with Takahiko Mutoh.
"Policy Options Toward Trade Balance: A Japanese Case Study with the VAR Model, 1974-1987", *Journal of the Japanese and International Economies* 4, March 1990.
"Stock Price Variations and Capital Ratios of 21 Major Japanese Banks", *Review of Asian and Pacific Studies* 1997, with Soon Jin Kwon.

著書：『経済学事始』多賀出版、昭和58年、第3版平成6年
『日本経済と金融政策』東洋経済新報社、昭和61年
『はじめて学ぶミクロ経済学』実務教育出版、平成3年、第2版平成10年
『マクロ経済学事始』多賀出版、平成4年
『数学いろはの経済学』実務教育出版、平成9年

公務員試験

はじめて学ぶマクロ経済学〔第2版〕

1992年11月5日　初版第1刷発行
2001年2月10日　第2版第1刷発行

著　者──幸村千佳良
発行者──小林恒也
発行所──株式会社実務教育出版

　　　〒163-8671　東京都新宿区大京町25
　　　☎ 編集03-3227-2215　販売03-3355-1951
　　　振替　00160-0-78270
印　刷──金羊社
製　本──大山製本

Ⓒ1992　CHIKARA KOMURA
ISBN4-7889-4947-4　C0033　Printed in Japan
落丁・乱丁本は小社にておとりかえいたします。